ASEAN物流ネットワークマップ

Logistics Network Map

JETRO

CD-ROM付

ASEANの「物流情報データベース」と「ルート調査分析結果」を収録

は じ め に

　本年5月に進展をみせた「日ＡＳＥＡＮ包括的経済連携協定（ＡＪＣＥＰ）」締結交渉に象徴されるように、我が国とＡＳＥＡＮ地域との経済連携協定（ＥＰＡ）締結の動きが活発化している。我が国企業は古くから同地域に進出し、今日では域内で分業体制を構築するに至っており、実業界からも、より柔軟な企業活動を可能にし、地域全体の競争力強化に貢献するものとして経済連携協定への期待が集まっている。かかるなか、真に円滑な企業活動の実現策の一つとして、同地域における効率的な物流体制の構築が必要との声が強まっている。

　政府の物流円滑化への取り組みも本格化している。昨年8月、経済産業省と国土交通省のイニシアチブのもと、我が国を代表する経済団体をメンバーとして、「国際物流競争力パートナーシップ会議」が発足した。12月には「アジアワイドのシームレスな物流圏」実現に向けた行動計画が策定され、物流コストやリードタイムの大幅な削減を目指した取り組みが始まっている。

　このような動きに先立ち、ジェトロは2005年10月、「日ＡＳＥＡＮ経済連携に向けた10の提言」をまとめた。そのなかで、日ＡＳＥＡＮ経済連携にあたっては、域内の物流円滑化が進出企業の最適地生産・調達のために必要であり、東アジアに集積する我が国企業のより一層の競争力強化に不可欠であることを強調した。その具体的な取り組みとして、「ＡＳＥＡＮの国境を越えた物流の現状調査と改善の提言」を行うこととした。本書はこの調査結果をまとめたものである。

　本書は、本編と資料編の二部構成となっている。本編では、ＡＳＥＡＮ域内の輸送7ルートに着目し、各ルートの商業ベースの輸送事例からコストとリードタイムを調査し、その結果抽出された課題をとりまとめた。資料編では、国際物流を支えるハード・ソフト双方の物流インフラの実態について、現地調査に基づく詳細なデータを掲載している。付属のＣＤ-ＲＯＭには、調査結果をビジュアル化し、視覚的に理解しやすいように工夫したマップを収納している。

　本調査は、ジェトロの国内外ネットワークを駆使するとともに、社団法人日本ロジスティクスシステム協会および株式会社コーエイ総合研究所の協力を得て遂行した。また、我が国を代表する学術機関からアドバイスを頂戴した。

　本書が、我が国の企業各位がＡＳＥＡＮ域内における事業計画を策定する際の有用なデータとして活用されれば、望外の喜びである。最後に、本調査の進行を強力にサポートしていただいた企業関係各位に厚く御礼を申し上げる。

2007年7月
ジェトロ（日本貿易振興機構）

【目　次】

第Ⅰ部：本　編

1. ルート調査の目的 …………………………………………………………………………… 3

2. 調査の対象 …………………………………………………………………………………… 3
　（1）調査対象国　3
　（2）ルート設定の考え方　3
　（3）調査対象ルート　5

3. 調査の内容および方法 ……………………………………………………………………… 12
　（1）調査の内容　12
　（2）調査の方法　13

4. 調査票の回収状況 …………………………………………………………………………… 15
　（1）全サンプル　15
　（2）Door to doorのサンプル　15

5. 調査の結果 …………………………………………………………………………………… 17
　5-1：ルート1について
　　　　「南北回廊」バンコク近郊工業団地～マレーシア工業団地～シンガポール　17
　（1）国際物流のフェーズ別コスト　19
　（2）国際物流のフェーズ別所要時間　28
　（3）輸送トンキロあたり輸送コストの比較　38
　（4）都市圏の旅行速度の比較　39
　（5）輸入通関時間の比較　40

　5-2：ルート2について
　　　　「東西回廊①」バンコク近郊工業団地～ハノイ近郊工業団地　43
　（1）国際物流のフェーズ別コスト　44
　（2）国際物流のフェーズ別所要時間　45
　（3）輸送トンキロあたり輸送コストの比較　47
　（4）都市圏の旅行速度の比較　48
　（5）輸入通関時間の比較　49

　5-3：ルート3について
　　　　「東西回廊②」ハノイ（ホーチミン）近郊工業団地～華南（香港・広州）　50
　（1）国際物流のフェーズ別コスト　51
　（2）国際物流のフェーズ別所要時間　54
　（3）輸送トンキロあたり輸送コストの比較　56
　（4）都市圏の旅行速度の比較　57
　（5）輸入通関時間の比較　58

5－4：ルート4について
　　　　「東西回廊③」バンコク近郊工業団地～ヤンゴン　*59*
　（1）国際物流のフェーズ別コスト　*60*
　（2）国際物流のフェーズ別所要時間　*61*
　（3）輸送トンキロあたり輸送コストの比較　*62*
　（4）都市圏の旅行速度の比較　*63*
　（5）輸入通関時間の比較　*63*

5－5：ルート5について
　　　　「東西回廊④」バンコク近郊工業団地～ホーチミン近郊工業団地　*64*
　（1）国際物流のフェーズ別コスト　*65*
　（2）国際物流のフェーズ別所要時間　*67*
　（3）輸送トンキロあたり輸送コストの比較　*69*
　（4）都市圏の旅行速度の比較　*70*
　（5）輸入通関時間の比較　*71*

5－6：ルート6について
　　　　「海のＡＳＥＡＮ①」シンガポール港～ジャカルタ　*72*
　（1）国際物流のフェーズ別コスト　*72*
　（2）国際物流のフェーズ別所要時間　*73*
　（3）輸送トンキロあたり輸送コストの比較　*75*
　（4）都市圏の旅行速度の比較　*76*
　（5）輸入通関時間の比較　*77*

5－7：ルート7について
　　　　「海のＡＳＥＡＮ②」バンコク～マニラ・セブ近隣工業団地　*78*
　（1）国際物流のフェーズ別コスト　*79*
　（2）国際物流のフェーズ別所要時間　*81*
　（3）輸送トンキロあたり輸送コストの比較　*82*
　（4）都市圏の旅行速度の比較　*83*
　（5）輸入通関時間の比較　*84*

6．ルート調査の定量的分析　…………………………………………………………………85
6－1：国際物流に係るコストおよびリードタイムの構成　*85*
　（1）コストの構成　*85*
　（2）リードタイムの構成　*87*

6－2：ルート比較　*89*
　（1）ルート比較の指標　*89*
　（2）国際輸送機関別トンキロあたりコストと表定速度　*89*
　（3）トンキロあたりコストの比較　*92*
　（4）表定速度の比較　*93*
　（5）トンキロあたりコストと表定速度の関係　*94*

7．ルート調査結果の応用　………………………………………………………………………98

8．ヒアリングでの指摘事項と改善策･･101
　　8－1：ルート別指摘事項および関連文献による現状分析　101

　　　8－1－1：ルート1（バンコク～クアラルプール～シンガポール）　101
　　　　8－1－1－1：道路輸送　101
　　　　（1）輸送量および品目　101
　　　　（2）輸送時間　101
　　　　（3）道路条件　102
　　　　（4）輸送方法　102
　　　　（5）費用　102
　　　　（6）タイ・マレーシア通関　102
　　　　（7）マレーシア・シンガポール間の通関　103
　　　　（8）セキュリティ　104
　　　　（9）自然災害　104
　　　　8－1－1－2：鉄道輸送　105
　　　　8－1－1－3：海上輸送　106
　　　　（1）概要　106
　　　　（2）通関　106

　　　8－1－2：ルート2（バンコク～ハノイ）　107
　　　　（1）陸路　107

　　　8－1－3：ルート3（ハノイ～広州、香港）　110
　　　　（1）概況　110
　　　　（2）ホーチミン市における工業団地から空港・港湾へのアクセス　110
　　　　（3）ハノイにおける工業団地から空港・港湾へのアクセス　111
　　　　（4）ハノイ～華南間のトラック輸送　113

　　　8－1－4：ルート4（バンコク～ヤンゴン）　115
　　　　（1）海運　115
　　　　（2）道路　115
　　　　（3）山九（株)の実態調査結果　116

　　　8－1－5：ルート5（バンコク～ホーチミン）　117
　　　　（1）概況　117
　　　　（2）山九（株)の実態調査結果　117

　　　8－1－6：ルート6（シンガポール～ジャカルタ、スラバヤ）　119
　　　　（1）所要時間　119
　　　　（2）道路　119
　　　　（3）通関　119
　　　　（4）製造業の輸送例　122

　　　8－1－7：ルート7（バンコク～マニラ、セブ）　122
　　　　（1）概要　122

（2）航空輸送　*123*
　　（3）道路輸送および積替作業　*123*
　　（4）費用　*123*
　　（5）通関　*123*
　　（6）海上輸送　*124*
　　（7）自動車部品製造業の例　*124*

　8－2：主要指摘事項　*124*
　　（1）輸送ネットワークの代替性の確保　*124*
　　（2）通関処理に時間がかかる場合の原因　*128*

9．今後の課題 ……………………………………………………………………………………… *132*
　9－1：政策的な課題　*132*
　　（1）トンキロあたりコストの改善　*132*
　　（2）表定速度の改善　*132*
　　（3）3つの評価指標　*133*
　　（4）日系企業が考えるＡＳＥＡＮ諸国の政策課題　*134*
　　（5）ルート上の政策課題解決のために考えられること　*139*
　　（6）コスト明細の不明瞭化の傾向への対応　*139*
　　（7）コスト削減を検討するための枠組みづくりの必要性　*140*
　　（8）ボトルネック改善上の課題　*140*
　　（9）ＡＳＥＡＮマルチネットワークの将来展望　*140*

　9－2：即効性のある改善提案　*141*

　9－3：今後の調査の方向性　*141*
　　（1）ボトルネックになっているフェーズの原因分析　*141*
　　（2）安全性を含む物流品質に係わる実態調査　*141*
　　（3）インドにおける物流ネットワークマップの作成　*141*
　　（4）日本との比較　*142*

付録：調査票一式 ………………………………………………………………………………… *143*

第Ⅱ部：資料編

1．ＣＤ－ＲＯＭ「ＡＳＥＡＮ物流ネットワーク・マップ」の全体構造 …………………… *151*
　1－1：「ＡＳＥＡＮ物流情報データベース」と「ルート調査分析結果」　*151*
　1－2：「ＡＳＥＡＮ物流ネットワーク・マップ」の画面構成　*152*
　　（1）「ＡＳＥＡＮ物流情報データベース」の画面レイアウト　*152*
　　（2）「ルート調査分析結果」の画面レイアウト　*154*

2．「ＡＳＥＡＮ物流情報データベース」のコンテンツ ………………………………………… *155*
　2－1：基礎情報　*156*
　　（1）基礎情報の地図サンプル・イメージ　*156*

（2）国別基礎情報比較表　*159*
　（3）ＡＳＥＡＮ各国におけるインフラ整備事業・計画のリスト　*160*
　（4）ＡＳＥＡＮ域内の貿易量　*164*
2－2：道路情報　*165*
　（1）地図情報サンプル・イメージ　*166*
　（2）道路情報の分析に使用したデータのサンプル（ベトナム）　*168*
　（3）国別の道路基礎情報比較表　*169*
2－3：港湾・海路情報　*170*
　（1）地図情報サンプル・イメージ　*171*
　（2）主要港湾別の港湾設備比較表（一部のみ）　*173*
　（3）ＡＳＥＡＮ域内のコンテナ移動量（2004年データ）　*174*
　（4）主要港湾間の輸送料金（20フィートコンテナあたり）　*174*
　（5）ＡＳＥＡＮ各国の港湾荷役料およびその他港湾利用料金　*175*
　（6）主要港湾間のリードタイム　*175*
　（7）主要港湾情報ウィンドウ　*176*
2－4：空港・空路情報　*193*
　（1）地図情報サンプル・イメージ　*193*
　（2）主要空港施設比較表（一部のみ）　*195*
　（3）主要空港情報ウィンドウ　*196*
2－5：鉄道関連情報　*201*
　（1）地図情報サンプル・イメージ　*201*
　（2）国別鉄道施設情報比較表　*202*
2－6：物流関係のソフトインフラ情報　*203*
　（1）ソフト・インフラに関するＡＳＥＡＮ情報「通関手続き」　*203*
　（2）ソフト・インフラに関するＡＳＥＡＮ情報「電子化状況」　*206*
　（3）ソフト・インフラに関するＡＳＥＡＮ情報「法規制情報」　*207*
　（4）ソフト・インフラに関するＡＳＥＡＮ情報「物流教育」　*208*
　（5）ソフト・インフラに関するＡＳＥＡＮ情報「その他物流に関する情報」　*209*
　2－7　物流関連コラム　*210*
　（1）タイ　*210*
　（2）マレーシア　*211*
　（3）ベトナム　*215*
　（4）カンボジア　*216*
　（5）シンガポール　*217*
　（6）フィリピン　*219*
　（7）インドネシア　*220*
　（8）ラオス　*222*

3．ＡＳＥＡＮ各国の物流環境の比較・評価　　　　　　　　　　　　　　　　　　　　　　　　　　　*223*
　3－1：ＡＳＥＡＮ各国のハードインフラの評価（空港・鉄道）　*223*
　3－2：ＡＳＥＡＮ各国のハードインフラの評価（道路・港湾）　*224*
　3－3：ＡＳＥＡＮ各国のソフトインフラの評価　*225*

表の掲載ページ（第Ⅰ部：本編）

表番号	タイトル	ページ
表Ⅰ-1	コストとリードタイムの構成要素：海上貨物（FCL）の例	13
表Ⅰ-2	現地調査の協力企業	14
表Ⅰ-3	ルート調査のサンプル数（全サンプル）	15
表Ⅰ-4	ルート調査のサンプル数（Door to doorのサンプル）	16
表Ⅰ-5	ルート1・国際輸送機関の内訳（Door to doorのサンプル）	17
表Ⅰ-6	ルート2・国際輸送機関の内訳（Door to doorのサンプル）	43
表Ⅰ-7	バンコク・ハノイ間の陸上輸送時間（第2メコン国際橋開通前・開通後）	46
表Ⅰ-8	ルート3・国際輸送機関の内訳（Door to doorのサンプル）	50
表Ⅰ-9	ルート4・国際輸送機関の内訳（Door to doorのサンプル）	59
表Ⅰ-10	バンコク・ヤンゴン間の海上輸送費	60
表Ⅰ-11	バンコク・ヤンゴン間の陸上輸送費	60
表Ⅰ-12	バンコク・ヤンゴン間の海上輸送時間	61
表Ⅰ-13	バンコク・ヤンゴン間の陸上輸送時間	61
表Ⅰ-14	ルート5・国際輸送機関の内訳（Door to doorのサンプル）	64
表Ⅰ-15	バンコク・ホーチミン間の海上輸送費	65
表Ⅰ-16	バンコク・ホーチミン間の陸上輸送費	65
表Ⅰ-17	バンコク・ホーチミン間の海上輸送時間	67
表Ⅰ-18	バンコク・ホーチミン間の陸上輸送時間	67
表Ⅰ-19	ルート6・国際輸送機関の内訳（Door to doorのサンプル）	72
表Ⅰ-20	ルート7・国際輸送機関の内訳（Door to doorのサンプル）	78
表Ⅰ-21	国際輸送コストの構成	85
表Ⅰ-22	輸出入通関に係わるコストが国際物流コスト全体に占める割合	86
表Ⅰ-23	国際輸送リードタイムの構成	87
表Ⅰ-24	輸出入通関に係わる所要時間が国際物流時間全体に占める割合	88
表Ⅰ-25	ルート別国際輸送モード別トンキロあたりコスト	92
表Ⅰ-26	ルート別国際輸送モード別表定速度	93
表Ⅰ-27	輸出入に係わる諸費用の構成	126
表Ⅰ-28	調査ルートに係わる国の貿易バランス	127

図の掲載ページ（第Ⅰ部：本編）

図Ⅰ-1：国際物流の流れ	12
図Ⅰ-2：国際物流のフェーズとコストの関係（ルート1／トラック：サンプル231）	19
図Ⅰ-3：国際物流のフェーズとコストの関係（ルート1／船舶：サンプル235）	20
図Ⅰ-4：国際物流のフェーズとコストの関係（ルート1／航空機：サンプル234）	21
図Ⅰ-5：国際物流のフェーズとコストの関係（ルート1／トラック：サンプル232）	22
図Ⅰ-6：国際物流のフェーズとコストの関係（ルート1／船舶：サンプル72）	23
図Ⅰ-7：国際物流のフェーズとコストの関係（ルート1／船舶：サンプル1+305）	24
図Ⅰ-8：国際物流のフェーズとコストの関係（ルート1／船舶：サンプル73）	25
図Ⅰ-9：国際物流のフェーズとコストの関係（ルート1／船舶：サンプル236）	26
図Ⅰ-10：国際物流のフェーズとコストの関係（ルート1／トラック：サンプル233）	27
図Ⅰ-11：国際物流のフェーズと所要時間の関係（ルート1／船舶：サンプル400）	28
図Ⅰ-12：国際物流のフェーズと所要時間の関係（ルート1／トラック：サンプル231）	29
図Ⅰ-13：国際物流のフェーズと所要時間の関係（ルート1／船舶：サンプル235）	30
図Ⅰ-14：国際物流のフェーズと所要時間の関係（ルート1／航空機：サンプル234）	31
図Ⅰ-15：国際物流のフェーズと所要時間の関係（ルート1／トラック：サンプル232）	32
図Ⅰ-16：国際物流のフェーズと所要時間の関係（ルート1／船舶：サンプル72）	33
図Ⅰ-17：国際物流のフェーズと所要時間の関係（ルート1／船舶：サンプル1+305）	34
図Ⅰ-18：国際物流のフェーズと所要時間の関係（ルート1／船舶：サンプル73）	35
図Ⅰ-19：国際物流のフェーズと所要時間の関係（ルート1／船舶：サンプル236）	36
図Ⅰ-20：国際物流のフェーズと所要時間の関係（ルート1／トラック：サンプル233）	37
図Ⅰ-21：ルート1上の国々における国内輸送コスト（トラック）	38
図Ⅰ-22：ルート1上の都市圏における旅行速度	39
図Ⅰ-23：ルート1上の国々の輸入通関時間	40
図Ⅰ-24：国際物流のフェーズとコストの関係（ルート2／船舶：サンプル74）	44
図Ⅰ-25：国際物流のフェーズと所要時間の関係（ルート2／船舶：サンプル74）	45
図Ⅰ-26：ルート2上の国々における国内輸送コスト（トラック）	47
図Ⅰ-27：ルート2上の都市圏における旅行速度	48
図Ⅰ-28：ルート2上の国々の輸入通関時間	49
図Ⅰ-29：国際物流のフェーズとコストの関係（ルート3／船舶：サンプル6+1303①）	51
図Ⅰ-30：国際物流のフェーズとコストの関係（ルート3／船舶：サンプル6+1303②）	52
図Ⅰ-31：国際物流のフェーズとコストの関係（ルート3／航空機：サンプル8+1304）	53
図Ⅰ-32：国際物流のフェーズと所要時間の関係（ルート3／船舶：サンプル6+1303）	54
図Ⅰ-33：国際物流のフェーズと所要時間の関係（ルート3／航空機：サンプル8+1304）	55
図Ⅰ-34：ルート3上の国々における国内輸送コスト（トラック）	56
図Ⅰ-35：ルート3上の都市圏における旅行速度	57
図Ⅰ-36：ルート3上の国々の輸入通関時間	58
図Ⅰ-37：ルート4上の国々における国内輸送コスト（トラック）	62
図Ⅰ-38：ルート4上の都市圏における旅行速度	63

図Ⅰ-39	国際物流のフェーズとコストの関係（ルート5／航空機：サンプル102）	66
図Ⅰ-40	国際物流のフェーズと所要時間の関係（ルート5／航空機：サンプル102）	68
図Ⅰ-41	ルート5上の国々における国内輸送コスト（トラック）	69
図Ⅰ-42	ルート5上の都市圏における旅行速度	70
図Ⅰ-43	ルート5上の国々の輸入通関時間	71
図Ⅰ-44	国際物流のフェーズと所要時間の関係（ルート6／船舶：サンプル75）	73
図Ⅰ-45	国際物流のフェーズと所要時間の関係（ルート6／船舶：サンプル2）	74
図Ⅰ-46	ルート6上の国々における国内輸送コスト（トラック）	75
図Ⅰ-47	ルート6上の都市圏における旅行速度	76
図Ⅰ-48	ルート6上の国々の輸入通関時間	77
図Ⅰ-49	国際物流のフェーズとコストの関係（ルート7／船舶：サンプル77）	79
図Ⅰ-50	国際物流のフェーズとコストの関係（ルート7／船舶：サンプル78）	80
図Ⅰ-51	国際物流のフェーズと所要時間の関係（ルート7／船舶：サンプル78）	81
図Ⅰ-52	ルート7上の国々における陸上輸送コスト（トラック）	82
図Ⅰ-53	ルート7上の都市圏における旅行速度	83
図Ⅰ-54	ルート7上の国々の輸入通関時間	84
図Ⅰ-55	国際輸送コストの構成	86
図Ⅰ-56	国際輸送時間の構成	87
図Ⅰ-57	ルート別トンキロあたりコストと表定速度（船舶）	89
図Ⅰ-58	ルート別トンキロあたりコストと表定速度（トラック）	90
図Ⅰ-59	ルート別トンキロあたりコストと表定速度（航空機）	91
図Ⅰ-60	ルート別国際輸送モード別トンキロあたりコスト	92
図Ⅰ-61	ルート別国際輸送モード別表定速度	93
図Ⅰ-62	トンキロあたりコストと表定速度の関係（船舶）	94
図Ⅰ-63	トンキロあたりコストと表定速度の関係（トラック）	95
図Ⅰ-64	トンキロあたりコストと表定速度の関係（航空機）	96
図Ⅰ-65	東西経済回廊のフィージビリティスタディの考え方	98
図Ⅰ-66	マレーシア→バンコク間の国際物流のフェーズと所要時間（トラック）	99
図Ⅰ-67	推定されたタイ→ハノイ間の国際物流のフェーズと所要時間（トラック）	99
図Ⅰ-68	時間とコストの推定結果	100
図Ⅰ-69	バンコク～マレーシア間の道路状況（タイ南部）	105
図Ⅰ-70	インドシナ諸国の日系企業数（2004年）と輸送ルート（海路・陸路）	109
図Ⅰ-71	バンコク・ヤンゴン間の陸上・海上輸送ルート	116
図Ⅰ-72	バンコク・ホーチミン間の陸上・海上輸送ルート	118
図Ⅰ-73	問題解決ツリー【物流コスト】	132
図Ⅰ-74	問題解決ツリー【表定速度】	133
図Ⅰ-75	三位一体の改善	134
図Ⅰ-76	ASEAN域内の物流ルート上において問題になっている国	136
図Ⅰ-77	東西回廊上の4カ国における政策課題	137
図Ⅰ-78	海のASEAN上の2カ国における政策課題	138
図Ⅰ-79	南北回廊上の2カ国における政策課題	138

『ASEAN物流ネットワーク・マップ』 アップデート情報について

アップデート情報は随時、ウェブページにて公開しています。
下記URLからダウンロード（PDFファイル）して下さい。
http://www5.jetro.go.jp/books/ASE06.pdf

第Ⅰ部：本　編

1. ルート調査の目的

この調査の目的は、次の2つとした。
①日系企業の最適地生産、最適地調達、拠点再編などの経営判断の一助となるべく、物流面を切り口とした即効性のある有用な情報を提供すること。
②ASEAN域内（一部、中国華南など、物流面においてASEANと関わりの強い地域を含む）の現状を整理し、ボトルネックを浮き彫りにし、特に日系企業のニーズが強い物流ルートについては、ボトルネック解消の見込みや今後期待できる効果を提示すること。

2. 調査の対象

(1) 調査対象国

ASEAN10カ国（インドネシア、フィリピン、ベトナム、タイ、ラオス、カンボジア、ミャンマー、シンガポール、マレーシア、ブルネイ）。ただし、中国華南等、日系企業の関心が高いルートの起点・終点になり得る地域情報も調査対象に含む。海のASEAN（フィリピン、インドネシア等、陸路による国際物流がない国）についても水路・空路では国際比較可能であり、敢えて別に分類して取り扱うことはしない。

(2) ルート設定の考え方

ASEAN域内の物流の問題を、主に荷主の立場から、象徴的に捉えるために、本調査ではASEAN域内（一部、中国華南地域を含む）の代表的な国際輸送ルート（陸上、海上、空）に着目した。

今回調査対象としたルートは、原則、商業ベースの既存ルート（商用ルート）とした。ただし、一部の商社や物流事業者が将来的な運用を想定して試験的に利用しているようなルートについても調査の対象とした。また、ルートの起終点は、日系企業が立地する各国の代表的な工業団地とした。

ジェトロの在ASEANのセンター・事務所が実施した日系企業ニーズヒアリング結果に基づいて、ASEANにおける現在の域内物流の流れ、日系企業の域内分業の現状などニーズの高さに関わる要因を検討した結果、多くの荷物が頻繁に輸送されているルートや、物流コスト削減やリードタイム短縮にとって今後注目されているルートなど、荷主企業の優先度が高いと考えられる以下の7つの域内物流ルートを調査対象ルートとして設定した。

ルート1：「南北回廊①」バンコク近郊工業団地～マレーシア工業団地～シンガポール
ルート2：「東西回廊①」バンコク近郊工業団地～ハノイ近郊工業団地
ルート3：「東西回廊②」ハノイ（ホーチミン）近郊工業団地～華南（香港・広州）
ルート4：「東西回廊③」バンコク近郊工業団地～ヤンゴン
ルート5：「東西回廊④」バンコク近郊工業団地～ホーチミン近郊工業団地
ルート6：「海のASEAN①」シンガポール港～ジャカルタ
ルート7：「海のASEAN②」バンコク～マニラ・セブ近隣工業団地

設定したルートは次図のとおり、大きく、南北回廊（ルート1）、東西回廊（ルート2、3、4、5）、海のASEAN（ルート6、7）の3つに分類できる。

ルート7（バンコク～マニラ間）については、ジェトロの日系企業ヒアリング結果では選定されていなかったものの、ASEAN域内物流の全体像を把握するという観点から対象として設定した。

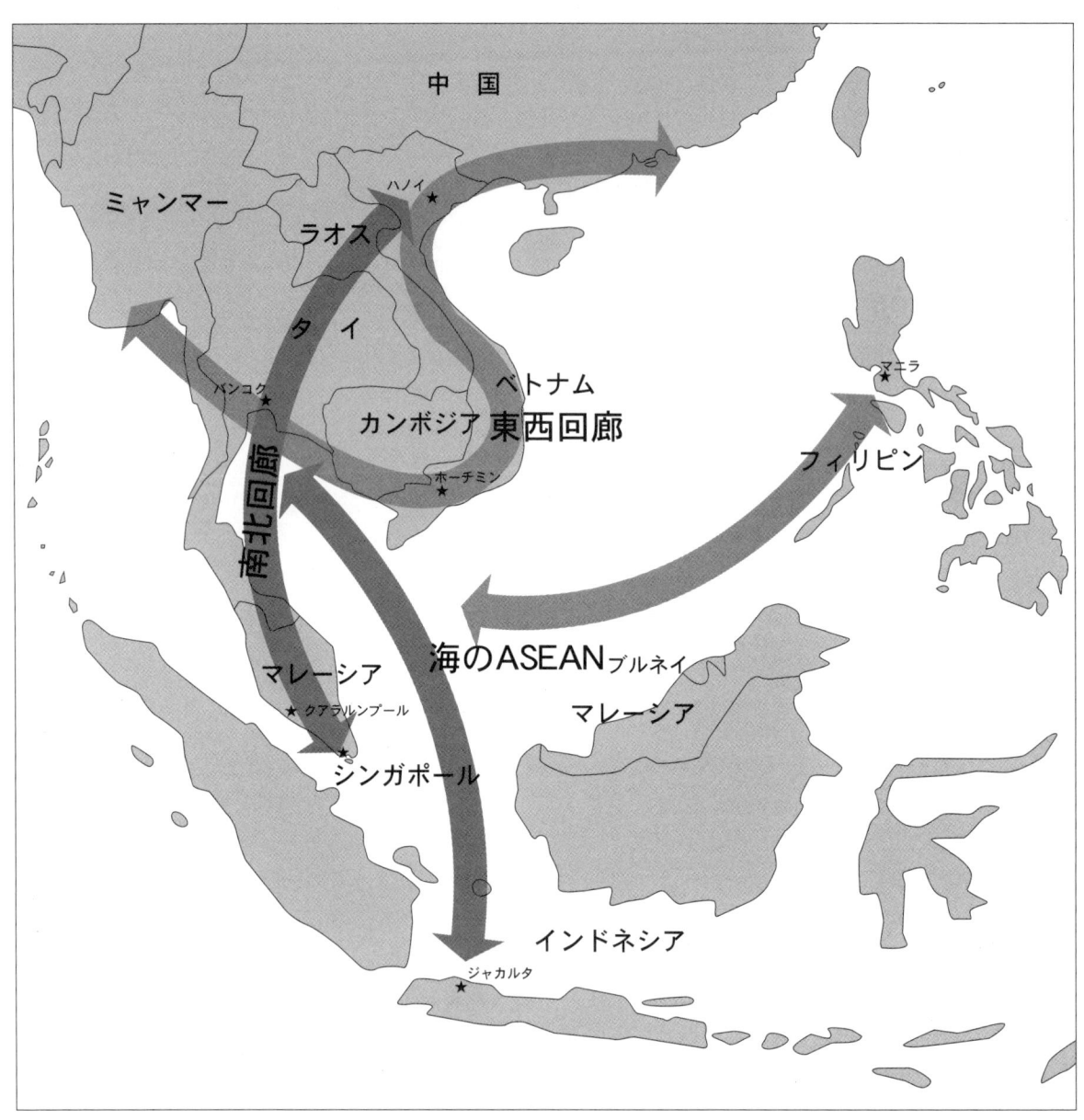

南北回廊(ルート1)
東西回廊(ルート2、3、4、5)
海のASEAN(ルート6、7)

（3）調査対象ルート

調査対象ルートの概況を以下に記す。

ルート1：「南北回廊①」バンコク近郊工業団地～マレーシア工業団地～シンガポール

■検討ルート
　陸路、空路（比較対象）、水路（比較対象）
■起点・経由地・終点となりうる工業団地
　バンコク　　：アマタ・ナコン工業団地、ナワナコン工業団地、ロジャナ工業団地、カビンブリ工業団
　　　　　　　　地など
　マレーシア　：スンガイウェイ工業団地、ペナン州工業団地、バンギ工業団地など
　シンガポール：ジュロン工業団地、Bedok工業団地、Loyang工業団地など
■インタビュー対象として想定した業種
　ハードディスク製造業、電器商社、物流業、自動車部品製造、流通業、など

ルート２：「東西回廊①」バンコク近郊工業団地～ハノイ近郊工業団地

■検討ルート
　陸路、空路（比較対象）、水路（比較対象）
■起点・経由地・終点となりうる工業団地
　ハノイ　：タンロン工業団地、ビエンホアⅡ工業団地、野村ハイフォン工業団地など
　バンコク：アマタ・ナコン工業団地、ナワナコン工業団地、ロジャナ工業団地、カビンブリ工業団地など
■インタビュー対象として想定した業種
　自動車部品製造業、ハードディスク製造業、金属プレス品製造業等

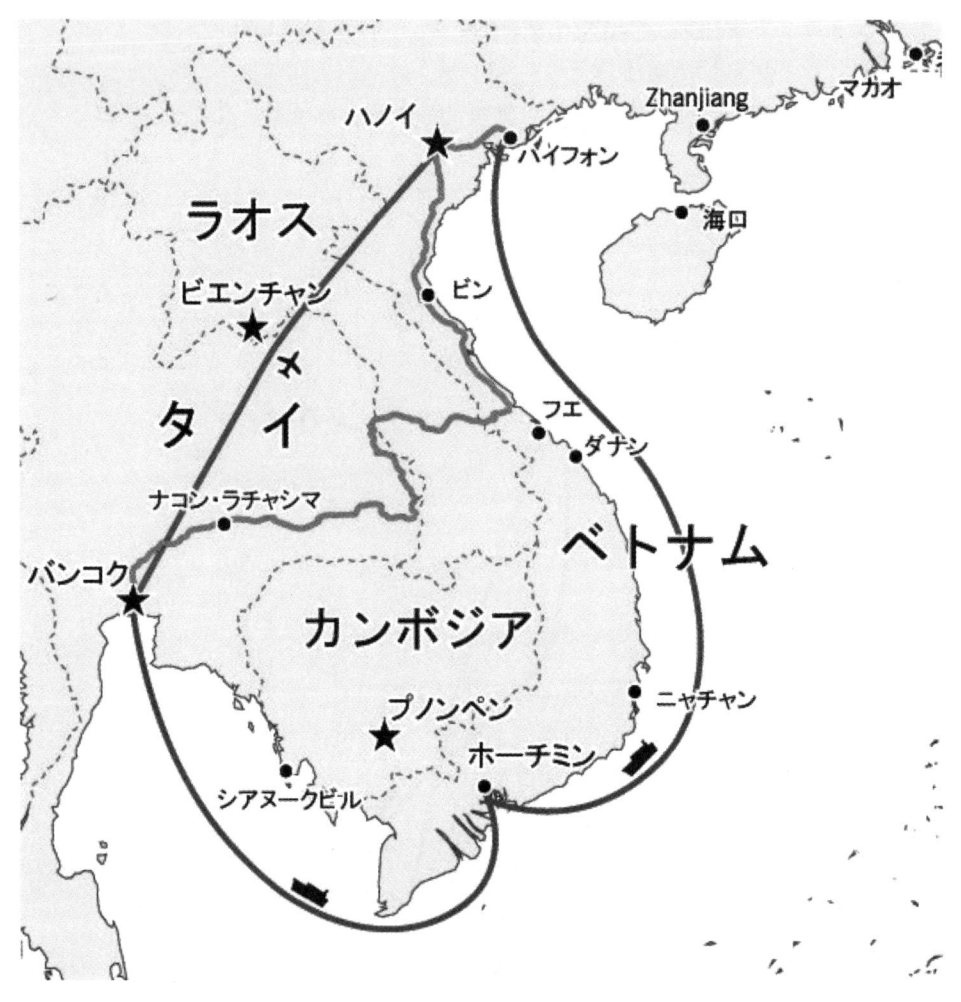

ルート3:「東西回廊②」ハノイ（ホーチミン）近郊工業団地～華南（香港・広州）

■検討ルート
　陸路、空路（比較対象）、水路（比較対象）
■起点・経由地・終点となりうる工業団地
　ハノイ：　　タンロン工業団地、ビエンホアⅡ工業団地、野村ハイフォン工業団地など
　ホーチミン：タントゥアン、ドンナイ省工業団地、ベトナム・シンガポール工業団地（VSIP）など
　華　南：　　長安平謙工業団地、東坑平謙日本企業工業団地、南沙平謙自動車産業団地など
■インタビュー対象として想定した業種
　総合電器、縫製業、ハードディスク製造業、金属プレス品等製造業など

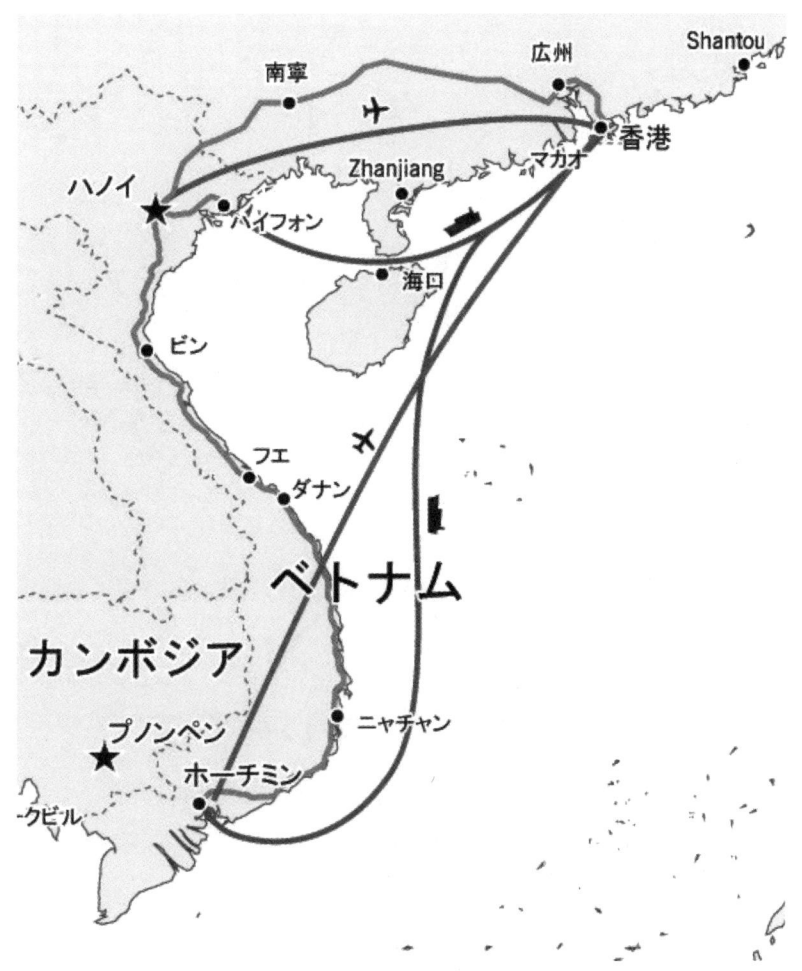

ルート4:「東西回廊③」バンコク近郊工業団地～ヤンゴン

■検討ルート
　陸路、空路（比較対象）、水路（比較対象）
■起点・経由地・終点となりうる工業団地
　ハノイ：　タンロン工業団地、ビエンホアⅡ工業団地、野村ハイフォン工業団地など
　ヤンゴン：ミンガラドン工業団地、ミャンマーICTパーク、ヤンゴン北工業団地、ヤンゴン南工業団地
　　　　　　など
■インタビュー対象として想定した業種
　家電販売、文房具製造業、物流業、縫製業、変圧器製造業など

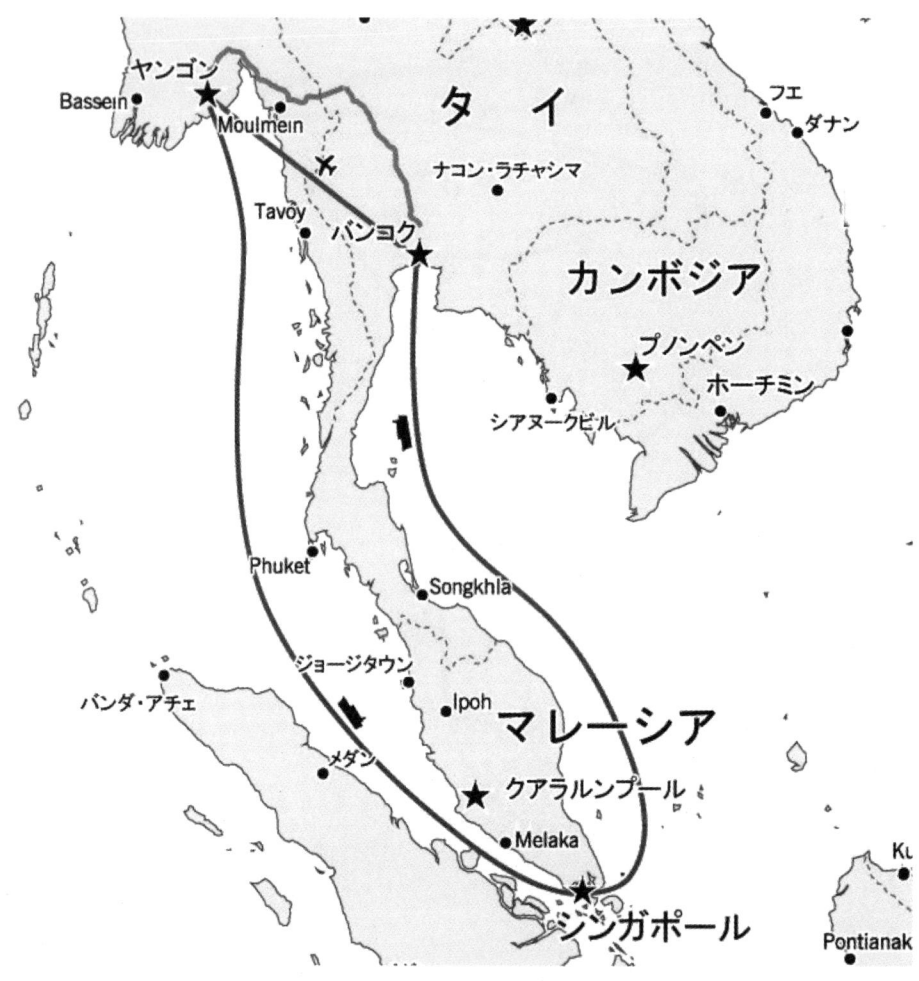

ルート５：「東西回廊④」バンコク近郊工業団地～ホーチミン近郊工業団地

■検討ルート
　陸路、空路（比較対象）、水路（比較対象）
■起点・経由地・終点となりうる工業団地
　バンコク：　アマタ・ナコン工業団地、ナワナコン工業団地、ロジャナ工業団地、カビンブリ工業団地
　　　　　　　など
　ホーチミン：タントゥアン、ドンナイ省工業団地、ベトナム・シンガポール工業団地（VSIP）など
■インタビュー対象として想定した業種
　金属プレス品等製造業など

ルート6:「海のASEAN①」シンガポール港~ジャカルタ

■検討ルート:水路
■起点・経由地・終点となりうる工業団地
　シンガポール:ジュロン工業団地、Bedok工業団地、Loyang工業団地など
　ジャカルタ:　東ジャカルタ工業団地(進出企業:三洋電機、松下電工、オムロン、NECなど)、ジャカルタ工業団地プロガドゥン(進出企業:日商岩井、三菱電機、大日本印刷、富士電機など)
　スラバヤ:　　パスルアン工業団地ルンバン(進出企業:住友商事、松下電子工業、ヤマハ)、スラバヤ工業団地ルンクットなど
■インタビュー対象として想定した業種
　家電製造業、印刷業、物流業、自動二輪製造業など

ルート7:「海のASEAN②」バンコク〜マニラ・セブ近隣工業団地

■検討ルート:水路
■起点・経由地・終点となりうる工業団地
　バンコク:アマタ・ナコン工業団地、ナワナコン工業団地、ロジャナ工業団地、カビンブリ工業団地など
　マニラ:　カビテ輸出加工区、ファースト・カビテ工業団地、ファースト・フィリピン工業団地、ラグナ州工業団地など
　セブ:　　マクタン輸出加工区(EPZ)など
■インタビュー対象として想定した業種
　流通業、電子機器製造業など

3．調査の内容および方法

（1）調査の内容

　調査対象として設定した7つのルートについて、各ルートにおける日系荷主企業の協力を得て、ビジネスベースでの荷の動きに即して、ルートの評価を行った。

　7つのルートの相互比較および同一ルートの別モード間の比較を行うための評価指標は、次の2つとした。

①コスト
②リードタイム

　コストとリードタイムについては、可能な限り、その構成要素（例えばリードタイムの場合であれば、輸送時間・保管時間・通関時間など）を明らかにして、国際物流のボトルネックの原因を可視化できるようにした。

　ASEAN域内における国際物流の流れについては、図Ⅰ－1のように想定した。

図Ⅰ－1　国際物流の流れ

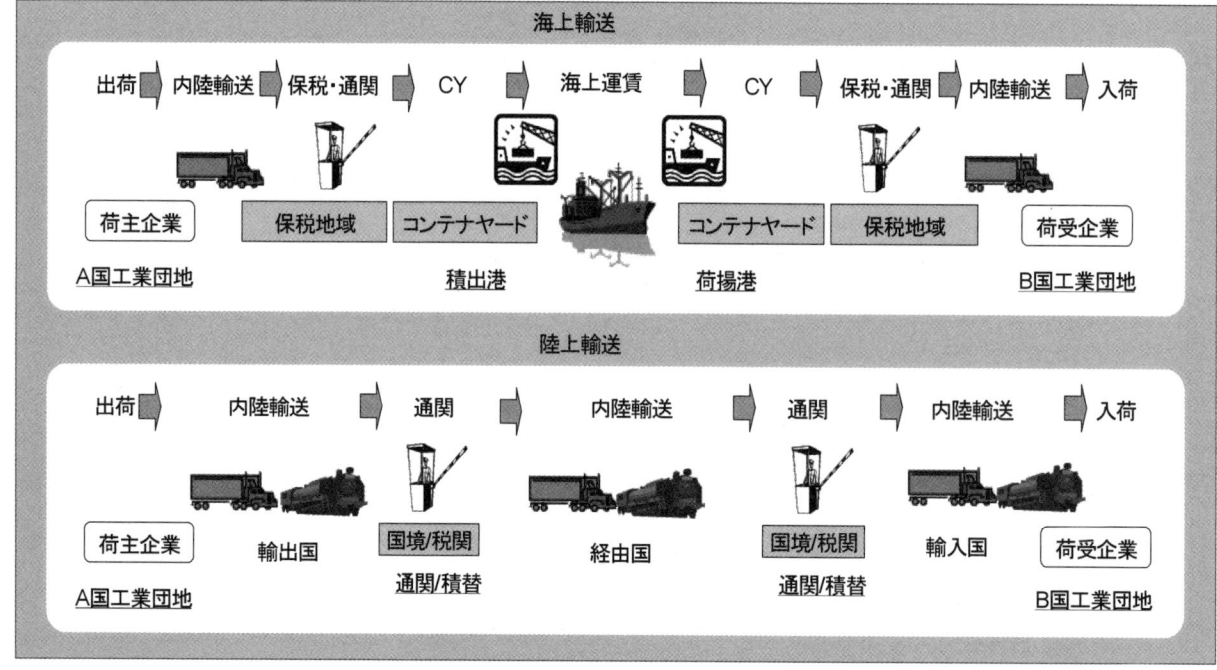

コストとリードタイムの構成要素（国際物流のフェーズ）として、表Ⅰ－1を想定した（海上輸送の例）。なお、保管費が計上されていないが、これは、国際物流では、輸出国側での出荷から輸入国側の入荷までの間で荷物が"保管"されるのは、港湾施設などで提供される「フリータイム」の制度を活用しての"仮置き"的なものとなっている場合が多いことによる。

表Ⅰ－1　コストとリードタイムの構成要素：海上貨物（FCL）の例

領　域	コスト/リードタイムの構成要素（フェーズ）	時間/費用項目
輸出国	内陸輸送（荷主→港湾）	内陸輸送費
輸出国	保税・通関	輸出通関手数料
輸出国	保税・通関	ドキュメント作成料
輸出国	保税・通関	輸出検査量
輸出国	CY・船積み	積地のコンテナターミナル取扱料
輸出国	CY・船積み	本船積込・荷役料
海　上	海上輸送	海上運賃
海　上	海上輸送	海上保険料
輸入国	荷卸・CY	本船からの水切り荷役料
輸入国	荷卸・CY	CYからの引取料
輸入国	荷卸・CY	保税蔵置場搬入後、デバンニング料
輸入国	保税・通関	輸入通関検査料、輸入申告料
輸入国	保税・通関	他法令の検査料
輸入国	内陸輸送（港湾→荷受企業）	内陸輸送費

（2）調査の方法

ルート調査は、国内準備作業、現地調査、国内取りまとめ作業の3つのステップに分けて、実施した。

ルート調査の進め方
国内準備作業
・調査実施方針・方法の決定
・調査票の作成
・協力企業の選定および協力依頼
・調査票の送付
現地調査
・調査票の回収
・ヒアリング調査の実施
国内取りまとめ作業
・調査票のデータ入力
・調査結果の分析

1）国内準備作業
①協力企業の選定
　国内準備作業においては、調査対象となる荷主、物流事業者の選定および当該企業への協力依頼、調査票の送付等を行った。
　今回、調査対象として取り上げた日系企業は、日本ロジスティクスシステム協会（JILS）会員企業の現地法人を対象として、調査対象となるすべてのルートをカバーすべく選定した。

表Ⅰ－2　現地調査の協力企業

業　態		企　業　名
荷主企業	製造業	家電製造業A社、電子機器製造業B社、輸送機器製造業C社、電子機器製造業D社
物流事業者		E社、F社

②調査票の設計
　調査票一式を巻末に添付する。

2）現地調査
　現地調査は、2006年8月～9月に実施した。現地調査の協力企業から紹介された各国の現地法人を訪問、事前に送付しておいた調査票を回収するとともに、ヒアリング調査を行い、コスト・リードタイム情報の他、現状の問題点、将来の改善に対する要望などを聴取した。
　また、別途、必要に応じて、日本側の本社へのヒアリング調査も実施した。

4．調査票の回収状況

（1）全サンプル

- 輸出国側の国内物流、国際物流、輸入国側の国内物流の3つの段階のいずれかのフェーズに、何らかの数値の記入があったものは表Ⅰ－3のとおり。
- 南北回廊（ルート1）が多く、東西回廊（ルート2、3、4、5）が少ない傾向。海のASEAN（ルート6、7）は、ルート7に偏った。
- 東西回廊のうちルート4（バンコク～ヤンゴン）はコスト、リードタイム双方ともサンプル取得ができなかった。
- 後述する「5．調査の結果」で、(3)輸送トンキロあたり輸送コスト、(4)都市圏の旅行速度、(5)輸入通関時間のデータソースとして使用。

表Ⅰ－3　ルート調査のサンプル数（全サンプル）　　　（単位：票）

ルート	1	2	3	4	5	6	7	計
コスト	21	6	3	0	5	4	6	45
横構成比（%）	46.7	13.3	6.7	0	11.1	8.9	13.3	100
リードタイム	22	7	5	0	7	4	10	55
横構成比（%）	40.0	12.7	9.1	0	12.7	7.3	18.2	100

（2）Door to door のサンプル

- 輸出国側の国内物流、国際物流、輸入国側の国内物流の3つの段階のそれぞれに、何らかの数値の記入があった（輸出国側から輸入国側までのDoor to doorで何らかの数値の記入があった）ものは表Ⅰ－4のとおり。
- Door to doorでデータが取得できたサンプルは激減している。
    - コストの場合、Door to doorでデータが取得できたサンプルの割合は約36%。
    - リードタイムの場合、Door to doorでデータが取得できたサンプルの割合は約31%。
- 南北回廊（ルート1）が多く、東西回廊（ルート2、3、4、5）が少ない傾向。
- 東西回廊のルート4（バンコク～ヤンゴン）、また海のASEANのルート6（シンガポール～ジャカルタ）は、コストのデータが取得できなかった。
- ルート4（バンコク～ヤンゴン）はリードタイムのデータも取得できなかった。
- 後述する「5．調査の結果」で、1)国際物流のフェーズ別コスト、2)国際物流のフェーズ別所要時間、3)輸送トンキロあたり輸送コスト、4)都市圏の旅行速度、5)輸入通関時間 のデータソースとして使用。

表Ⅰ-4　ルート調査のサンプル数（Door to door のサンプル）　　　（単位：票）

ルート	1	2	3	4	5	6	7	計
コスト	9	1	3	0	1	0	2	16
横構成比（％）	56.3	6.3	18.8	0	6.3	0	12.5	100
リードタイム	10	1	2	0	1	2	1	17
横構成比（％）	58.8	5.9	11.8	0	5.9	11.8	5.9	100

5．調査の結果

5－1：ルート1について

　ルート1は、タイ、マレーシア、シンガポールのASEAN主要3カ国が連担する、ASEAN地域内で日系企業の物流が最も集中している大幹線ルートである（P.5参照）。今回のルート調査のサンプルの過半数がこのルートのものであった。

　国際輸送モードとしては、船舶が全事例の過半数、トラックがこれに次いだ。航空機も事例は少ないが使われている。一方、鉄道については、今回取り上げた7つのルートの中では最も利用環境が良好であると思われたのであるが、事例は1件もなかった。

　陸路におけるトラック輸送のより一層の品質向上、また、ネットワークは完成しているものの、利便性に問題があると言われている鉄道輸送の改善が課題。

表Ⅰ－5　国際輸送機関の内訳（Door to doorのサンプル）　（単位：票）

ルート1	船舶	航空機	トラック	鉄道	計
コスト	5	1	3	0	9
リードタイム	6	1	3	0	10
計	11	2	6	0	19

《データを読む上の注意点》

1．「国際物流のフェーズ別コスト」では通貨単位として米ドルを使用しているが、回答票のうちコストが現地通貨で記入されていたものについては、関税定率法第4条の7に規定する財務省令で定める外国為替相場（適用期間2006年8月27日から9月2日まで）に基づき、米ドルに変換した。
  なお、国際物流のフェーズの詳細は、P.149の調査票（B票）を参照されたい。

2．「輸送トンキロあたり輸送コストの比較」で比較データとして紹介している日本の輸送トンキロあたり輸送コスト（44円／トンキロ）は、『平成17年度版陸運統計要覧』（国土交通省）から作成した。

3．「都市圏の旅行速度の比較」で比較データとして紹介している日本のDID*の旅行速度（21km/h）は、『平成17年度道路交通センサス』（国土交通省）の一般国道の全国平均値（20.8km/h）によった。

4．ASEAN各国の都市圏における旅行速度とした、工場・拠点から港湾・空港までの旅行速度に、過大もしくは過小と考えられる値があるが、これは、当該区間のおおむねの距離を当該区間のおおむねの所要時間で除して求めたことによる。

  *）DID（人口集中地区）：国勢調査の調査区で人口密度の高い調査区（4,000人／平方キロ以上）が隣接し、それらの隣接した地域の人口が5,000人以上を有する地区。

（1）国際物流のフェーズ別コスト

◆タイ→マレーシア（トラック：サンプル231）

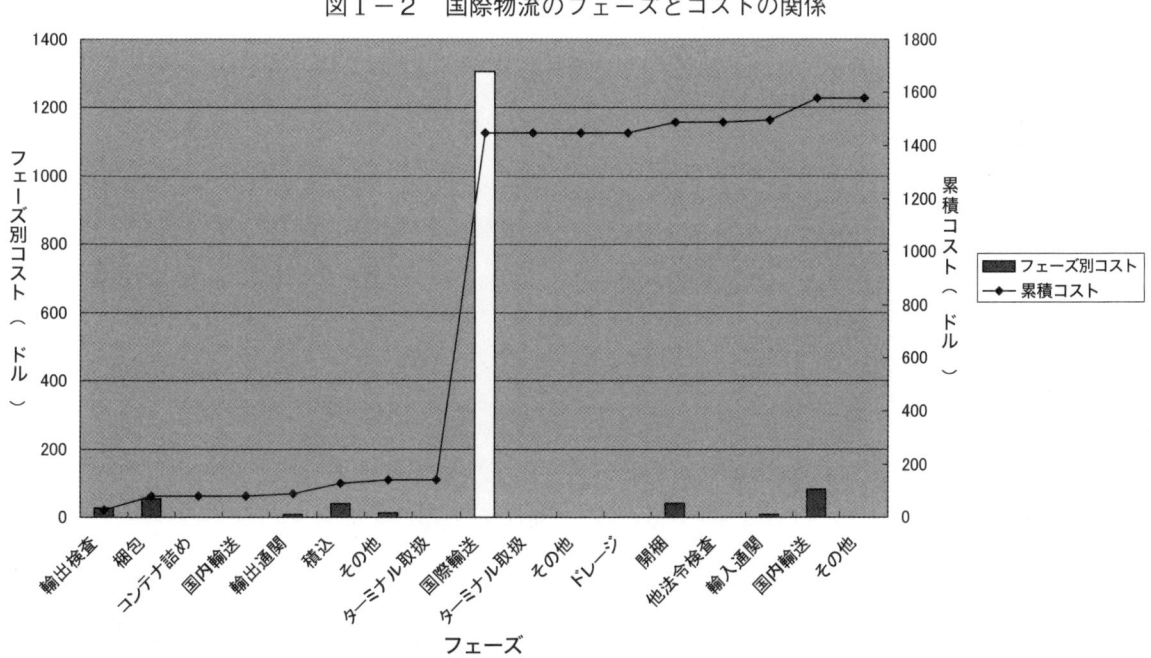

図Ⅰ-2　国際物流のフェーズとコストの関係

注：フェーズ別コスト（白色）は国際輸送領域

【輸送条件】

品　名	エアコン部品
輸送頻度	毎日
荷　姿	ケース
1回あたり輸送量	30㎥
国際輸送のモード	トラック
交易条件	DDP
出発地	Bangkok area
出発地国港湾名	―
中継地	―
目的地側港湾名	―
最終目的地	不明

◎この事例では、出発地から輸出先国のターミナルまでの陸上輸送費が「国際輸送費」として一括計上されている。

◆マレーシア→タイ（船舶：サンプル235）

図Ⅰ－3　国際物流のフェーズとコストの関係

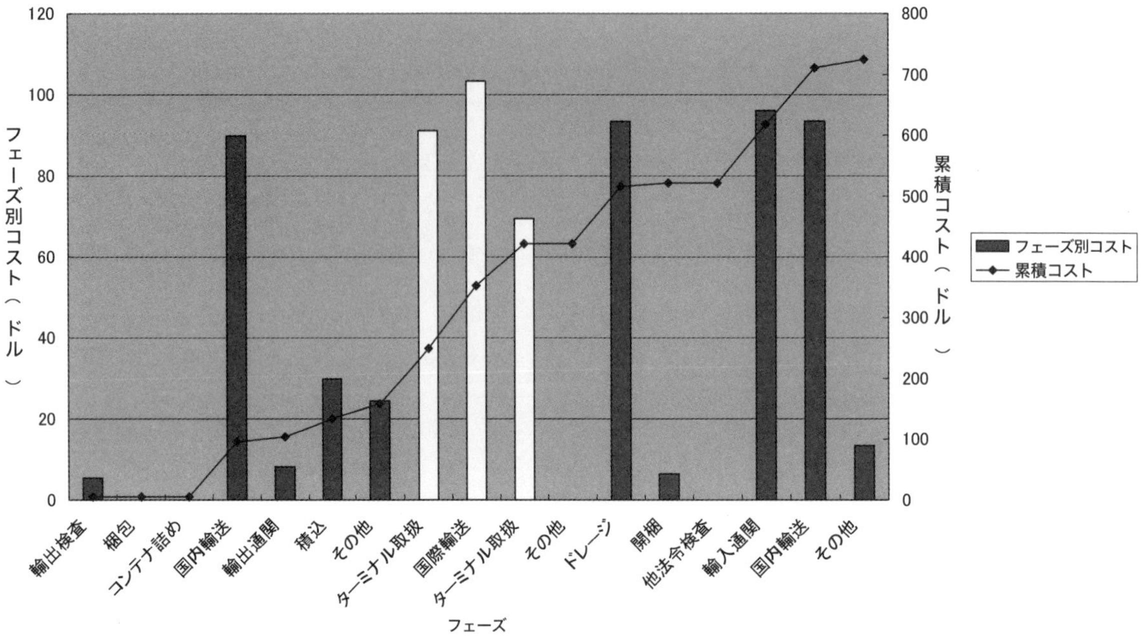

フェーズ別コスト（ドル）
累積コスト（ドル）
フェーズ別コスト
累積コスト
120
100
80
60
40
20
0
800
700
600
500
400
300
200
100
0
輸出検査
梱包
コンテナ詰め
国内輸送
輸出通関
積込
その他
ターミナル取扱
国際輸送
ターミナル取扱
その他
ドレージ
開梱
他法令検査
輸入通関
国内輸送
その他
フェーズ

注：フェーズ別コスト（白色）は国際輸送領域

【輸送条件】

品　名	自動車部品
輸送頻度	週１回
荷　姿	FCL（20ft）
１回あたり輸送量	６ケース（96ロール）
国際輸送のモード	船舶
交易条件	DDP
出発地	Shah Alam
出発地国港湾名	Port Klang
中継地	—
目的地側港湾名	Bangkok Port
最終目的地	Pranchinburi

◎輸出国側、輸入国側ともに、国内のトラック輸送（マレーシア35km、タイ100km）費用が、海上輸送費用に近い額になっていることに注目。

◆マレーシア→タイ（航空機：サンプル234）

図Ⅰ－4　国際物流のフェーズとコストの関係

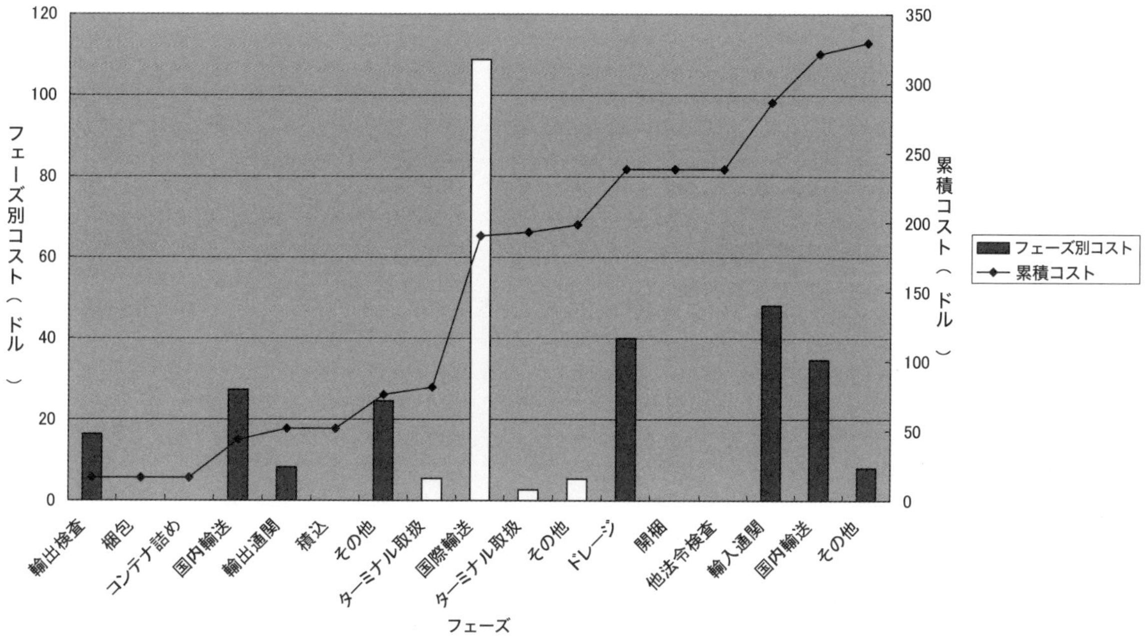
120
100
80
60
40
20
0
フェーズ別コスト（ドル）
350
300
250
200
150
100
50
0
累積コスト（ドル）
フェーズ別コスト
累積コスト
輸出検査
梱包
コンテナ詰め
国内輸送
輸出通関
積込
その他
ターミナル取扱
国際輸送
ターミナル取扱
その他
ドレージ
開梱
他法令検査
輸入通関
国内輸送
その他
フェーズ

注：フェーズ別コスト（白色）は国際輸送領域

【輸送条件】

品　名	電気部品
輸送頻度	月１回
荷　姿	ケース
１回あたり輸送量	200kg
国際輸送のモード	航空機
交易条件	CIF
出発地	Bangi
出発地国港湾名	Kuala Lumpur
中継地	—
目的地側港湾名	Bangkok
最終目的地	Samutprakarn

◎コスト構成比が最も大きいのは、国際輸送コストで、約３分の１を占める。
他に、コスト構成比が大きいフェーズは輸入国（タイ）側で目立ち、バンコク空港での引き取りや輸入検査、また、国内のトラック輸送（60km）のコストがそれぞれおおむね１割程度のシェアになっている。

◆マレーシア→タイ（トラック：サンプル232）

図Ⅰ-5　国際物流のフェーズとコストの関係

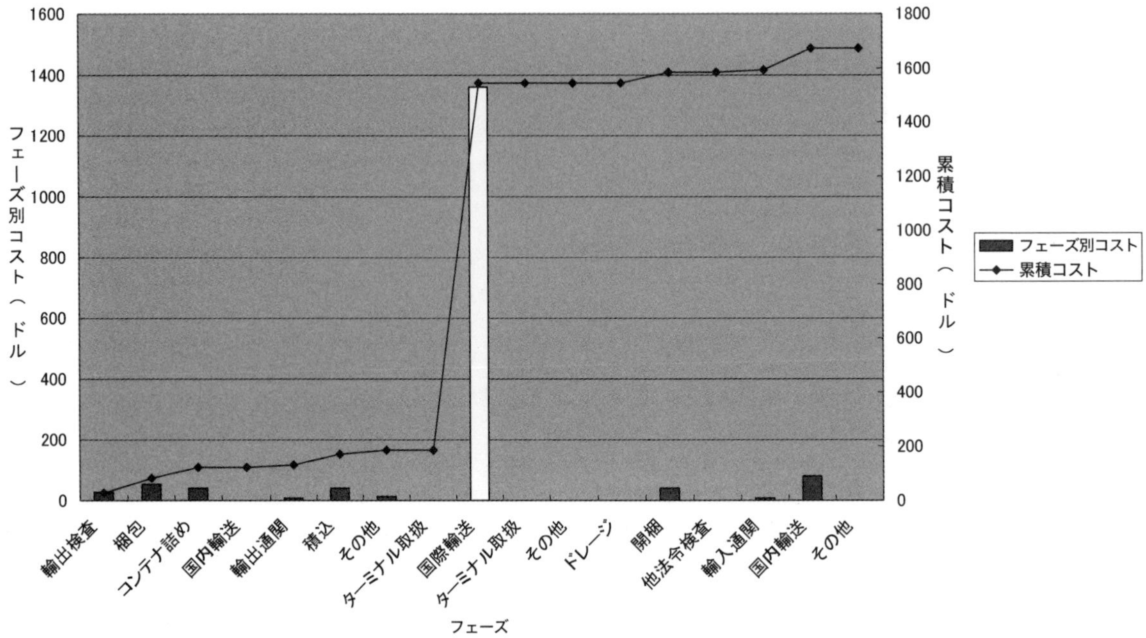

注：フェーズ別コスト（白色）は国際輸送領域

【輸送条件】

品　名	機械部品
輸送頻度	週1回
荷　姿	ケース
1回あたり輸送量	26パレット
国際輸送のモード	トラック
交易条件	DDP
出発地	Shah Alam
出発地国港湾名	－
中継地	－
目的地側港湾名	－
最終目的地	Bangpakon

◎この事例では、出発地から輸出先国のターミナルまでの陸上輸送費が「国際輸送費」として一括計上されている。

◆タイ→シンガポール（船舶：サンプル72）

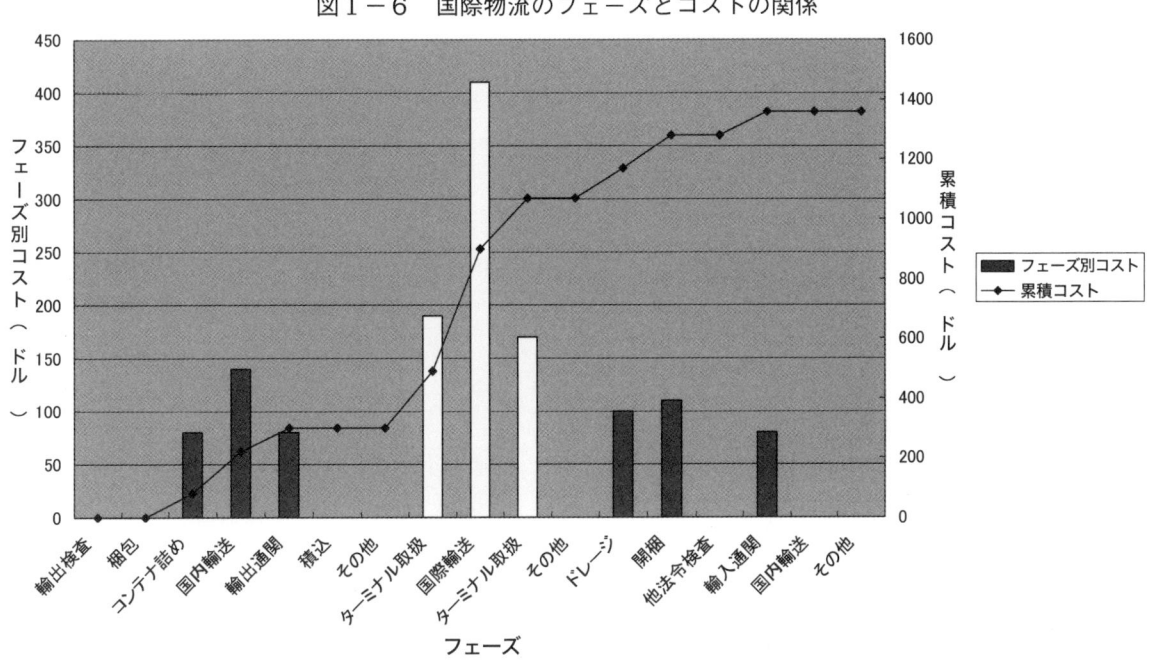

図Ⅰ-6 国際物流のフェーズとコストの関係

注：フェーズ別コスト（白色）は国際輸送領域

【輸送条件】

品　名	自動車部品
輸送頻度	週1回
荷　姿	FCL（40ft）
1回あたり輸送量	9t
国際輸送のモード	船舶
交易条件	FOB
出発地	DTEC
出発地国港湾名	Laemchabang
中継地	—
目的地側港湾名	Singapore
最終目的地	DISP

◆シンガポール→タイ（船舶：サンプル1＋305）

図Ⅰ-7　国際物流のフェーズとコストの関係

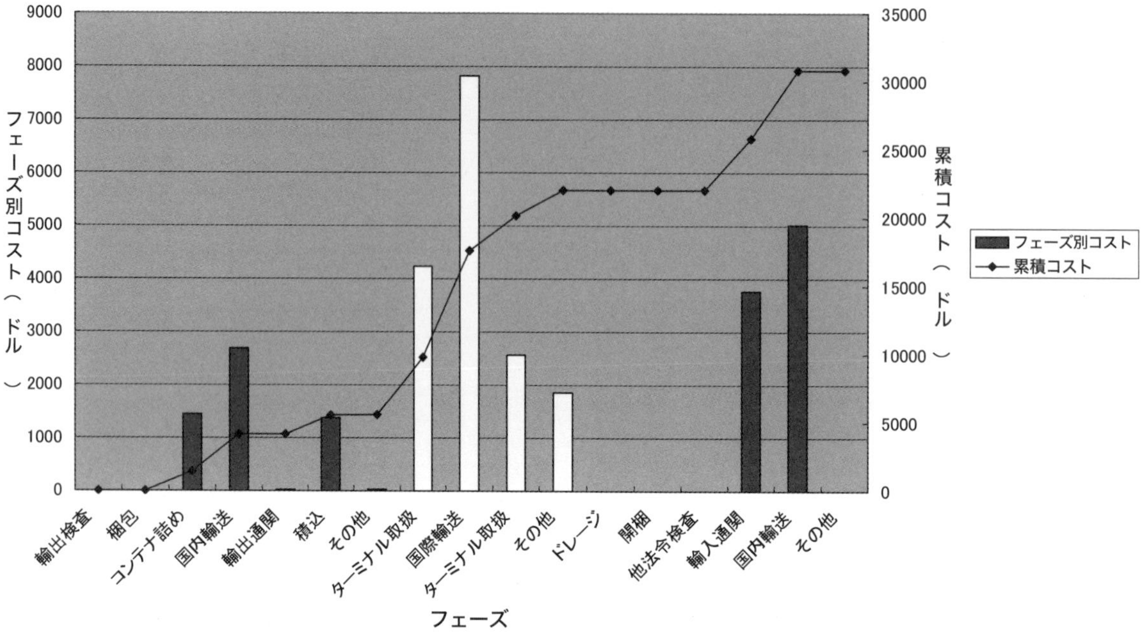

（フェーズ別コスト（ドル）／累積コスト（ドル）のグラフ。フェーズ：輸出検査、梱包、コンテナ詰め、国内輸送、輸出通関、積込、その他、ターミナル取扱、国際輸送、ターミナル取扱、その他、ドレージ、開梱、他法令検査、輸入通関、国内輸送、その他）

注：フェーズ別コスト（白色）は国際輸送領域

【輸送条件】

品　名	Bisphoenol‐A
輸送頻度	3ヵ月に1回
荷　姿	FCL（20ft），FCL（40ft）
1回あたり輸送量	505t
国際輸送のモード	船舶
交易条件	CIF
出発地	Tuas
出発地国港湾名	PSA,Singapore
中継地	―
目的地側港湾名	Laem Chabang Port
最終目的地	不明

◎輸出国側および輸入国側の国内輸送コストを合わせた額が、ほぼ、国際輸送のコストに匹敵することに注目。

◆シンガポール→タイ （船舶：サンプル73）

図Ⅰ-8　国際物流のフェーズとコストの関係

フェーズ別コスト（ドル）／累積コスト（ドル）

フェーズ：輸出検査、梱包、コンテナ詰め、国内輸送、輸出通関、積込、その他、ターミナル取扱、国際輸送、ターミナル取扱、その他、ドレージ、開梱、他法令検査、輸入通関、国内輸送、その他

凡例：■フェーズ別コスト　◆累積コスト

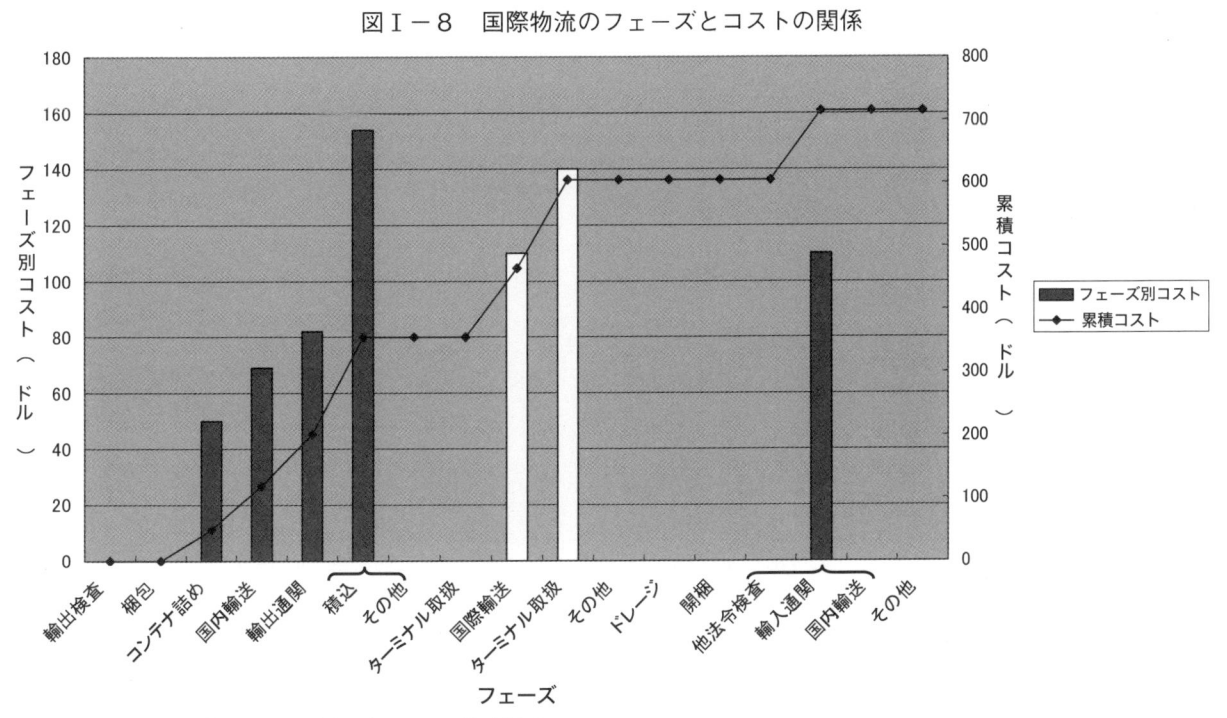

注：フェーズ別コスト（白色）は国際輸送領域

【輸送条件】

品　名	自動車部品
輸送頻度	月2回
荷　姿	FCL（20ft）
1回あたり輸送量	25㎥
国際輸送のモード	船舶
交易条件	FOB
出発地	不明
出発地国港湾名	Singapore port
中継地	―
目的地側港湾名	Bangkok port
最終目的地	Samutprakarn

◆マレーシア→シンガポール（船舶：サンプル236）

図Ⅰ-9 国際物流のフェーズとコストの関係

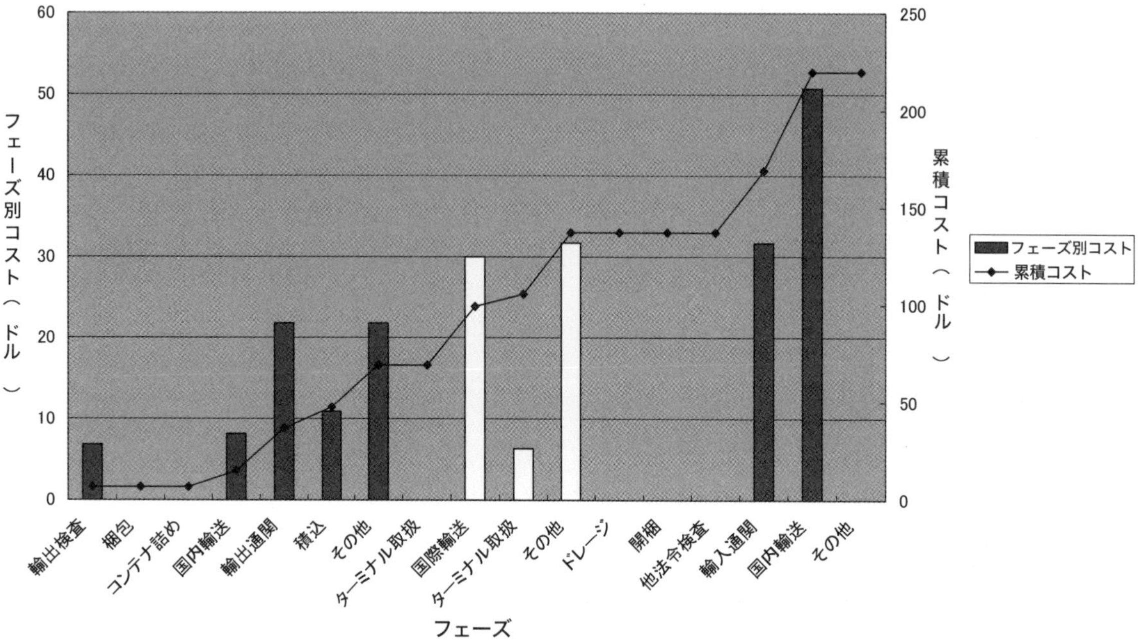

（縦軸左：フェーズ別コスト（ドル）、縦軸右：累積コスト（ドル）、横軸：フェーズ）
フェーズ：輸出検査、梱包、コンテナ詰め、国内輸送、輸出通関、積込、その他、ターミナル取扱、国際輸送、ターミナル取扱、その他、ドレージ、開梱、他法令検査、輸入通関、国内輸送、その他

注：フェーズ別コスト（白色）は国際輸送領域

【輸送条件】

品　名	ゴム手袋
輸送頻度	週2回
荷　姿	LCL
1回あたり輸送量	3㎥
国際輸送のモード	船舶
交易条件	DDP
出発地	Prai
出発地国港湾名	Penang port
中継地	―
目的地側港湾名	Singapore port
最終目的地	Singapore

◎輸入国（シンガポール）側での国内輸送のコストが全行程の約2割を占め、シェア最大。

◆シンガポール→マレーシア（トラック：サンプル233）

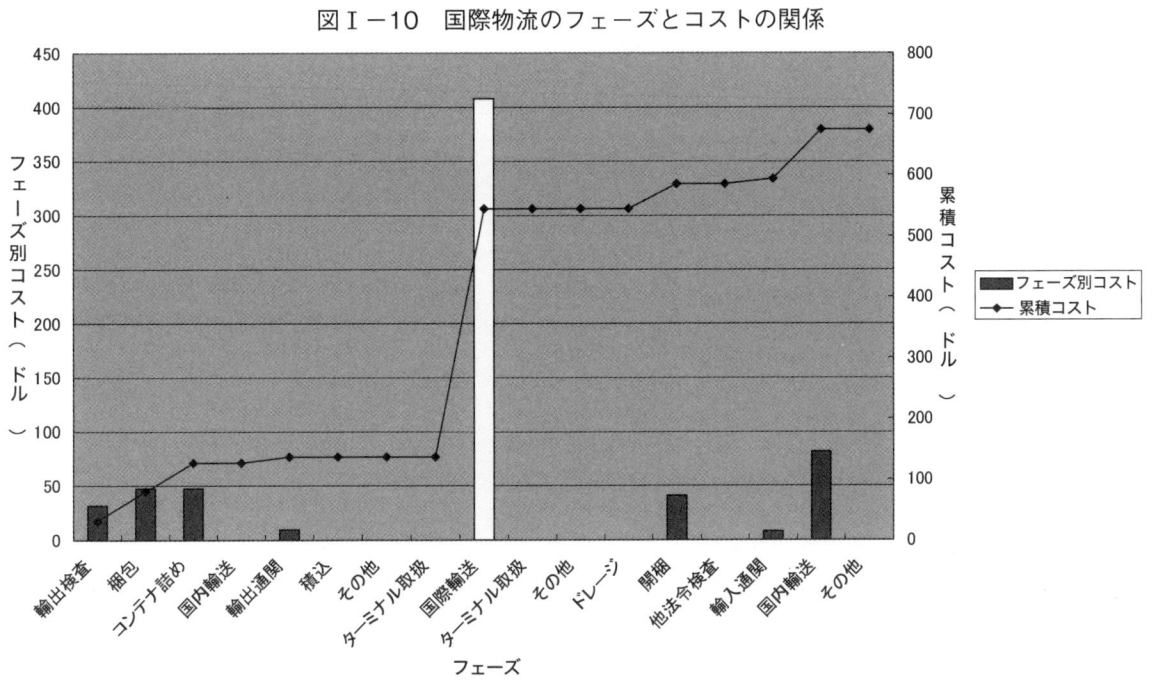

図Ⅰ-10　国際物流のフェーズとコストの関係

（縦軸左：フェーズ別コスト（ドル）、縦軸右：累積コスト（ドル）、横軸：フェーズ＝輸出検査、梱包、コンテナ詰め、国内輸送、輸出通関、積込、その他、ターミナル取扱、国際輸送、ターミナル取扱、その他、ドレージ、開梱、他法令検査、輸入通関、国内輸送、その他）

凡例：■フェーズ別コスト　◆累積コスト

注：フェーズ別コスト（白色）は国際輸送領域

【輸送条件】

品　名	CRTパネル
輸送頻度	毎日
荷　姿	ケース
１回あたり輸送量	20t
国際輸送のモード	トラック
交易条件	CIF
出発地	Tuas
出発地国港湾名	―
中継地	―
目的地側港湾名	―
最終目的地	Shah Alam

◎この事例では、出発地から輸出先国のターミナルまでの陸上輸送費が「国際輸送費」として一括計上されている。

（2）国際物流のフェーズ別所要時間

◆タイ→マレーシア（船舶：サンプル400）

図Ｉ－11　国際物流のフェーズと所要時間の関係

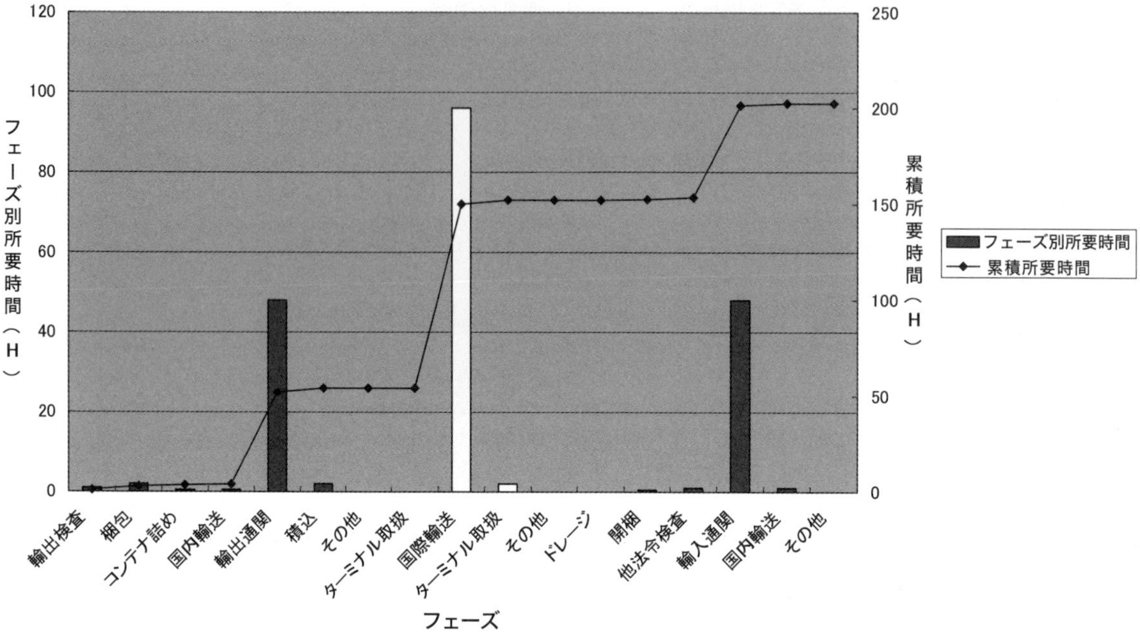

120
100
80
60
40
20
0
フェーズ別所要時間（H）
250
200
150
100
50
0
累積所要時間（H）
フェーズ別所要時間
累積所要時間
輸出検査
梱包
コンテナ詰め
国内輸送
輸出通関
積込
その他
ターミナル取扱
国際輸送
ターミナル取扱
その他
ドレージ
開梱
他法令検査
輸入通関
国内輸送
その他
フェーズ

注：フェーズ別コスト（白色）は国際輸送領域

【輸送条件】

品　名	自動車部品
輸送頻度	週２回
荷　姿	FCL（40ft）
１回あたり輸送量	非公表
国際輸送のモード	船舶
交易条件	CIF
出発地	非公表
出発地国港湾名	レムチャバン
中継地	シンガポール
目的地側港湾名	ポートクラン
最終目的地	Shah Alam

◎輸出通関の所要時間および輸入通関の所要時間の合計額が、国際輸送の所要時間とほぼ同じになっていることに注目。

◆タイ→マレーシア（トラック：サンプル231）

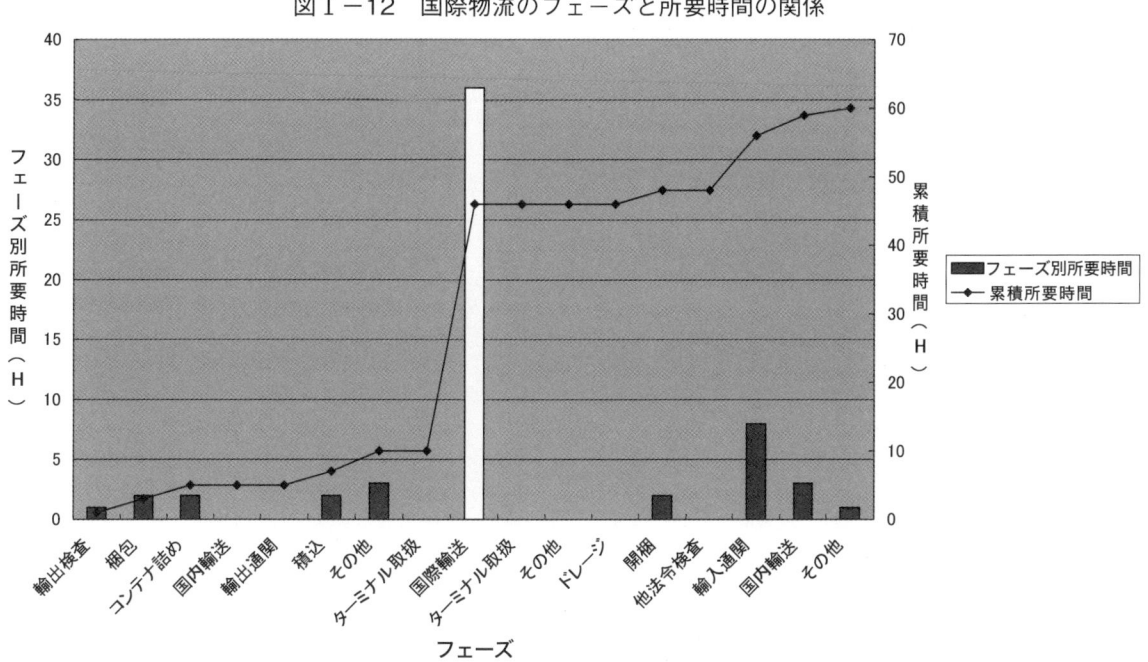

図Ⅰ-12 国際物流のフェーズと所要時間の関係

注：フェーズ別コスト（白色）は国際輸送領域

【輸送条件】

品　名	エアコン部品
輸送頻度	毎日
荷　姿	ケース
１回あたり輸送量	30㎥
国際輸送のモード	トラック
交易条件	DDP
出発地	Bangkok area
出発地国港湾名	－
中継地	－
目的地側港湾名	－
最終目的地	不明

◎輸出通関の所要時間が０になっているが、これは、タイ・マレーシア間の国境で行われる輸出通関および輸入通関に要する時間が、輸入通関として一括計上されていることによる。
◎国境における積み替えに要する時間は、国際輸送の時間の内数であると思われる。

◆マレーシア→タイ（船舶：サンプル235）

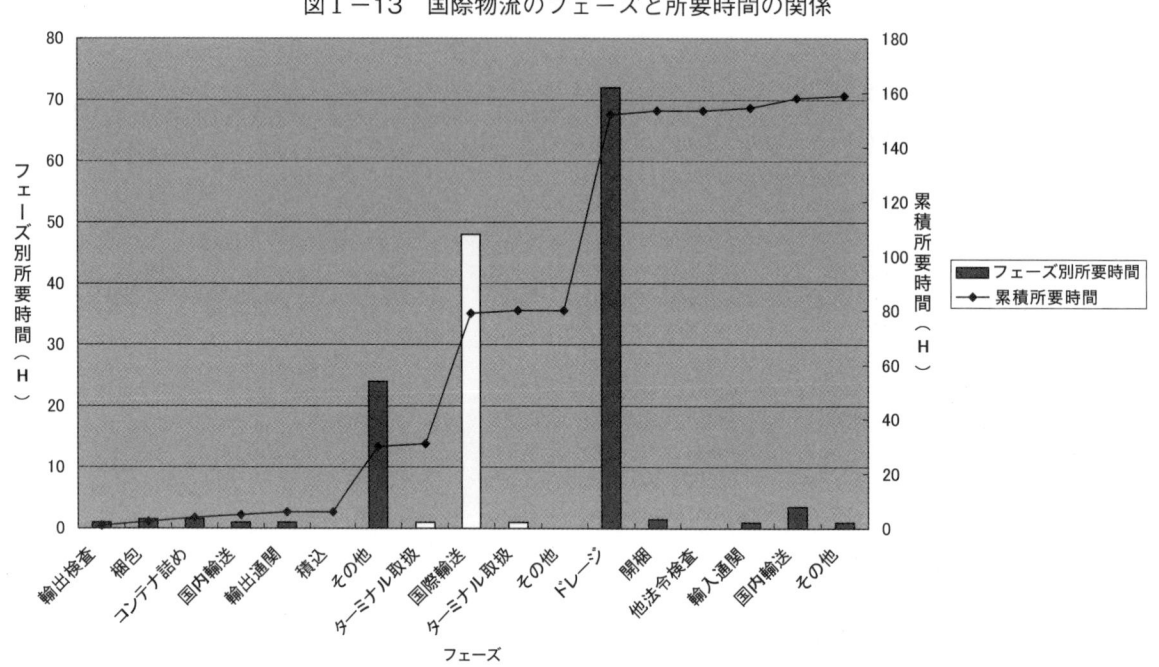

図Ⅰ-13　国際物流のフェーズと所要時間の関係

（縦軸左：フェーズ別所要時間（H）、縦軸右：累積所要時間（H））

フェーズ：輸出検査、梱包、コンテナ詰め、国内輸送、輸出通関、積込、その他、ターミナル取扱、国際輸送、ターミナル取扱、その他、ドレージ、開梱、他法令検査、輸入通関、国内輸送、その他

凡例：■フェーズ別所要時間、◆累積所要時間

注：フェーズ別コスト（白色）は国際輸送領域

【輸送条件】

品　名	自動車部品
輸送頻度	週1回
荷　姿	FCL（20ft）
1回あたり輸送量	6ケース（96ロール）
国際輸送のモード	船舶
交易条件	DDP
出発地	Shah Alam
出発地国港湾名	Port Klang
中継地	—
目的地側港湾名	Bangkok Port
最終目的地	Pranchinburi

◎輸入港（タイ・バンコク港）における「ドレージ」のシェアが実に全体の半分近くを占めている。これは、到着した荷物をすぐに引き取らず、意図的に港で"保管"していたためと思われる。

◎輸出港（マレーシア・ポートクラン）における「その他」の時間のシェアが小さくない（約15%）。輸出の各フェーズの間の待ち時間と考えられる。

◆マレーシア→タイ（航空機：サンプル234）

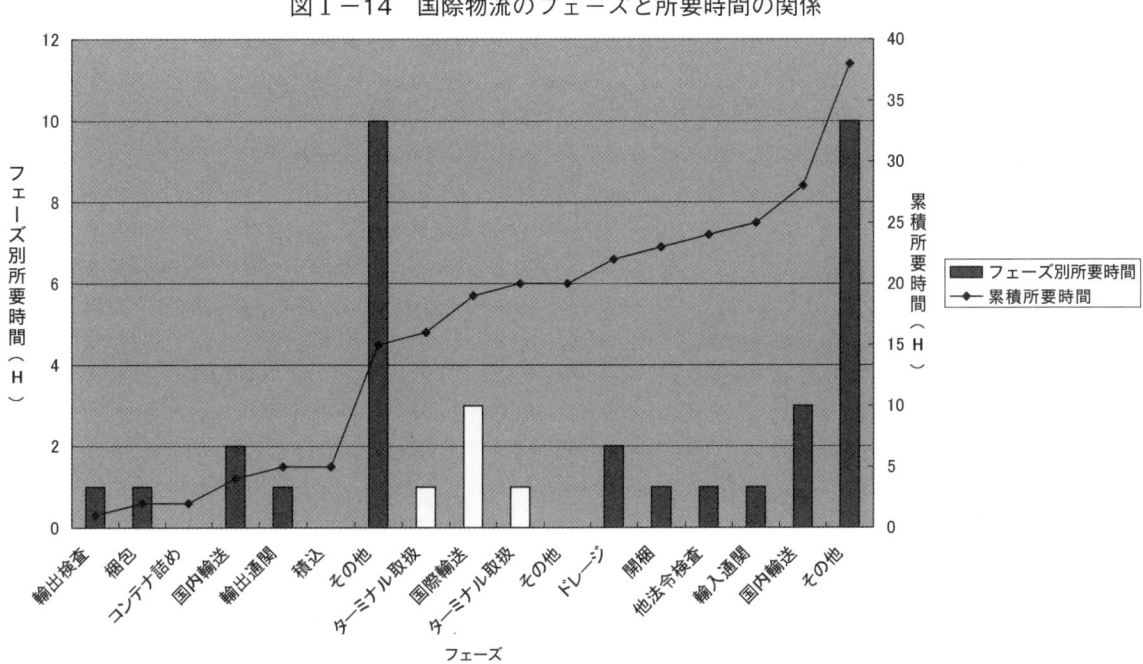

図Ⅰ-14　国際物流のフェーズと所要時間の関係

注：フェーズ別コスト（白色）は国際輸送領域

【輸送条件】

品　名	電気部品
輸送頻度	月1回
荷　姿	ケース
1回あたり輸送量	200kg
国際輸送のモード	航空機
交易条件	CIF
出発地	Bangi
出発地国港湾名	Kuala Lumpur
中継地	―
目的地側港湾名	Bangkok
最終目的地	Samutprakarn

◎輸出国（マレーシア）側、輸入国（タイ）側共々、「その他」のシェアが大きく（どちらも約3割弱）、せっかく航空機で稼いだリードタイムを相殺する方向に働いている。
◎「その他」の内容は、輸出物流および輸入物流における各フェーズの間の待ち時間と考えられる。

◆マレーシア→タイ（トラック：サンプル232）

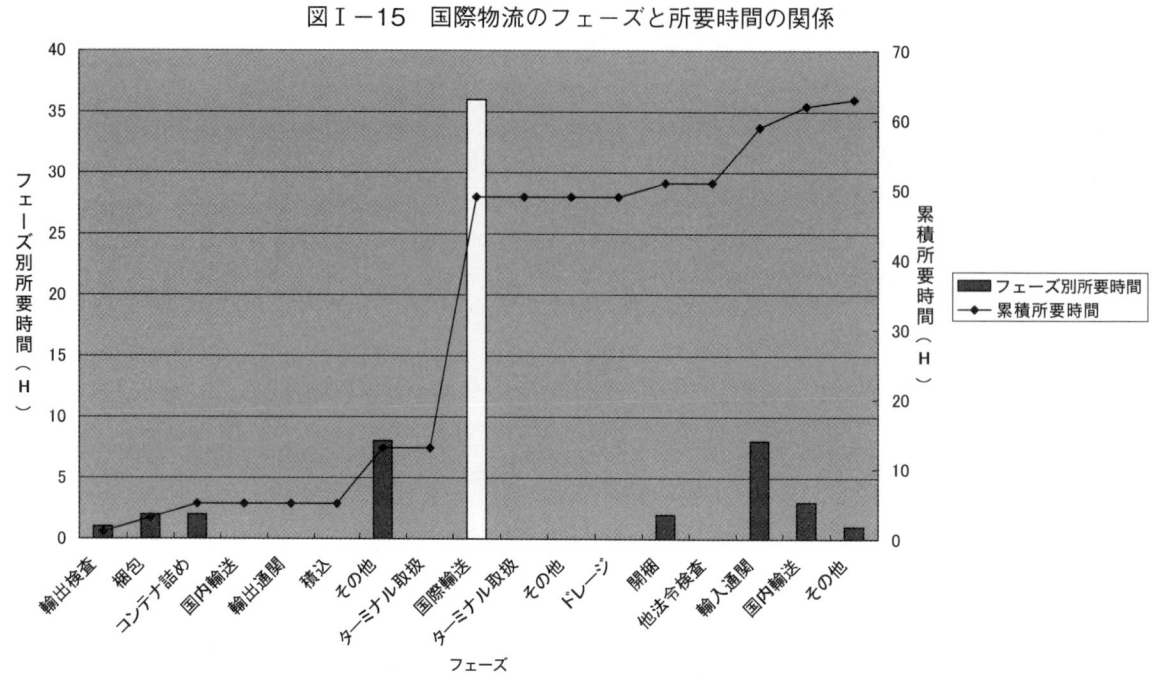

図Ⅰ-15　国際物流のフェーズと所要時間の関係

[グラフ：フェーズ別所要時間（H）と累積所要時間（H）。フェーズは左から、輸出検査、梱包、コンテナ詰め、国内輸送、輸出通関、積込、その他、ターミナル取扱、国際輸送、ターミナル取扱、その他、ドレージ、開梱、他法令検査、輸入通関、国内輸送、その他]

注：フェーズ別コスト（白色）は国際輸送領域

【輸送条件】

品　名	機械部品
輸送頻度	週1回
荷　姿	ケース
1回あたり輸送量	26パレット
国際輸送のモード	トラック
交易条件	DDP
出発地	Shah Alam
出発地国港湾名	—
中継地	—
目的地側港湾名	—
最終目的地	Bangpakon

◎輸出通関の所要時間が0になっているが、これは、タイ・マレーシア間の国境で行われる輸出通関および輸入通関に要する時間が、輸入通関として一括計上されていることによる。
◎国境における積み替えに要する時間は、国際輸送の時間の内数であると思われる。

◆タイ→シンガポール（船舶：サンプル72）

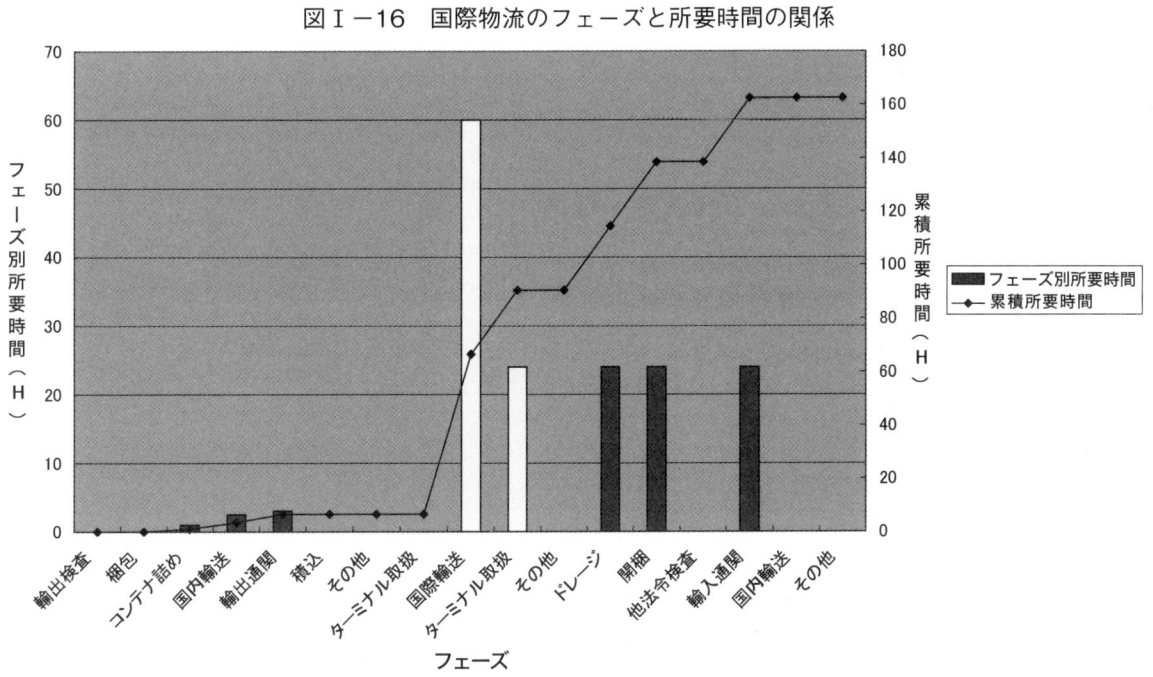

図Ⅰ-16 国際物流のフェーズと所要時間の関係

注：フェーズ別コスト（白色）は国際輸送領域

【輸送条件】

品　名	自動車部品
輸送頻度	週1回
荷　姿	FCL（40ft）
1回あたり輸送量	9 t
国際輸送のモード	船舶
交易条件	FOB
出発地	DTEC
出発地国港湾名	Laemchabang
中継地	—
目的地側港湾名	Singapore
最終目的地	DISP

◆シンガポール→タイ（船舶：サンプル１＋305）

図Ⅰ－17　国際物流のフェーズと所要時間の関係

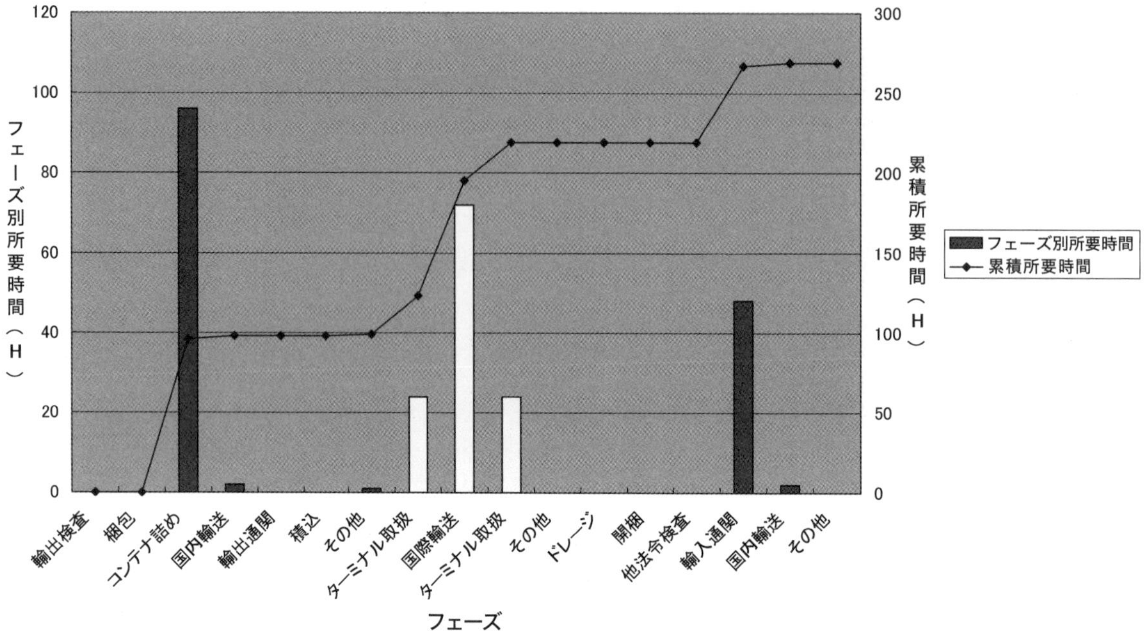
120
100
80
60
40
20
0
フェーズ別所要時間（H）
300
250
200
150
100
50
0
累積所要時間（H）
フェーズ別所要時間
累積所要時間
輸出検査
梱包
コンテナ詰め
国内輸送
輸出通関
積込
その他
ターミナル取扱
国際輸送
ターミナル取扱
その他
ドレージ
開梱
他法令検査
輸入通関
国内輸送
その他
フェーズ

注：フェーズ別コスト（白色）は国際輸送領域

【輸送条件】

品　名	Bisphoenol - A
輸送頻度	３ヵ月に１回
荷　姿	FCL (20ft), FCL (40ft)
１回あたり輸送量	505t
国際輸送のモード	船舶
交易条件	CIF
出発地	Tuas
出発地国港湾名	PSA,Singapore
中継地	—
目的地側港湾名	Laem Chabang Port
最終目的地	不明

◎輸出国におけるコンテナ詰めに全行程の実に３分の１の時間を要しているが、これは、この事例が、505トンという膨大な量の荷物（20ftコンテナ７本＋40ftコンテナ20本）であったことに起因すると思われる。

◆シンガポール→タイ（船舶：サンプル73）

図Ⅰ-18 国際物流のフェーズと所要時間の関係

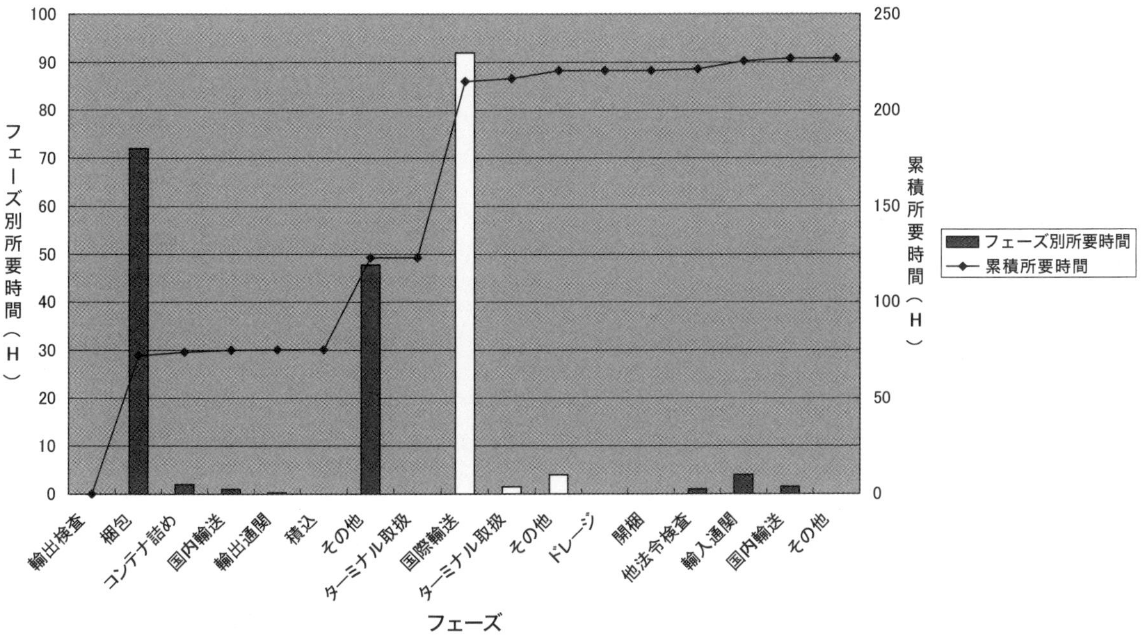

注：フェーズ別コスト（白色）は国際輸送領域

【輸送条件】

品　名	自動車部品
輸送頻度	月2回
荷　姿	FCL（20ft）
1回あたり輸送量	25㎥
国際輸送のモード	船舶
交易条件	FOB
出発地	不明
出発地国港湾名	Singapore port
中継地	—
目的地側港湾名	Bangkok port
最終目的地	Samutprakarn

◎輸出国側の梱包に全体の3分の1の時間がかかっているが、これは、この事例が、多品種の自動車部品を詰め合わせた荷物であったことにその理由があると思われる。

◆マレーシア→シンガポール（船舶：サンプル236）

図Ⅰ－19　国際物流のフェーズと所要時間の関係

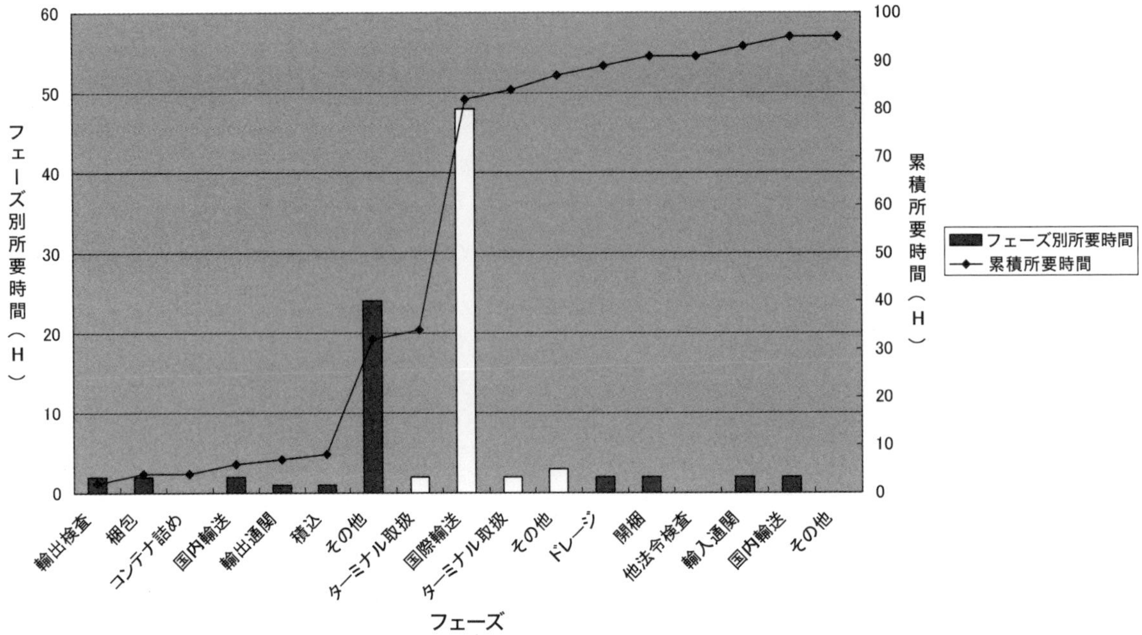
フェーズ別所要時間（H）
累積所要時間（H）
フェーズ別所要時間
累積所要時間
60
50
40
30
20
10
0
100
90
80
70
60
50
40
30
20
10
0
輸出検査
梱包
コンテナ詰め
国内輸送
輸出通関
積込
その他
ターミナル取扱
国際輸送
ターミナル取扱
その他
ドレージ
開梱
他法令検査
輸入通関
国内輸送
その他
フェーズ

注：フェーズ別コスト（白色）は国際輸送領域

【輸送条件】

品　名	ゴム手袋
輸送頻度	週２回
荷　姿	LCL
１回あたり輸送量	3㎥
国際輸送のモード	船舶
交易条件	DDP
出発地	Prai
出発地国港湾名	Penang port
中継地	—
目的地側港湾名	Singapore port
最終目的地	Singapore

◎全行程の３割弱を占める輸出国（マレーシア）側の「その他」の内容は、輸出物流における各フェーズの間の待ち時間と考えられる。

◆シンガポール→マレーシア（トラック：サンプル233）

図Ⅰ-20　国際物流のフェーズと所要時間の関係

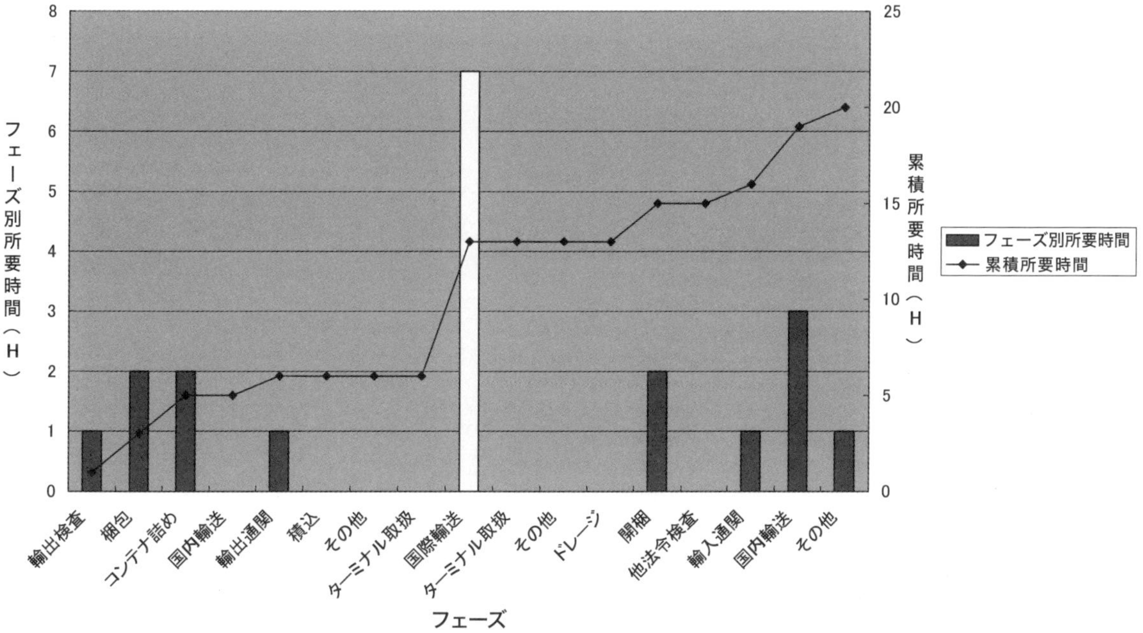

注：フェーズ別コスト（白色）は国際輸送領域

【輸送条件】

品　名	CRTパネル
輸送頻度	毎日
荷　姿	ケース
１回あたり輸送量	20t
国際輸送のモード	トラック
交易条件	CIF
出発地	Tuas
出発地国港湾名	－
中継地	－
目的地側港湾名	－
最終目的地	Shah Alam

◎輸出国（シンガポール）側の国内輸送時間が０になっているが、これは、出発地から輸入国側のターミナルまでの陸上輸送時間が「国際輸送時間」として一括計上されているためである。

(3) 輸送トンキロあたり輸送コストの比較

ルート1上の国々（タイ、マレーシア、シンガポール）

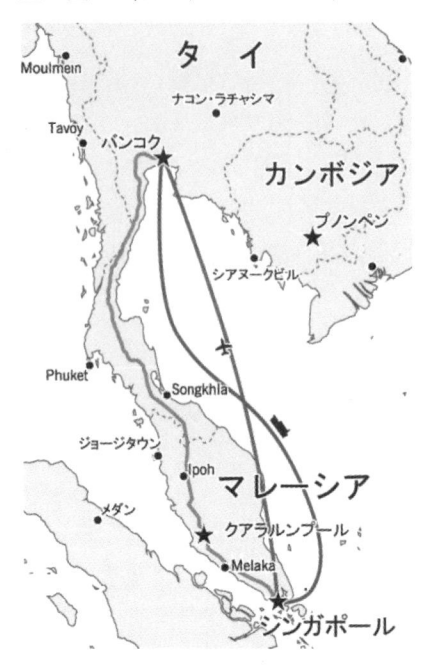

図I－21　ルート1上の国々における国内輸送コスト（トラック）

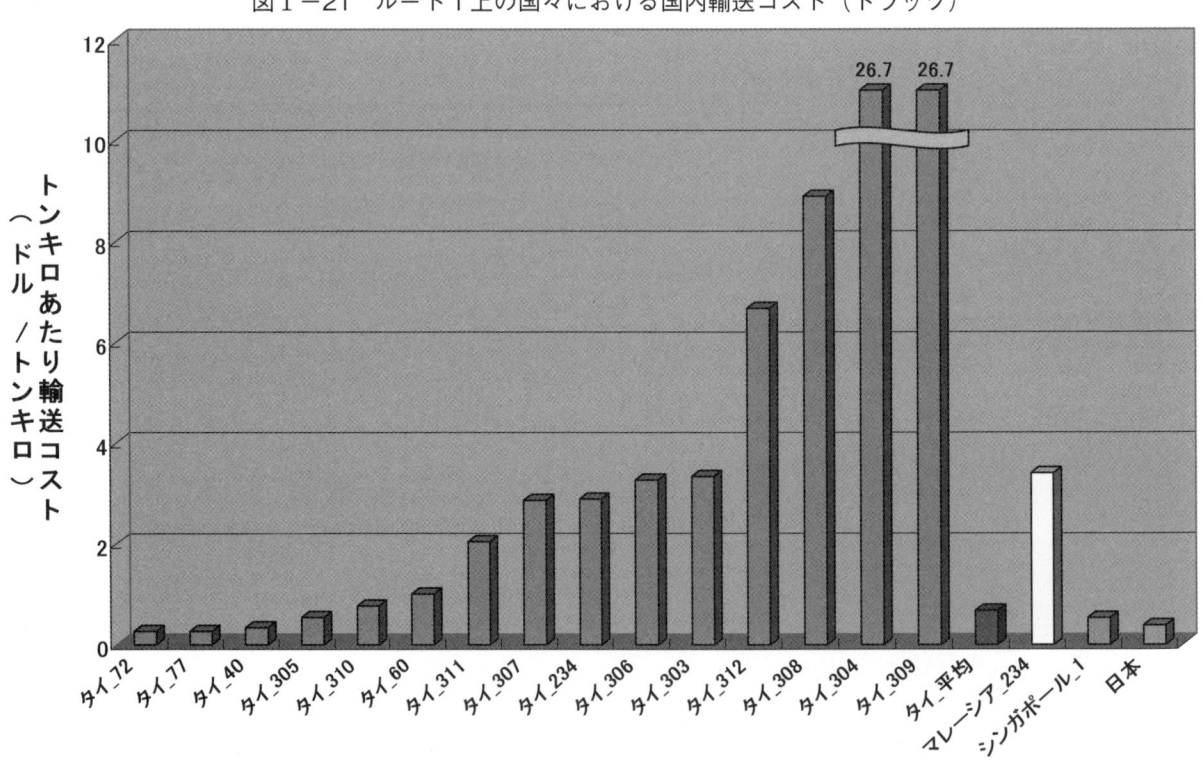

◎トンキロあたりの輸送費で見た場合、日本の輸送コストは、タイ、シンガポールの2カ国で今回収集したサンプルの値と比べて、遜色のない水準にある。マレーシアでは、逆転。

（4）都市圏の旅行速度の比較

ルート1上の都市圏（バンコク、ペナン、クアラルンプール、シンガポール）

図Ⅰ-22　ルート1上の都市圏における旅行速度

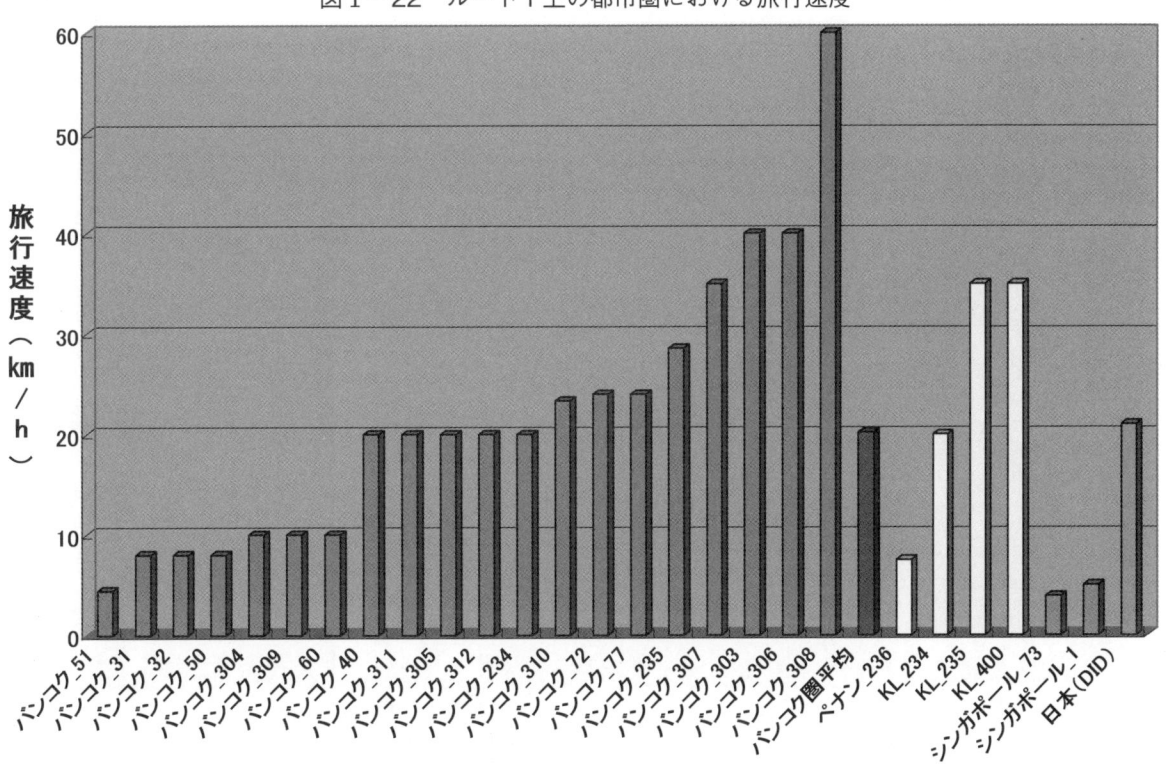

◎ 今回収集したシンガポール圏およびマレーシアのペナン圏のサンプルの旅行速度は、日本のDIDの全国平均値と比べても遅い。

（5）輸入通関時間の比較

ルート1上の国々（タイ、マレーシア、シンガポール）

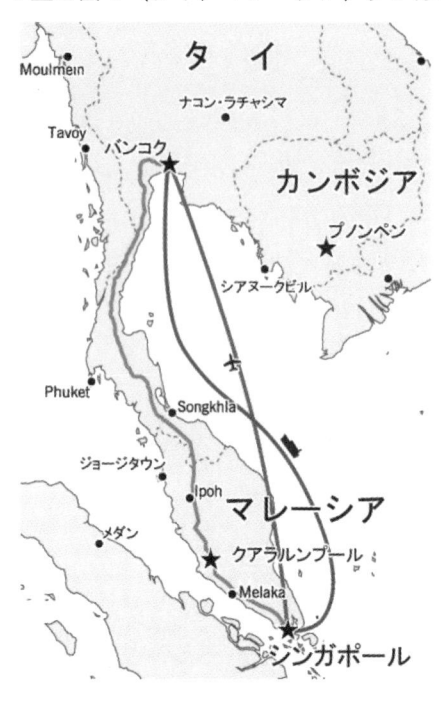

図Ⅰ-23 ルート1上の国々の輸入通関時間

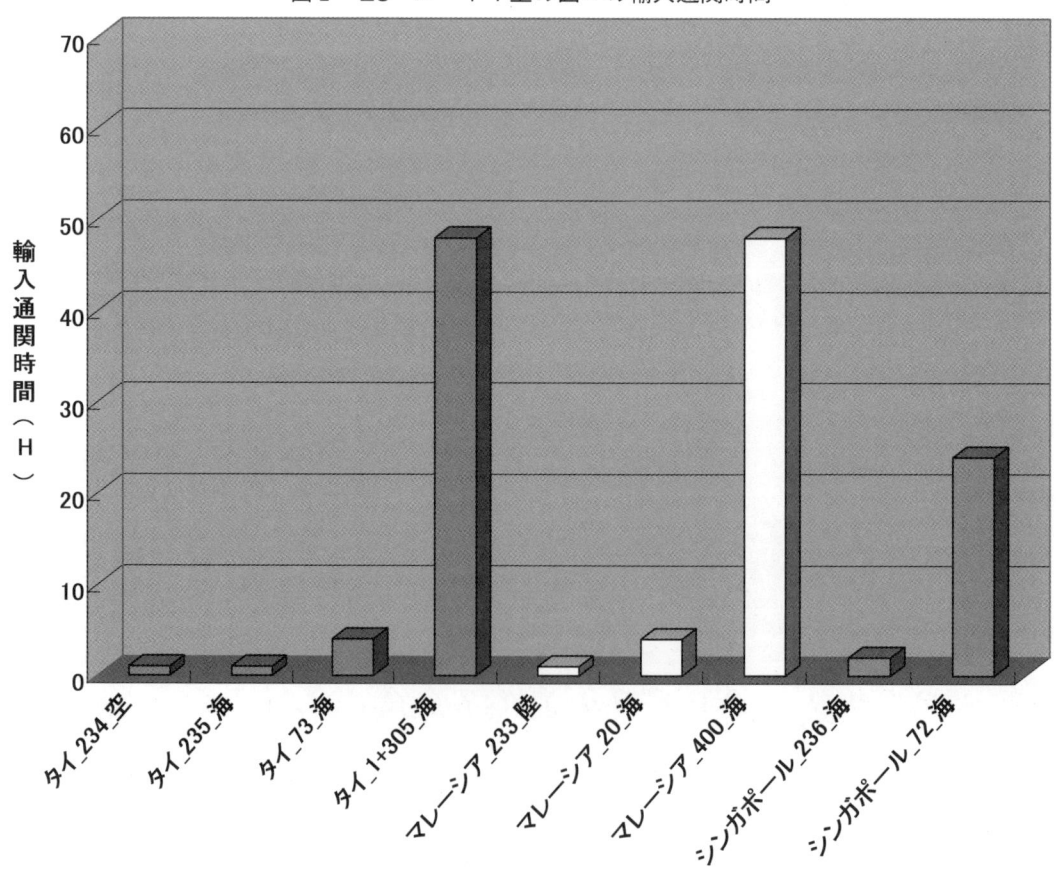

【輸送条件】
タイ（輸入）

サンプルNo.	234	235	73	1＋305
品　名	電気部品	自動車部品	自動車部品	Bisphoenol‐A
輸送頻度	月1回	週1回	月2回	3ヵ月に1回
荷　姿	ケース	FCL（20ft）	FCL（20ft）	FCL（20ft），FCL（40ft）
1回あたり輸送量	200kg	6ケース（96ロール）	25㎥	505t
国際輸送のモード	航空機	船舶	船舶	船舶
交易条件	CIF	DDP	FOB	CIF
出発地	Bangi	Shah Alam	不明	Tuas
出発地国港湾名	Kuala Lumpur	Port Klang	Singapore port	PSA,Singapore
中継地	—	—	—	—
目的地側港湾名	Bangkok	Bangkok Port	Bangkok port	Laem Chabang Port
最終目的地	Samutprakarn	Pranchinburi	Samutprakarn	不明

マレーシア（輸入）

サンプルNo.	233	20	400
品　名	CRTパネル	自動車部品	自動車部品
輸送頻度	毎日	週2回	週2回
荷　姿	ケース	FCL（40ft）	FCL（40ft）
1回あたり輸送量	20t	50-55FEU	非公表
国際輸送のモード	トラック	船舶	船舶
交易条件	CIF	非公表	CIF
出発地	Tuas	非公表	非公表
出発地国港湾名	—	Laem Chabang Port	Laem Chabang Port
中継地	—	—	Singapore
目的地側港湾名	—	Port Klang	Port Klang
最終目的地	Shah Alam	非公表	Shah Alam

シンガポール（輸入）

サンプルNo.	236	72
品　名	ゴム手袋	自動車部品
輸送頻度	週2回	週1回
荷　姿	LCL	FCL（40ft）
1回あたり輸送量	3㎥	9t
国際輸送のモード	船舶	船舶
交易条件	DDP	FOB
出発地	Prai	DTEC
出発地国港湾名	Penang port	Laemchabang
中継地	―	―
目的地側港湾名	Singapore port	Singapore
最終目的地	Singapore	DISP

5－2：ルート2について

　ルート2は、日系企業が多く進出しているタイの首都バンコクと近年立地が進んでいるベトナム北部の首都ハノイを結ぶルートで、今後の需要増が見込まれる（P.6参照）。

　国際輸送モードは、船舶と航空機が半々となった。海上輸送の場合には、直行便がないため、ホーチミンを経由して10日間以上の時間をかけているのが現状である。しかしながら、2006年末に開通した第2メコン国際橋の供用開始に伴い、今後、ラオス経由の陸上輸送による大幅な時間短縮が期待できる。

　国際陸上輸送の通過国・ラオスでの通関制度の整備や海上輸送の倍以上と言われる陸上輸送コスト[1]の低減、また、ハイフォン[2]等ハノイ近傍の港とバンコクを結ぶ直行便の商用化などが課題。

＊1：20フィートコンテナ1本分の輸送料金で見た場合、海路1,000ドルに対し陸路2,500ドルという数字がある。（『ジェトロセンサー』2006年2月号、P.13）
＊2：ハイフォン港は河川港で大型コンテナ船が接岸できない。

表Ⅰ－6　国際輸送機関の内訳（Door to doorのサンプル）　　（単位：票）

ルート2	船舶	航空機	トラック	鉄道	計
コスト	1	0	0	0	1
リードタイム	1	0	0	0	1
計	2	0	0	0	2

（1）国際物流のフェーズ別コスト

◆ベトナム→タイ（船舶：サンプル74）

図Ⅰ－24　国際物流のフェーズとコストの関係

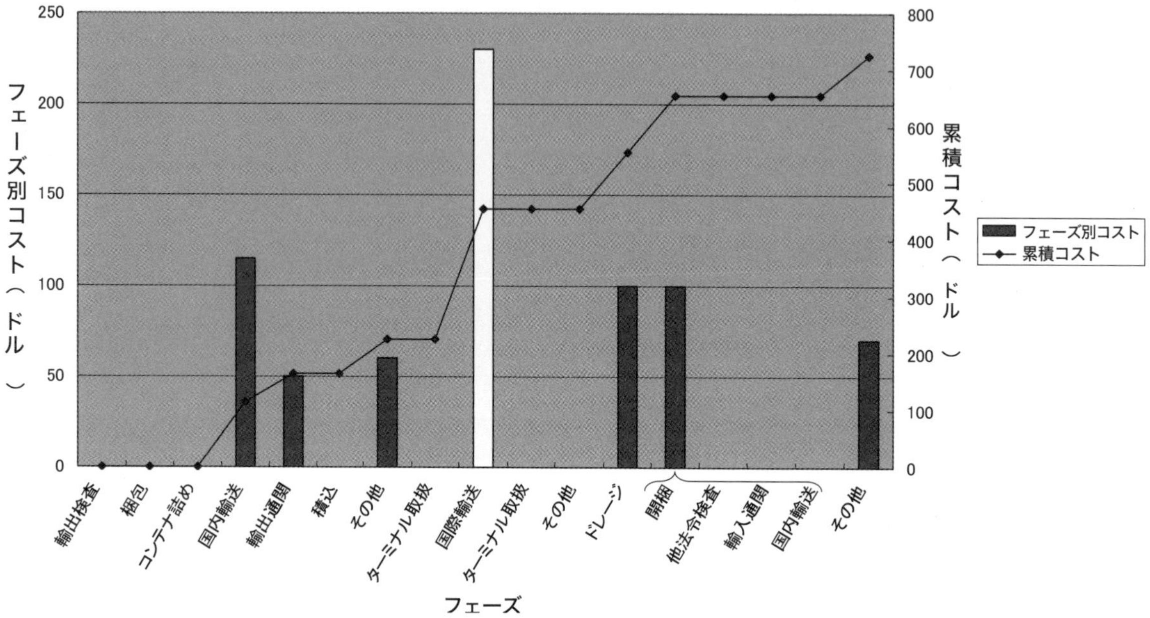

フェーズ別コスト（ドル）
累積コスト（ドル）
フェーズ別コスト
累積コスト
0
50
100
150
200
250
0
100
200
300
400
500
600
700
800
輸出検査
梱包
コンテナ詰め
国内輸送
輸出通関
積込
その他
ターミナル取扱
国際輸送
ターミナル取扱
その他
ドレージ
開梱
他法令検査
輸入通関
国内輸送
その他
フェーズ

注：フェーズ別コスト（白色）は国際輸送領域

【輸送条件】

品　名	空気流量計
輸送頻度	週２回
荷　姿	FCL（20ft）
１回あたり輸送量	20t
国際輸送のモード	船舶
交易条件	FOB
出発地	Thang long I.P.
出発地国港湾名	Hai phong port
中継地	Ho Chi Minh,Singapore
目的地側港湾名	Leamchabang
最終目的地	Eastern seaboard

◎輸入国側での開梱～輸入通関・輸入申告～国内輸送までのフェーズがまとめて（未分離で）計上されていることに注意。

◎ホーチミン経由の大三角形輸送ルート。ハイフォン港からレムチャバン港までの直行便があれば、コスト削減が期待できる。

（2）国際物流のフェーズ別所要時間

◆ベトナム→タイ（船舶：サンプル74）

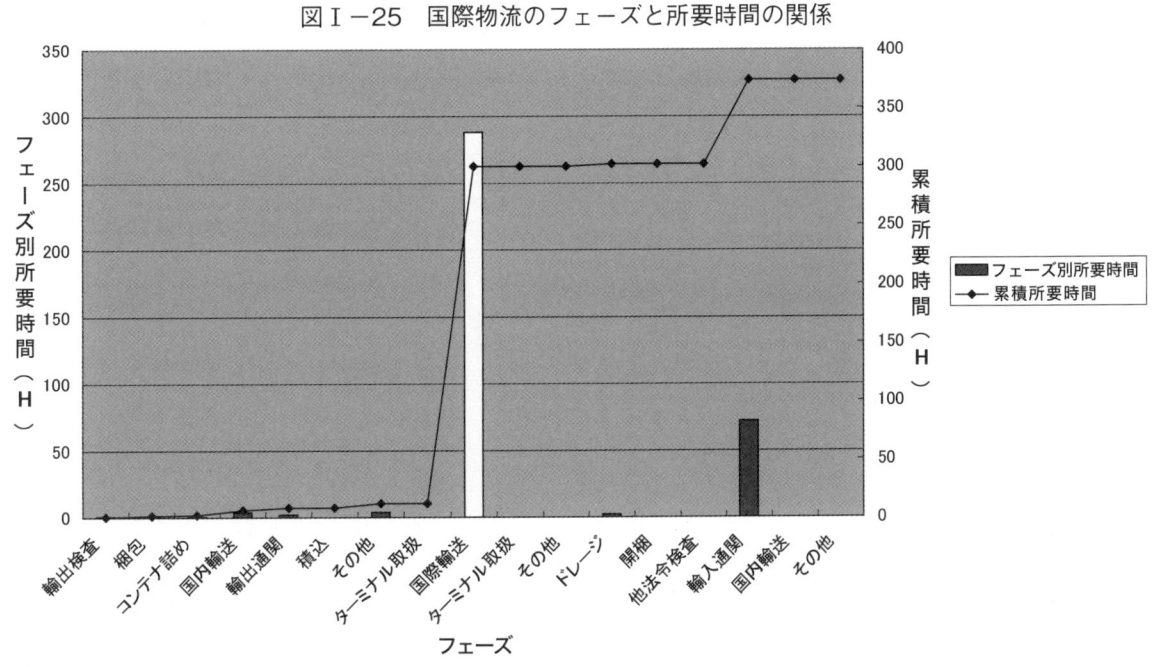

図Ⅰ-25 国際物流のフェーズと所要時間の関係

注：フェーズ別コスト（白色）は国際輸送領域

【輸送条件】

品　名	空気流量計
輸送頻度	週2回
荷　姿	FCL（20ft）
1回あたり輸送量	20t
国際輸送のモード	船舶
交易条件	FOB
出発地	Thang long I.P.
出発地国港湾名	Hai phong port
中継地	Ho Chi Minh, Singapore
目的地側港湾名	Leamchabang
最終目的地	Eastern seaboard

◎ホーチミン経由の大三角形輸送ルート。ハイフォン港からレムチャバン港までの海路の直行便または陸路に置き換えられると、リードタイムの大幅な削減が期待できる。

◆タイ→ベトナム（トラック：サンプルなし）

今回の調査では、商用ルートとしての陸上輸送のサンプルは1つも入手できなかったが、既存文献には以下のような試験的なデータがある。

先に見た船舶輸送では、ホーチミン経由で、10日間以上をかけているハノイ・バンコク間の輸送時間が、陸路では、第2メコン国際橋開通前で4日間、さらに2006年12月の同橋開通後には、3日間になることが期待されている。

表Ⅰ-7 バンコク・ハノイ間の陸上輸送時間（第2メコン国際橋開通前）

区　間	道　程（km）	時　間
①バンコク～コンケン（タイ）	419	5時間
②コンケン～ノンカイ（タイ）	180	3時間
③ビエンチャン～サバナケット（ラオス）	450	6時間
④サバナケット～デンサワン（ラオス）	214	3時間
⑤ラオバオ～ドンハ（ベトナム）	82	2時間
⑥ドンハ～ビン（ベトナム）	290	3時間50分
⑦ビン～ハノイ（ベトナム）	290	5時間35分
計	1,925	4日

バンコク・ハノイ間の陸上輸送時間（第2メコン国際橋開通後）

区　間	道　程（km）	時　間
①バンコク～コンケン（タイ）	419	5時間
②コンケン～ムクダハン（タイ）	260	3時間45分
③サバナケット～デンサワン（ラオス）	214	3時間
④ラオバオ～ドンハ（ベトナム）	82	2時間
⑤ドンハ～ビン（ベトナム）	290	3時間50分
⑥ビン～ハノイ（ベトナム）	290	5時間35分
計	1,555	3日

出所：『ジェトロセンサー』2006年2月号、P.13（原出典：経済産業省「メコン地域における陸路物流網構築に関わる実証事業報告書」より作成）

(3) 輸送トンキロあたり輸送コストの比較

ルート2上の国々（タイ、ラオス、ベトナム）

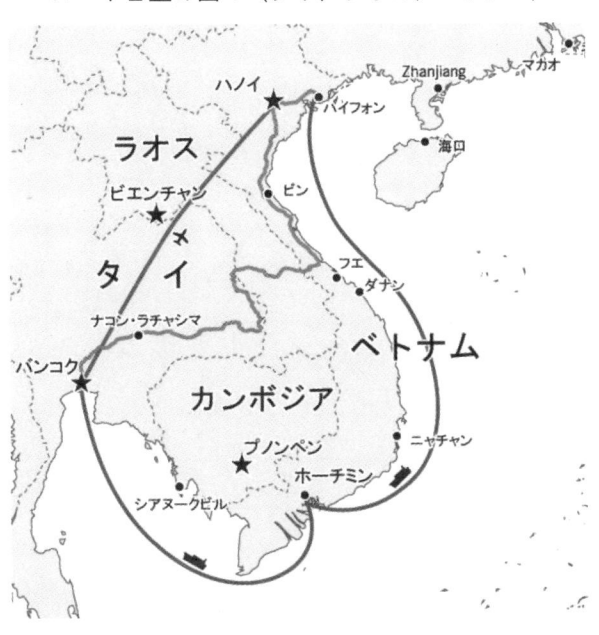

図Ⅰ-26 ルート2上の国々における国内輸送コスト（トラック）

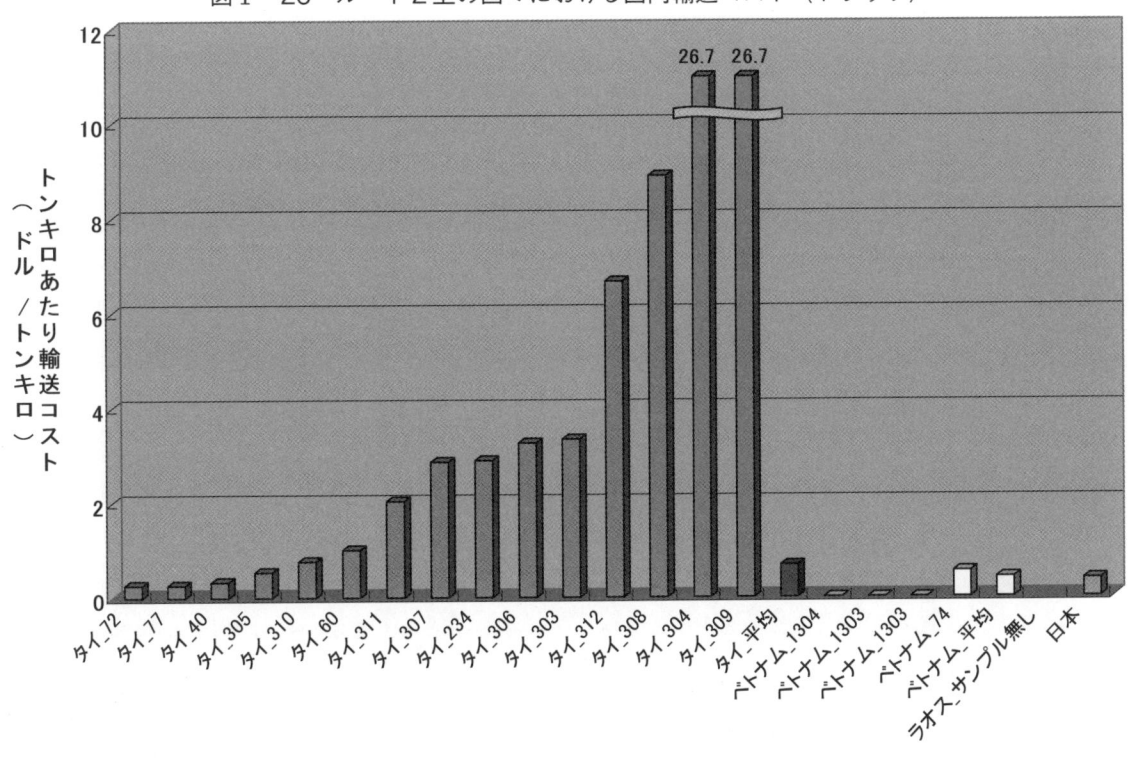

◎トンキロあたりの輸送費で見た場合、日本の輸送コストは、タイ、ベトナムのサンプルの値と比べて、遜色のない水準にある。

（4）都市圏の旅行速度の比較

ルート2上の都市圏（バンコク、ハノイ）

図Ⅰ-27　ルート2上の都市圏における旅行速度

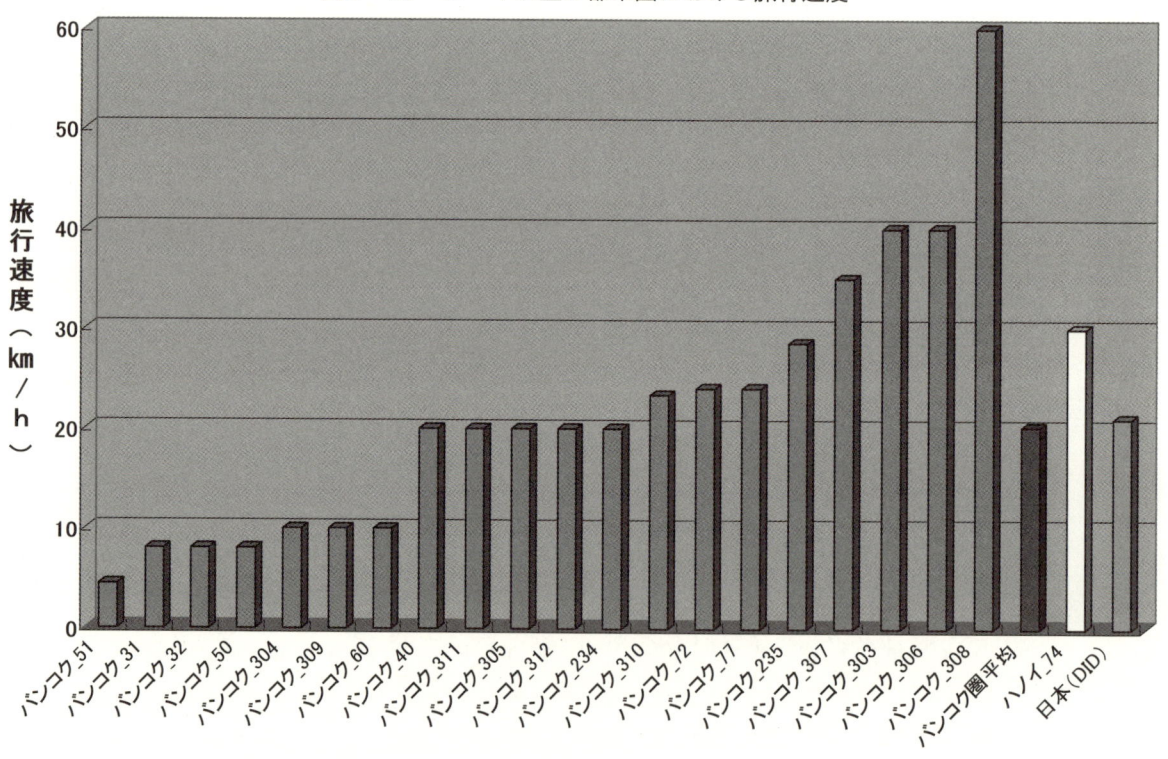

（5）輸入通関時間の比較

図Ⅰ-28　ルート2上の国々の輸入通関時間

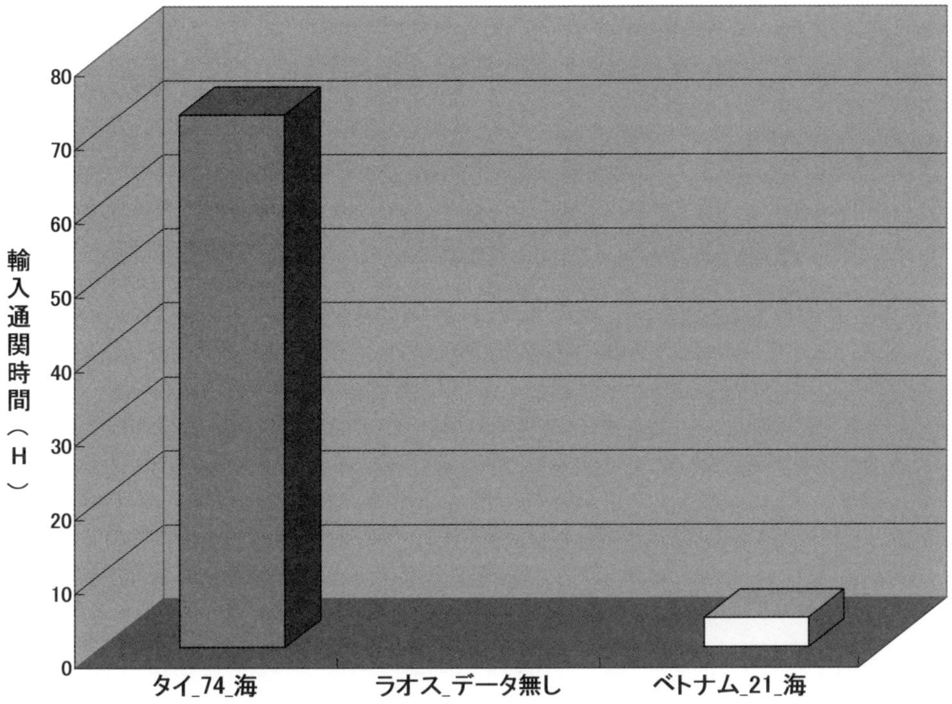

[棒グラフ：縦軸 輸入通関時間（H）、横軸にタイ_74_海（約75H）、ラオス_データ無し、ベトナム_21_海（約5H）]

【輸送条件】

タイ（輸入）

サンプルNo.	74
品　名	空気流量計
輸送頻度	2週間に1回
荷　姿	FCL（20ft）
1回あたり輸送量	20t
国際輸送のモード	船舶
交易条件	FOB
出発地	Thang long I.P.
出発地国港湾名	Hai phong port
中継地	Ho Chi Minh,Singapore
目的地側港湾名	Leamchabang
最終目的地	Eastern seaboard

ベトナム（輸入）

サンプルNo.	21
品　名	ノックダウン部品
輸送頻度	週2回
荷　姿	FCL（40ft）
1回あたり輸送量	2-4TEU
国際輸送のモード	船舶
交易条件	非公表
出発地	Amatanakorn
出発地国港湾名	Laemchabang
中継地	―
目的地側港湾名	Hi phong
最終目的地	非公表

5-3：ルート3について

ルート3は、日系企業の進出が続く中国南部の広州と日系企業の進出が今後加速しそうなベトナムを結ぶルートである（P.7参照）。

今回収集した事例の国際輸送モードは、船舶と航空機。陸路（トラック）の事例は1件もなかった。なお、ルート3の一部にあたる広州とハノイ間については、広州・南寧間高速道路に開通に伴って、広州からハノイまでの所要時間は、通関手続きや貨物の積み替え時間を除いて、14時間程度になる（現在約21時間）＊。

＊：『ジェトロセンサー』2006年2月号、P.15

表Ⅰ-8　国際輸送機関の内訳（Door to doorのサンプル）　　（単位：票）

ルート3	船舶	航空機	トラック	鉄道	計
コスト	2	1	0	0	3
リードタイム	1	1	0	0	2
計	3	2	0	0	5

（1）国際物流のフェーズ別コスト

◆中国（広州）→ベトナム（船舶：サンプル6＋1303①）

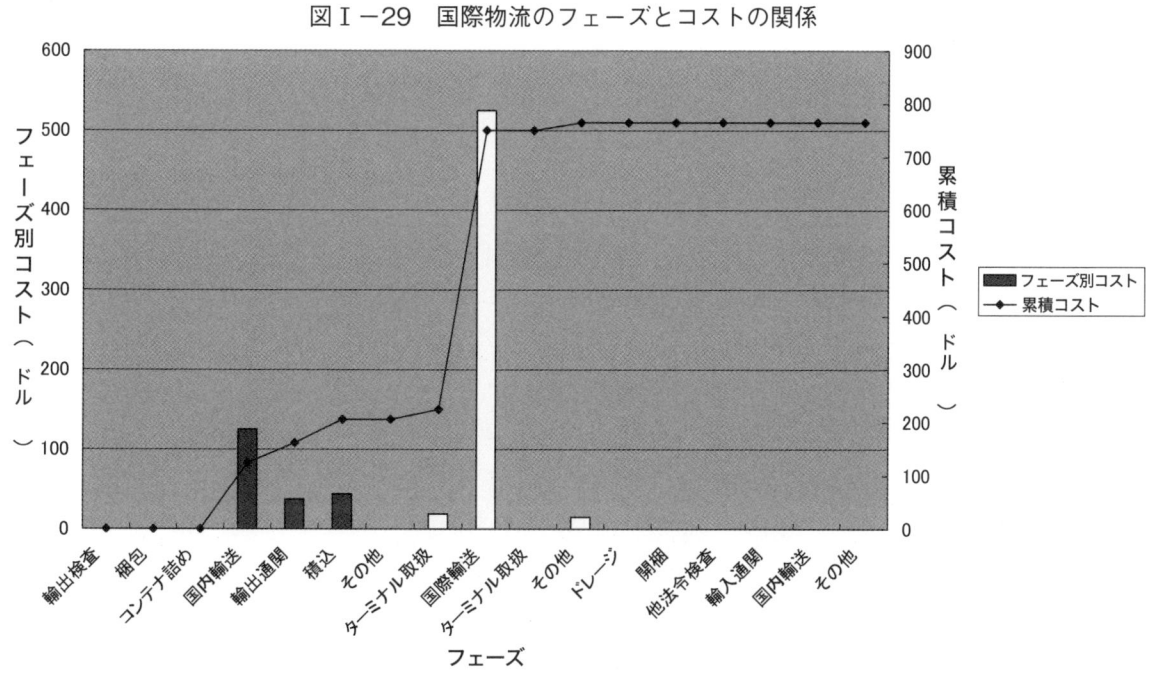

図Ⅰ-29　国際物流のフェーズとコストの関係

【輸送条件】

品　名	鉄線
輸送頻度	月1回
荷　姿	LCL（20ft）
1回あたり輸送量	1t
国際輸送のモード	船舶
交易条件	CIF
出発地	広州技術開発区西区
出発地国港湾名	黄浦港
中継地	—
目的地側港湾名	ホーチミン港
最終目的地	Long binh techno park EPZ

注：フェーズ別コスト（白色）は国際輸送領域

◎ベトナムの国内で発生しているコストは、グラフ上では判別できないほど、小さい。

◆中国（広州）→ベトナム（船舶：サンプル6＋1303②）

図Ⅰ-30　国際物流のフェーズとコストの関係

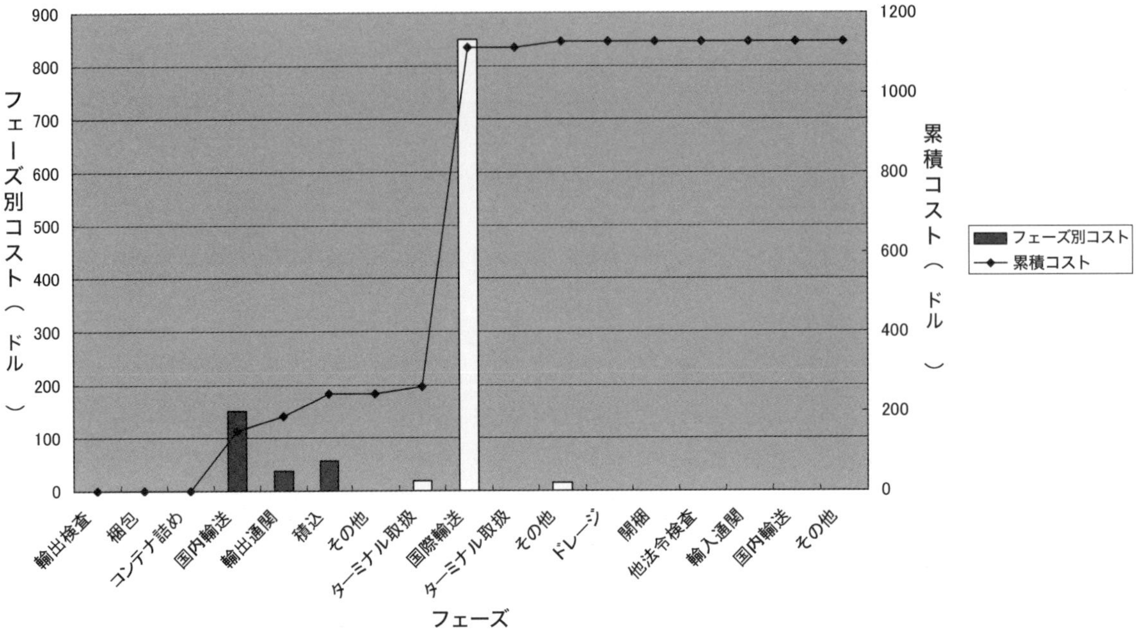

注：フェーズ別コスト（白色）は国際輸送領域

【輸送条件】

品　名	鉄線
輸送頻度	月1回
荷　姿	LCL（40ft）
1回あたり輸送量	1t
国際輸送のモード	船舶
交易条件	CIF
出発地	広州技術開発区西区
出発地国港湾名	黄浦港
中継地	―
目的地側港湾名	ホーチミン港
最終目的地	Long binh techno park EPZ

◎この事例は、サンプル6＋1303①（前頁）のバリエーション。6＋1303①では荷姿が20フィートコンテナのLCLであるのに対し、6＋1303②では荷姿が40フィートコンテナのLCLになっている。国際輸送費のみが異なり、他の値は共通である。

◆中国(広州)→ベトナム(航空機:サンプル8+1304)

図Ⅰ-31　国際物流のフェーズとコストの関係

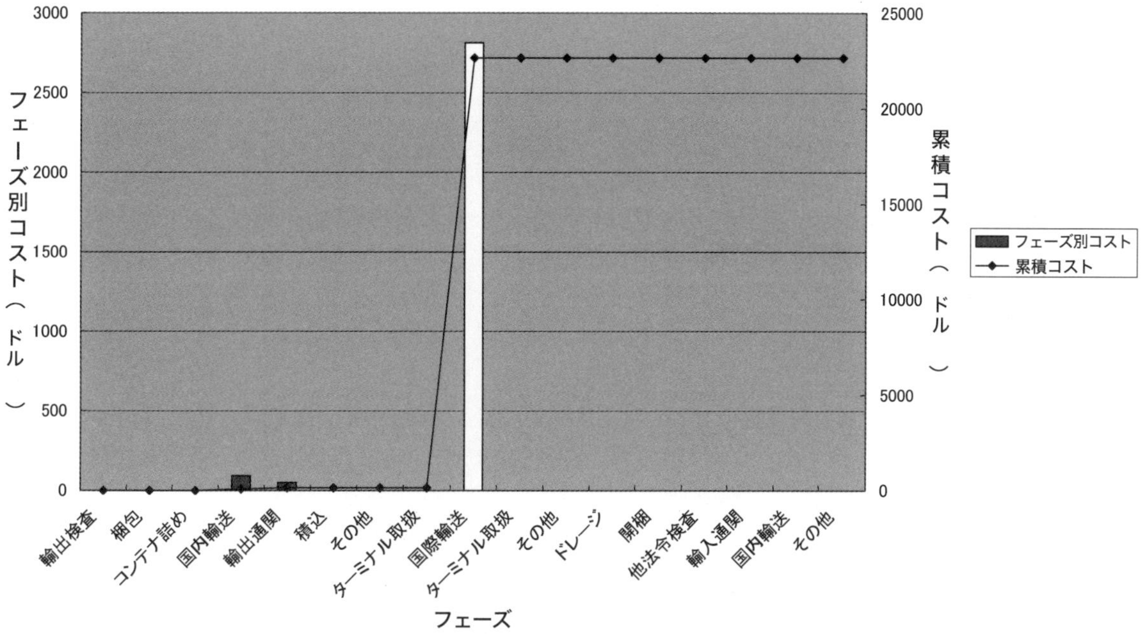

注:フェーズ別コスト(白色)は国際輸送領域

【輸送条件】

品　名	鉄線
輸送頻度	月1回
荷　姿	LCL
1回あたり輸送量	1t
国際輸送のモード	航空機
交易条件	CIF
出発地	Guangzhou Development District
出発地国港湾名	黄浦港
中継地	—
目的地側港湾名	Ho Chi Minh port
最終目的地	No announcement

◎ベトナムの国内で発生しているコストは、グラフ上では判別できないほど、小さい。

（2）国際物流のフェーズ別所要時間

◆中国（広州）→ベトナム（船舶：サンプル６＋1303）

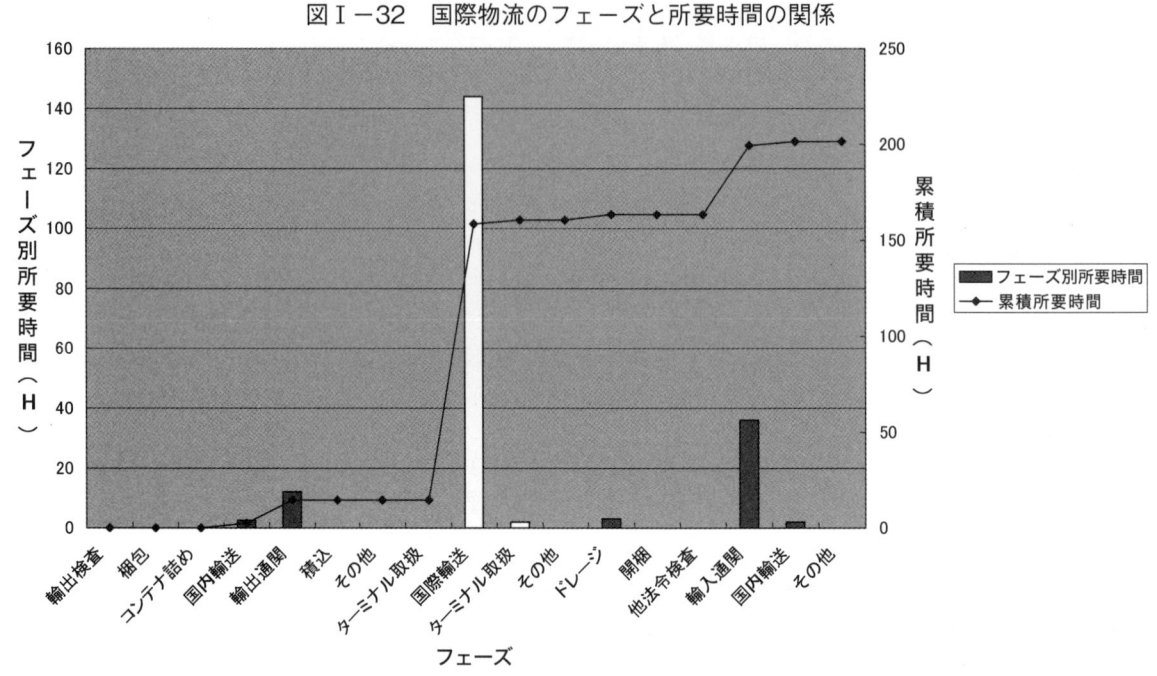

図Ⅰ-32 国際物流のフェーズと所要時間の関係

注：フェーズ別コスト（白色）は国際輸送領域

【輸送条件】

品　名	鉄線
輸送頻度	月１回
荷　姿	LCL
１回あたり輸送量	１ｔ
国際輸送のモード	船舶
交易条件	CIF
出発地	広州技術開発区西区
出発地国港湾名	黄浦港
中継地	―
目的地側港湾名	ホーチミン港
最終目的地	Long binh techno park EPZ

◎ベトナムの輸入通関（ホーチミン港）に要する時間が全行程の約４分の１。

◆中国（広州）→ベトナム（航空機：サンプル８＋1304）

図Ⅰ－33　国際物流のフェーズ別所要時間

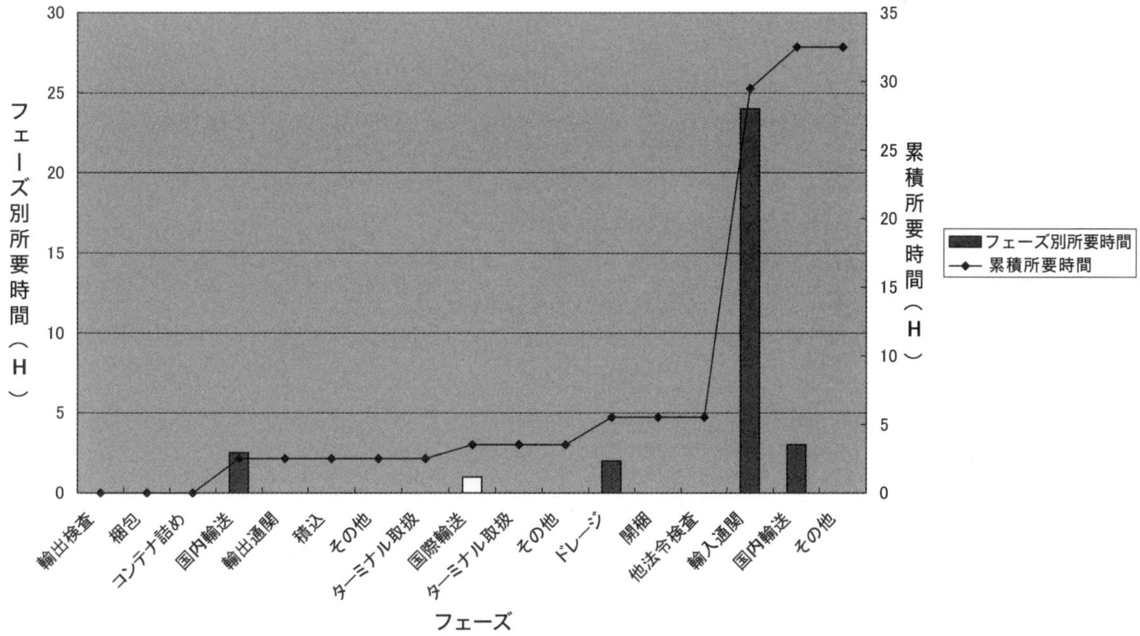

フェーズ別所要時間（H）
累積所要時間（H）
0
5
10
15
20
25
30
35
フェーズ別所要時間
累積所要時間
輸出検査
梱包
コンテナ詰め
国内輸送
輸出通関
積込
その他
ターミナル取扱
国際輸送
ターミナル取扱
その他
ドレージ
開梱
他法令検査
輸入通関
国内輸送
その他
フェーズ

注：フェーズ別コスト（白色）は国際輸送領域

【輸送条件】

品　名	鉄線
輸送頻度	月１回
荷　姿	LCL
１回あたり輸送量	１ t
国際輸送のモード	航空機
交易条件	CIF
出発地	広州技術開発区西区
出発地国港湾名	不明
中継地	—
目的地側港湾名	不明
最終目的地	Long binh techno park EPZ

◎ベトナムの輸入通関（空港名不明）に要する時間が全行程の大半（４分の３）。航空機で稼いだリードタイムが活かされていない。

(3) 輸送トンキロあたり輸送コストの比較

ルート3上の国々(中国、ベトナム)

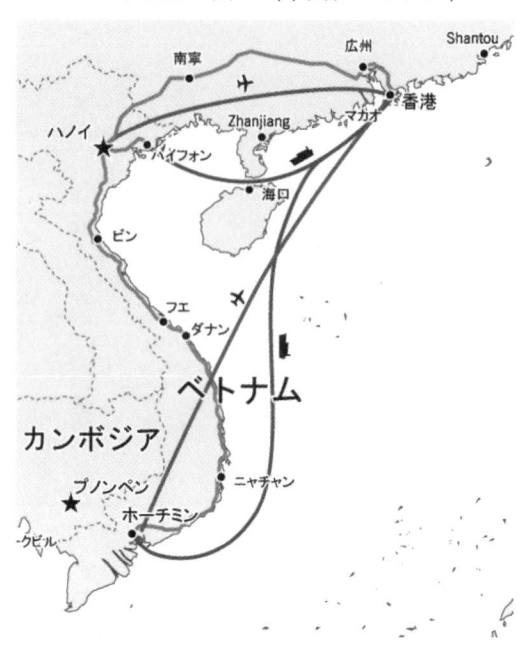

図Ⅰ-34 ルート3上の国々における国内輸送コスト(トラック)

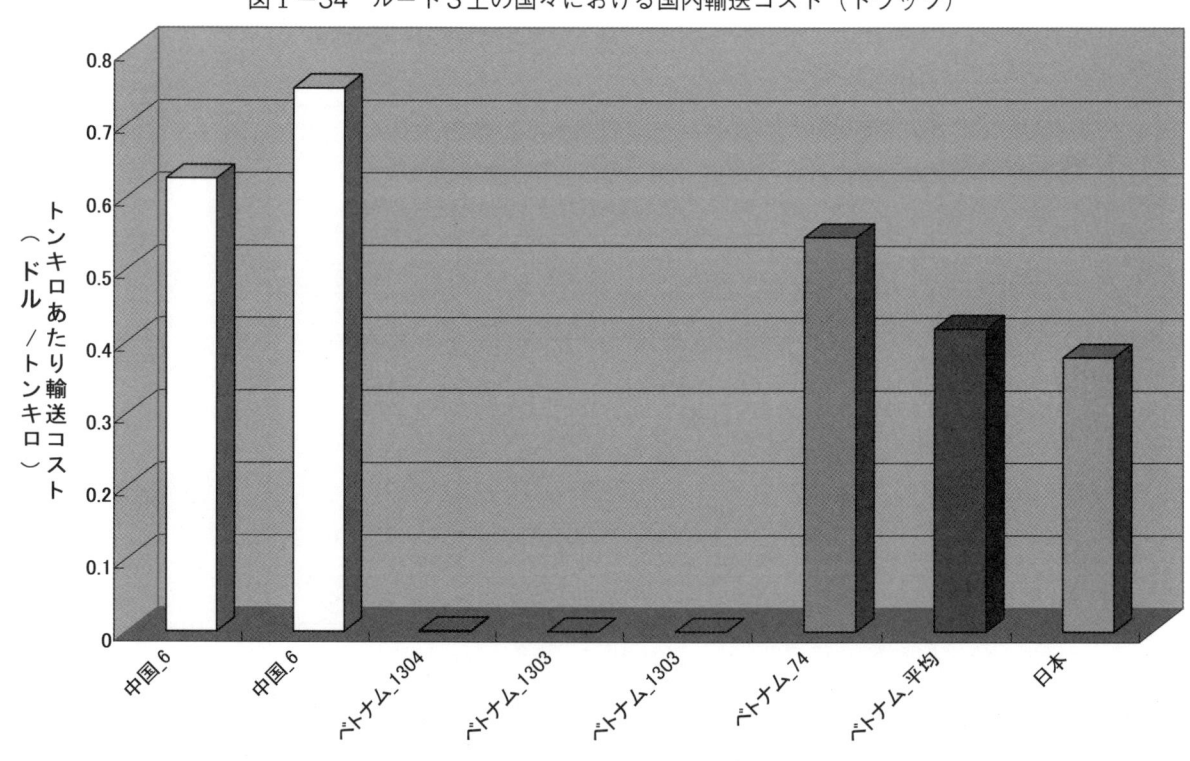

◎中国(広州)のトンキロあたり輸送コスト2例またベトナムの1例は、日本と比べて高い水準。

（4）都市圏の旅行速度の比較

ルート3上の都市圏【広州、ハノイ、ホーチミン】

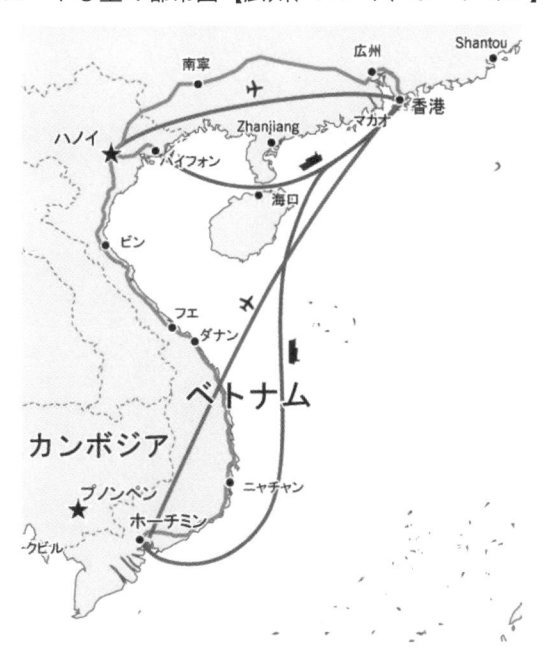

図Ⅰ-35　ルート3上の都市圏における旅行速度

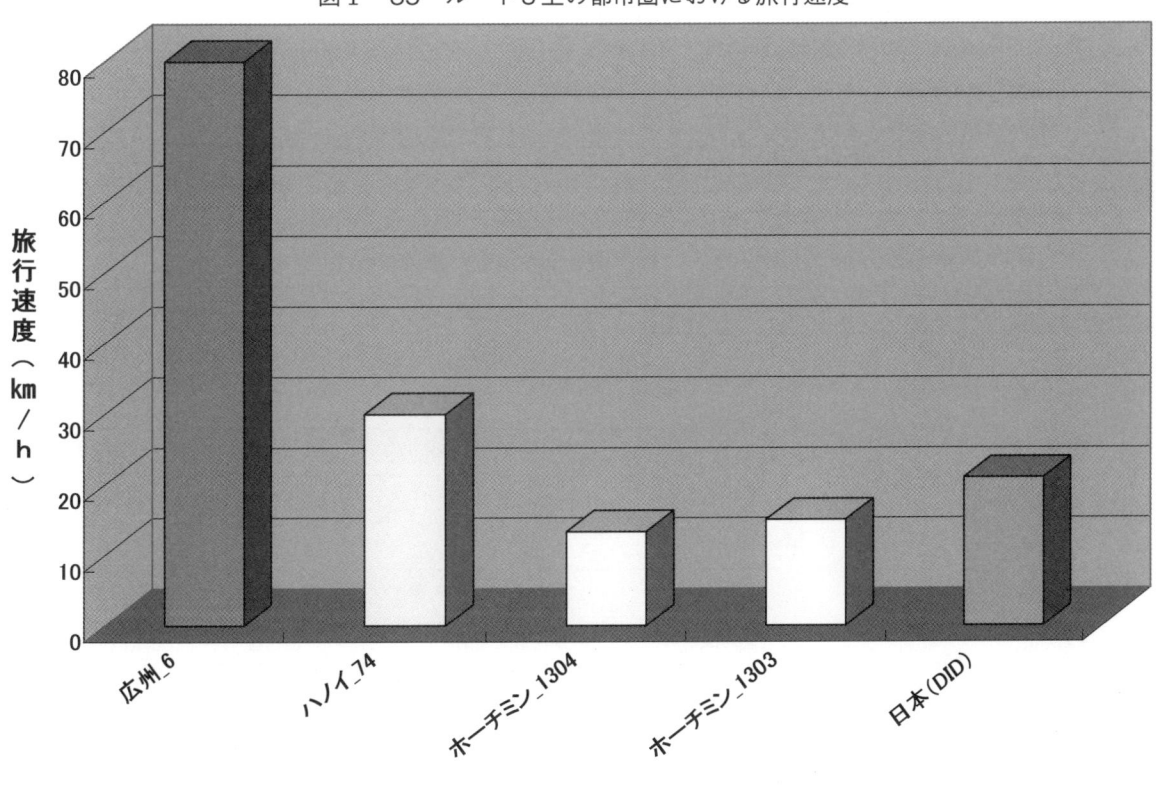

（5）輸入通関時間の比較

図Ⅰ-36　ルート3上の国々の輸入通関時間

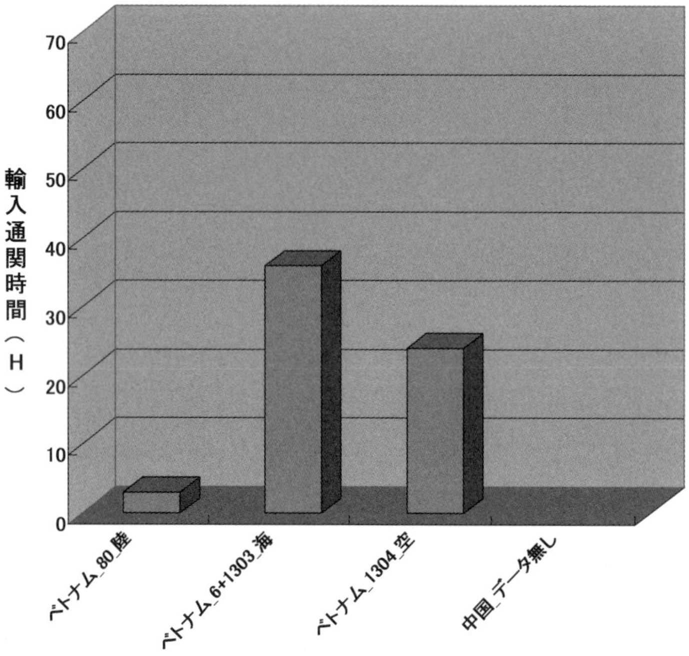

【輸送条件】

ベトナム（輸入）

サンプルNo.	80	6 + 1303	1304
品　名	電子部品等	鉄線	鉄線
輸送頻度	月2、3回	月1回	月1回
荷　姿	ケース	LCL	LCL
1回あたり輸送量	不明	1 t	1 t
国際輸送のモード	トラック（10トン車）	船舶	航空機
交易条件	不定	CIF	CIF
出発地	東莞	広州技術開発区西区	広州技術開発区西区
出発地国港湾名	―	黄浦港	不明
中継地	―	―	―
目的地側港湾名	―	ホーチミン港	不明
最終目的地	タンロン工業団地	Long binh techno park EPZ	Long binh techno park EPZ

5－4：ルート4について

ルート4は、タイのバンコクと西側の隣国ミャンマーのヤンゴンを結ぶルート（P.8参照）。

両国間の物流は少ないながらあるが、タイからミャンマーへの輸出過多になっている。バンコクからヤンゴンまで、海路と比べて大幅な時間短縮が期待できる陸路があるものの、現時点では、商用ルートと呼べる程安定した物流はない模様。

陸路の商用化にあたっては、両国国境付近の山岳道路の幅員拡大といったハードインフラ面や陸路利用の前提条件となる国境地帯の治安の安定、また、ミャンマー側の国境通関手続きの迅速化と確実性が不可欠である*。

＊：『ジェトロセンサー』2006年2月号、P.18～P.19

表Ⅰ－9　国際輸送機関の内訳（Door to doorのサンプル）　　　（単位：票）

ルート4	船舶	航空機	トラック	鉄道	計
コスト	0	0	0	0	0
リードタイム	0	0	0	0	0
計	0	0	0	0	0

（1）国際物流のフェーズ別コスト

　今回の調査では、商用ルートとしてのサンプルはひとつも入手できなかった。
　しかしながら、既存文献によれば、以下に示すような試験的なデータがある。
　ASEAN地域内の国際輸送においては、海路と陸路の輸送距離に大幅な差が無いために、海上輸送費の方が陸上輸送費より安くなることが多いが、マレー半島を1周するような形の海路に比べて大幅な距離短縮が可能な陸路の方が、3割程度安価になっている。ただし、輸送条件が、海上輸送は20フィートコンテナ1本であることに対し、陸上輸送は10トン・10輪トラック1台であることに注意（10トントラック1台分の貨物は、おおむね、31フィートコンテナ1本に相当）。

◆バンコク→ヤンゴン（船舶：サンプルなし）

表Ⅰ-10　バンコク・ヤンゴン間の海上輸送費

区　間	道　程（km）	輸送コスト（$）	道路状況
①バンコク市内～バンコク港（陸路）	20～30	80	極めて良好
②バンコク港～ヤンゴン港	約4,000	1,000	―
③ヤンゴン港～ヤンゴン市内（陸路）	20～30	50	良好
計	―	1,130	

注：海上輸送のコストは、20フィートコンテナ1本分の料金。通関費、港湾費などを除く。
出所：『ジェトロセンサー』2006年2月号、P.19をもとに作成

◆バンコク→ヤンゴン（トラック：サンプルなし）

表Ⅰ-11　バンコク・ヤンゴン間の陸上輸送費

区　間	道　程（km）	輸送コスト（$）	道路状況
①バンコク～メソート	490	290	極めて良好
②メソート～コーカレイ	75	440	極めて劣悪
③コーカレイ～ヤンゴン	380		良好
計	945	730	―

注：陸路輸送のコストは、10トン・10輪トラック1台分の料金。通関費、港湾費などを除く。
出所：『ジェトロセンサー』2006年2月号、P.19をもとに作成

（2）国際物流のフェーズ別所要時間

　今回の調査では、商用ルートとしてのサンプルは1つも入手できなかった。
　しかしながら、既存文献によれば、以下に示すような試験的なデータがある。
　マレー半島を1周するような形の海路が約1ヵ月の時間を要するのに対し、大幅なショートカットが可能な陸路はわずか3日間で到着する。

◆バンコク→ヤンゴン（船舶）

表Ⅰ-12　バンコク・ヤンゴン間の海上輸送時間

区　間	道　程（km）	時　間	道路状況
①バンコク市内～バンコク港（陸路）	20～30	1～2時間	極めて良好
②バンコク港～ヤンゴン港	約4,000	20日	―
③ヤンゴン港～ヤンゴン市内（陸路）	20～30	1～2時間	良好
計	―	約1ヵ月	―

出所：『ジェトロセンサー』2006年2月号、P.19をもとに作成

◆バンコク→ヤンゴン（トラック）

表Ⅰ-13　バンコク・ヤンゴン間の陸上輸送時間

区　間	道　程（km）	時　間	道路状況
①バンコク～メソート	490	12時間（1日目）	極めて良好
②メソート～コーカレイ	75	4時間（2日目）	極めて劣悪
③コーカレイ～ヤンゴン	380	15時間（3日目）	良好
計	945	3日	―

出所：『ジェトロセンサー』2006年2月号、P.19をもとに作成

（3）輸送トンキロあたり輸送コストの比較

ルート4上の国々（タイ、ミャンマー）

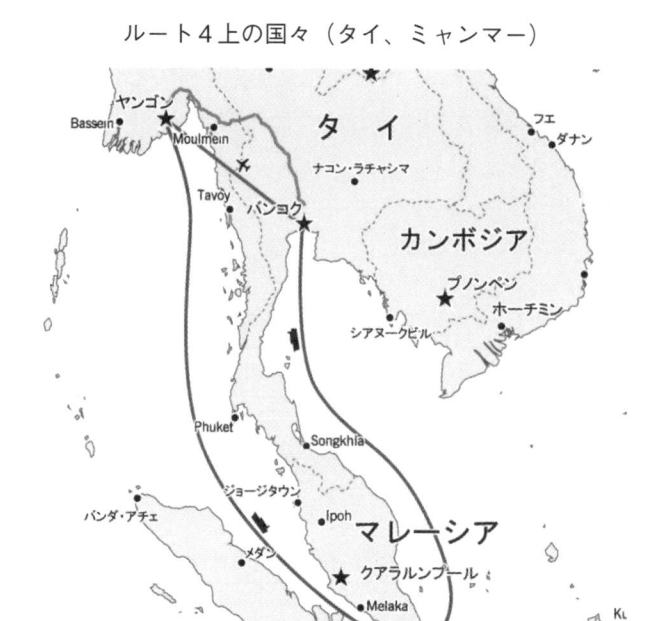

図Ⅰ-37　ルート4上の国々における国内輸送コスト（トラック）

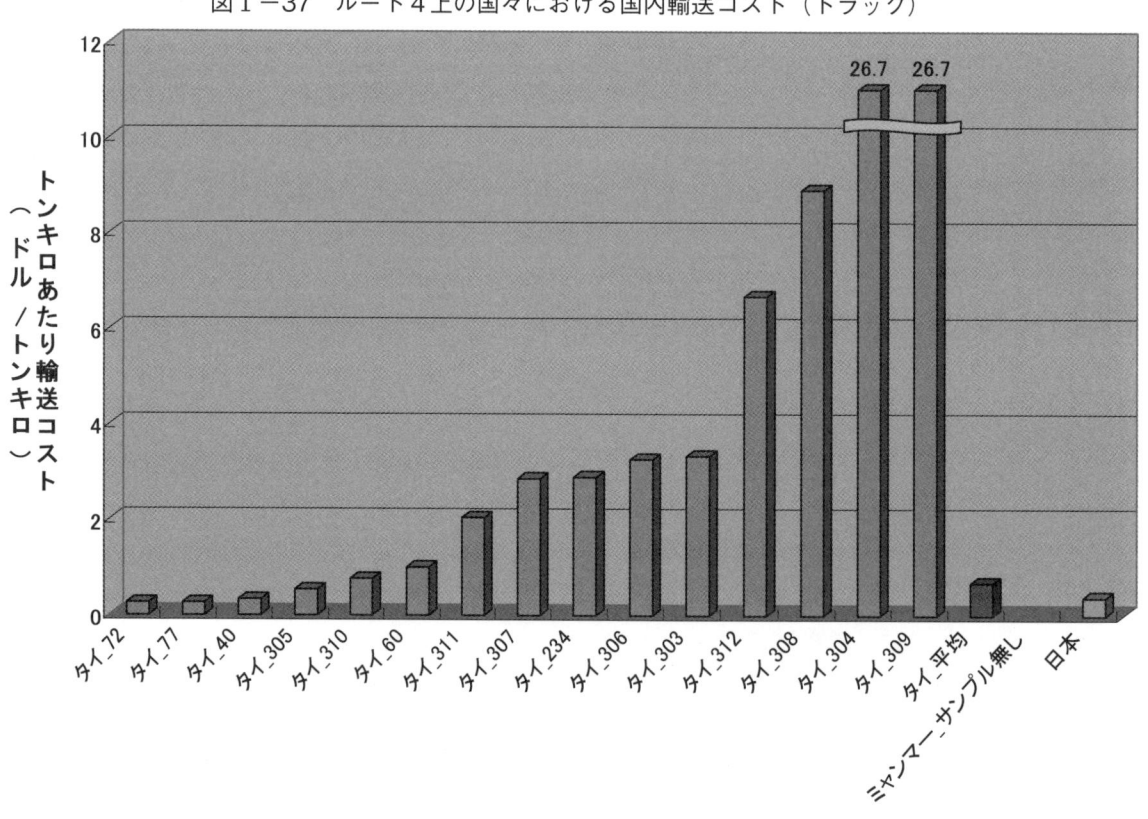

◎タイにおけるトンキロあたり輸送コストは、日本の平均値と比べて高いサンプルが続出。

（4）都市圏の旅行速度の比較

ルート4上の都市圏（バンコク、ヤンゴン（ミャンマー））

図Ⅰ-38 ルート4上の都市圏における旅行速度

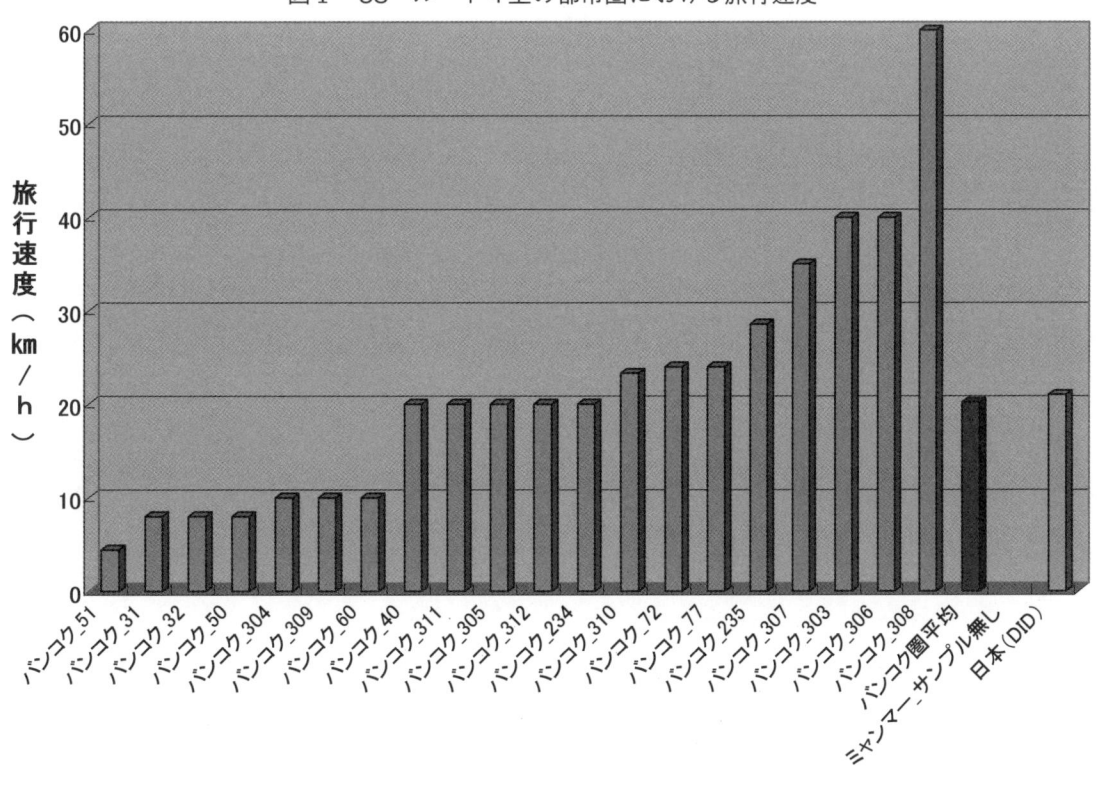

◎前掲の表Ⅰ-12 バンコク・ヤンゴン間の海上輸送時間のヤンゴン港からヤンゴン市内までの道程と時間から、ミャンマーのヤンゴン市内の旅行速度は15～30km/hと推定できる。

（5）輸入通関時間の比較
サンプル無し

5-5：ルート5について

　ルート5はルート2のバリエーションとも言える東西回廊の1ルートで、日系企業が多く進出しているタイのバンコクと近年立地が進んでいるベトナムのホーチミンを結ぶ（P.9参照）。ルート2との違いは、ルート2がベトナム北部の都市ハノイを起終点としていることに対し、ルート5はベトナム南部の都市ホーチミンを起終点としていることである。陸路の場合、カンボジアが国際輸送の通過国となる。

　今後の需要増が見込まれる点はルート2と同様である。

　今回のルート調査では、両国間を結んでデータを収集できたサンプルは1つもなかったが、既存文献に、バンコク・ホーチミン間の陸上輸送コストが海上輸送コストの2倍以上になっている例があった。一方、総所要時間は、2つの都市間の距離が比較的短いこともあり、海路と陸路で顕著な差はついていない。

表Ⅰ-14　国際輸送機関の内訳（Door to doorのサンプル）　　　（単位：票）

ルート5	船舶	航空機	トラック	鉄道	計
コスト	0	1	0	0	1
リードタイム	0	1	0	0	1
計	0	2	0	0	2

（1）国際物流のフェーズ別コスト

今回の調査では、商用ルートとしてのサンプルは航空機の1例しか入手できなかった。

しかしながら、既存文献によれば、以下に示すような船舶とトラック（試験的輸送）のデータがある。

陸上輸送コストは海上輸送コストの2倍以上になっている。

なお、輸送条件が、海上輸送は20フィートコンテナ1本であることに対し、陸上輸送は10トン・10輪トラック1台であることに注意(10トントラック1台分の貨物は、おおむね、31フィートコンテナ1本に相当)。

◆バンコク→ホーチミン（船舶：サンプルなし）

表Ⅰ-15　バンコク・ホーチミン間の海上輸送費

区　　間	道　程（km）	輸送コスト（$）
①バンコク港～サイゴン港	―	580

注：海上輸送のコストは、20フィートコンテナ1本分の料金。通関費、港湾費などを除く。
出所：『ジェトロセンサー』2006年2月号、P.17をもとに作成

◆バンコク→ホーチミン（トラック：サンプルなし）

表Ⅰ-16　バンコク・ホーチミン間の陸上輸送費

区　　間	道　程（km）	輸送コスト（$）
①バンコク～アランヤプラテート（タイ）	250	290
②ポイペト～プノンペン～バベット（カンボジア）	588	950
③モクバイ～ホーチミン（ベトナム）	75	150
計	913	1,390

注：陸路輸送のコストは、10トン・10輪トラック1台分の料金。通関費、港湾費などを除く。
出所：『ジェトロセンサー』2006年2月号、P.17をもとに作成

◆ベトナム→タイ(航空機:サンプル102)

図Ⅰ-39 国際物流のフェーズとコストの関係

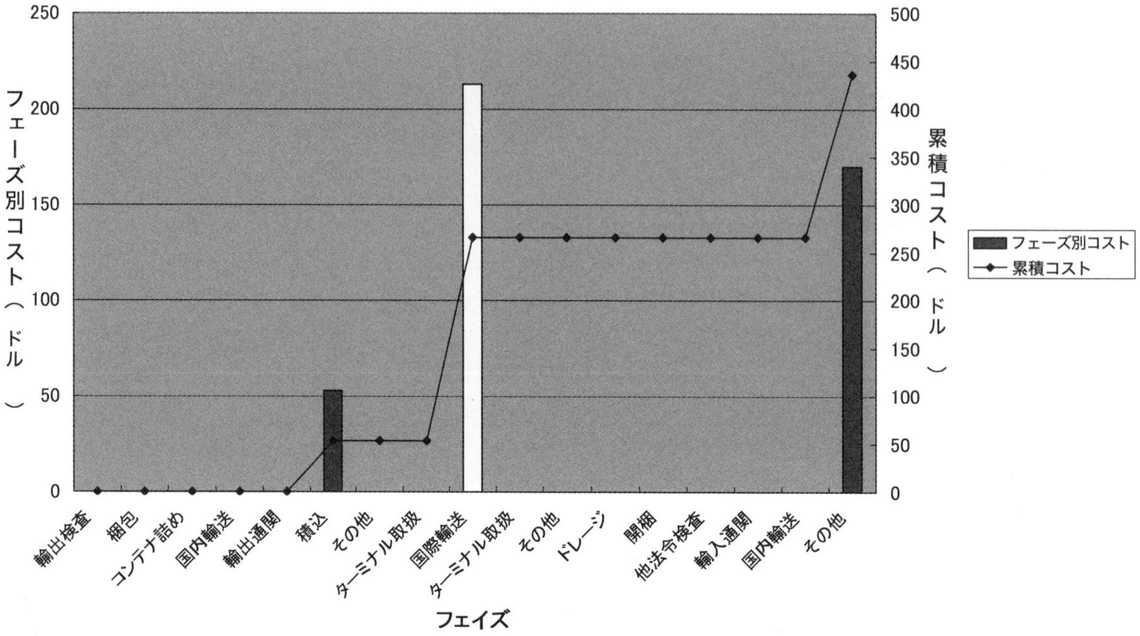

注:フェーズ別コスト(白色)は国際輸送領域

【輸送条件】

品　名	プリント基板
輸送頻度	月2回
荷　姿	ケース
1回あたり輸送量	160kg
国際輸送のモード	航空機
交易条件	CIF
出発地	Bien Hoa I.Z. Ⅱ
出発地国港湾名	Sai Gon airport
中継地	—
目的地側港湾名	Bangkok airport
最終目的地	Navanakorn I.E.

◎輸入国側で1つ、国際輸送で1つ、輸入国側で1つの費目しかわからないことに注意。

（2）国際物流のフェーズ別所要時間

今回の調査では、商用ルートとしてのサンプルは航空機の1例しか入手できなかった。
しかしながら、既存文献によれば、以下に示すような船舶とトラック（試験的輸送）のデータがある。
バンコク・ホーチミン間の総所要時間は、2つの都市間の距離が比較的短いこともあり、海路と陸路で顕著な差はついていない。

◆バンコク→ホーチミン（船舶）

表Ⅰ-17 バンコク・ホーチミン間の海上輸送時間

区　間	道　程（km）	時　間
①バンコク港～サイゴン港	―	2～3日

出所：『ジェトロセンサー』2006年2月号、P.17をもとに作成

◆バンコク→ホーチミン（トラック）

表Ⅰ-18 バンコク・ホーチミン間の陸上輸送時間

区　間	道　程（km）	時　間
①バンコク～アランヤプラテート（タイ）	250	5時間
②ポイペト～プノンペン～バベット（カンボジア）	588	15時間
③モクバイ～ホーチミン（ベトナム）	75	2時間
計	913	最短2日

出所：『ジェトロセンサー』2006年2月号、P.17をもとに作成

◆ベトナム→タイ（航空機：サンプル102）

図Ⅰ-40　国際物流のフェーズと所要時間の関係

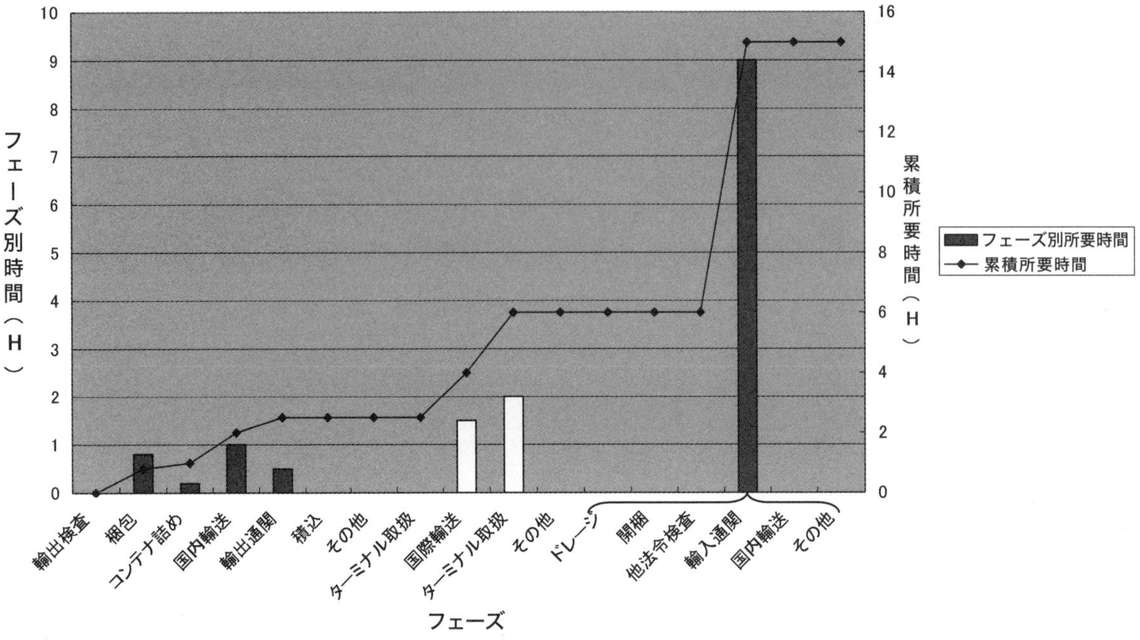

注：フェーズ別コスト（白色）は国際輸送領域

【輸送条件】

品　名	プリント基板
輸送頻度	月2回
荷　姿	ケース
1回あたり輸送量	160kg
国際輸送のモード	航空機
交易条件	CIF
出発地	Bien Hoa I.Z. Ⅱ
出発地国港湾名	Sai Gon airport
中継地	―
目的地側港湾名	Bangkok airport
最終目的地	Navanakorn I.E.

◎輸入国側での所要時間データは、総額しかわからない。これが全行程の6割を占めている。

（3）輸送トンキロあたり輸送コストの比較

ルート5上の国々（タイ、カンボジア、ベトナム）

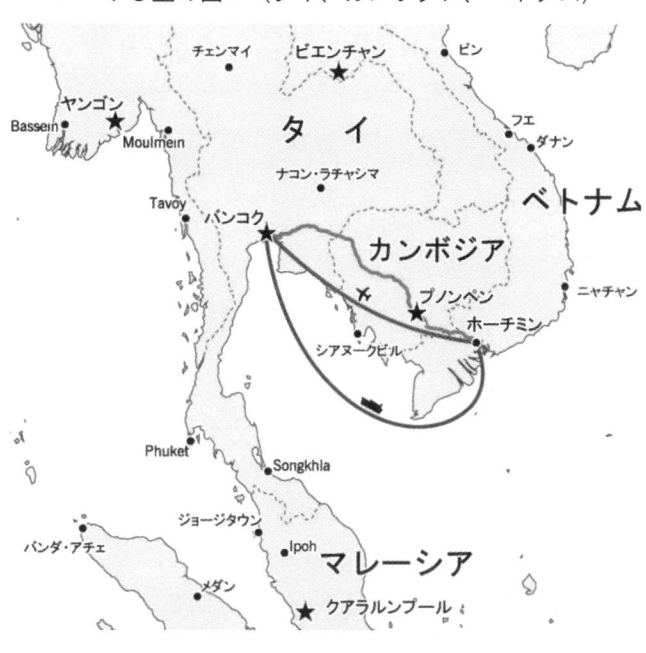

図Ⅰ-41　ルート5上の国々における国内輸送コスト（トラック）

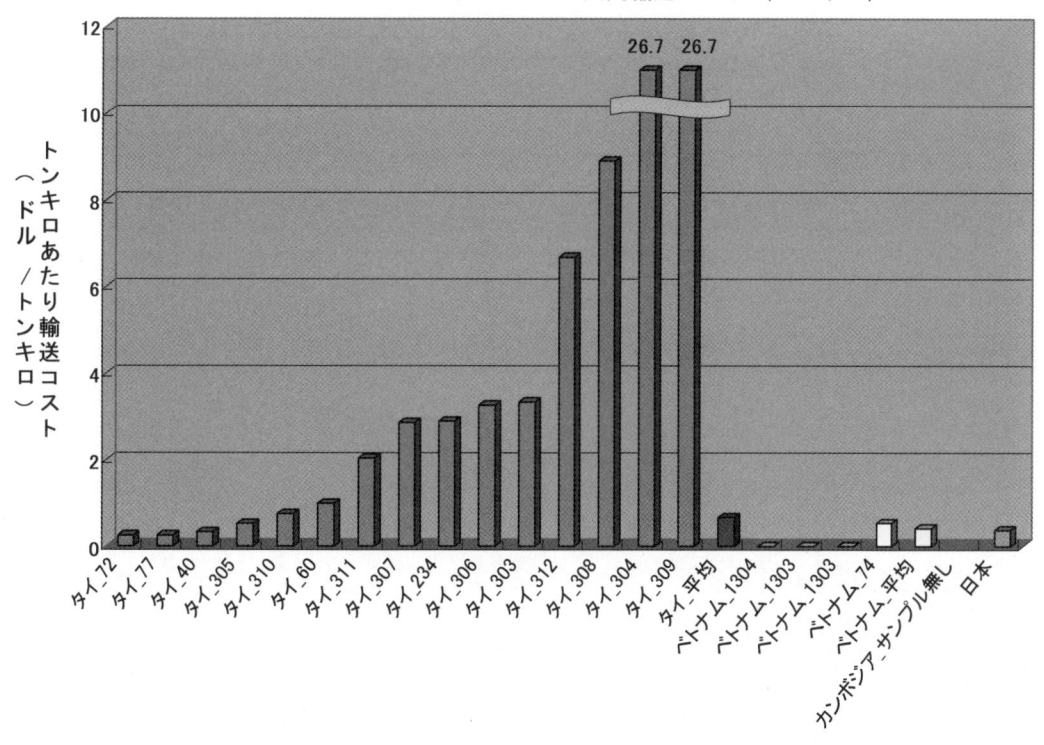

◎タイにおけるトンキロあたり輸送コストで、日本の平均値と比べて高いサンプルが続出。
　ベトナムは4例（極めて小さい3例＋高めの1例）の平均値で見て、同水準。

(4) 都市圏の旅行速度の比較

ルート5上の都市圏（バンコク、ホーチミン）

図Ⅰ－42　ルート5上の都市圏における旅行速度

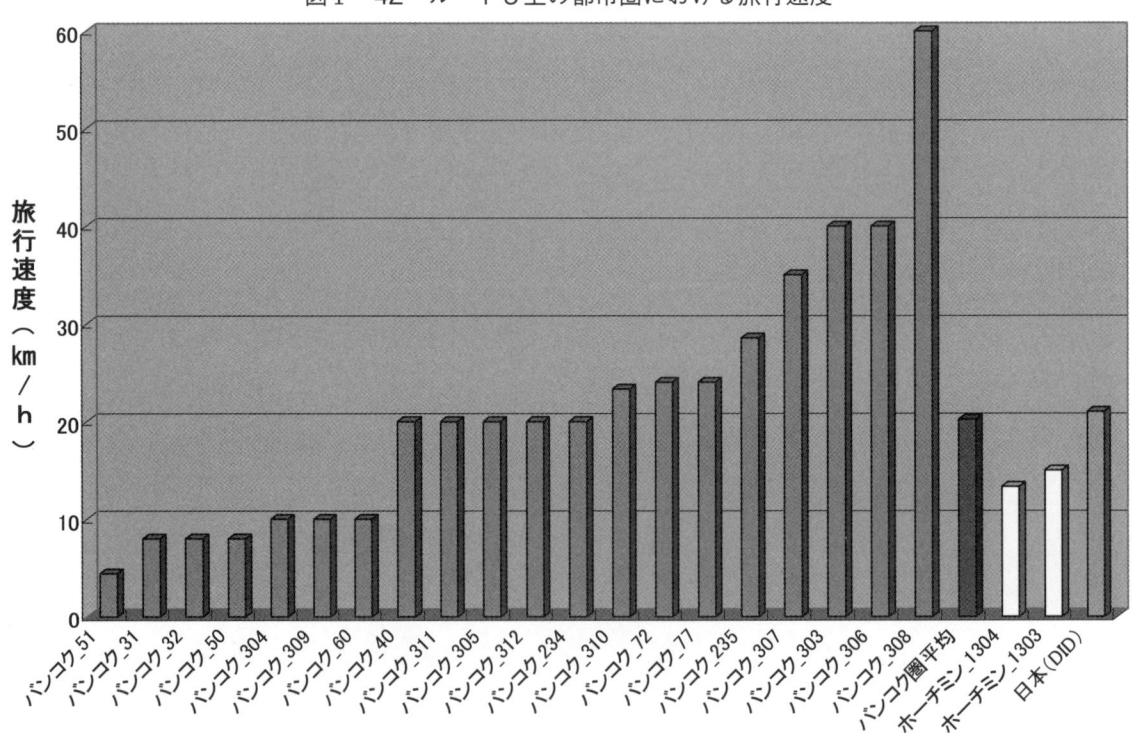

（5）輸入通関時間の比較

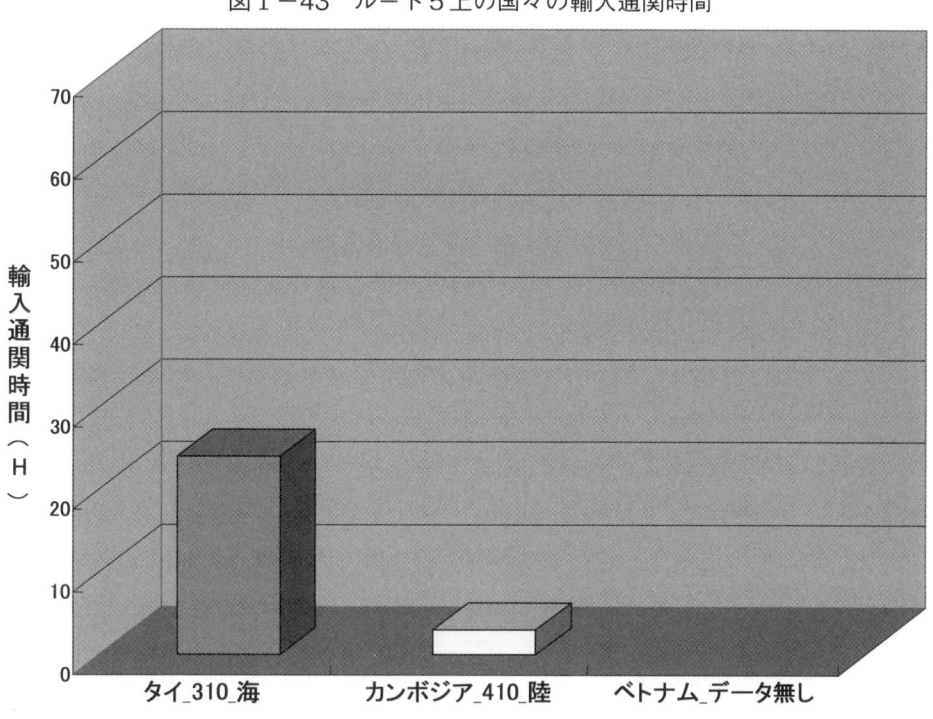

図Ⅰ-43　ルート5上の国々の輸入通関時間

【輸送条件】

タイ（輸入）

サンプルNo.	310
品　名	フレキシブルパイプ
輸送頻度	2週間に1回
荷　姿	LCL
1回あたり輸送量	1,500kg
国際輸送のモード	船舶
交易条件	CIF
出発地	非公表
出発地国港湾名	ホーチミン港
中継地	―
目的地側港湾名	バンコク港
最終目的地	Amatanakorn I.E.

カンボジア（輸入）

サンプルNo.	410
品　名	自動車部品
輸送頻度	週2回
荷　姿	FCL（40ft）
1回あたり輸送量	8コンテナ
国際輸送のモード	トラック
交易条件	CIF Poipet
出発地	バンコク
出発地国港湾名	―
中継地	―
目的地側ターミナル名	Poipet
最終目的地	プノンペン

5－6：ルート6について

　ルート6は、海のASEANと呼ばれるインドネシアと、海を挟んだ隣国でありASEANのみならず世界の物流の中心シンガポールを結ぶルートである（P.10参照）。今回収集した2例はいずれも船舶による海上ルートであった。

表Ⅰ－19　国際輸送機関の内訳（Door to doorのサンプル）　　（単位：票）

ルート6	船舶	航空機	トラック	鉄道	計
コスト	0	0	0	0	0
リードタイム	2	0	0	0	2
計	2	0	0	0	2

（1）国際物流のフェーズ別コスト

　サンプルなし

（2）国際物流のフェーズ別所要時間

◆シンガポール→インドネシア（船舶：サンプル75）

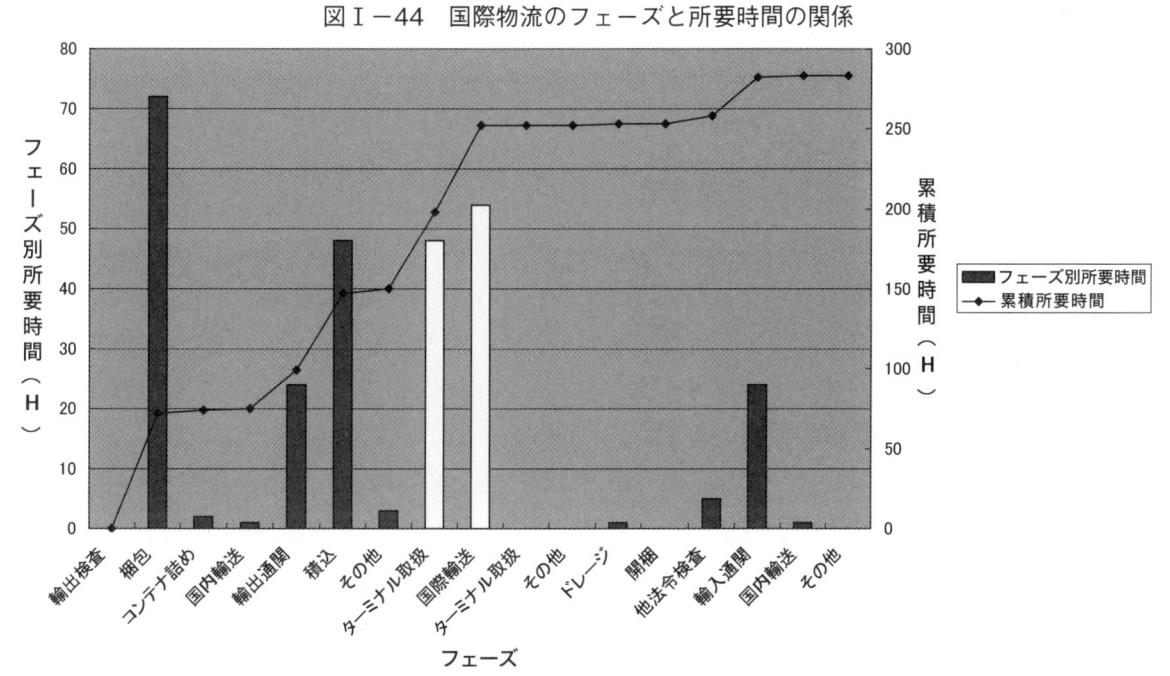

図Ⅰ-44　国際物流のフェーズと所要時間の関係

注：フェーズ別コスト（白色）は国際輸送領域

【輸送条件】

品　名	多品種の自動車部品
輸送頻度	月1回
荷　姿	LCL
1回あたり輸送量	15m³
国際輸送のモード	船舶
交易条件	FOB
出発地	Tuas I.E.
出発地国港湾名	Singapore port
中継地	—
目的地側港湾名	Jakarta port
最終目的地	不明

◎輸出国側の梱包で長い時間がかかっている（全行程の4分の1）。
◎この事例が、多品種の自動車部品を詰め合わせた荷物であったことや、国際物流のハブ機能を持つシンガポールの特性から想定して、各国から集められる荷物の到着を待ちながらの梱包作業であったことなどに、その理由があると思われる。

◆シンガポール→インドネシア（船舶：サンプル２）

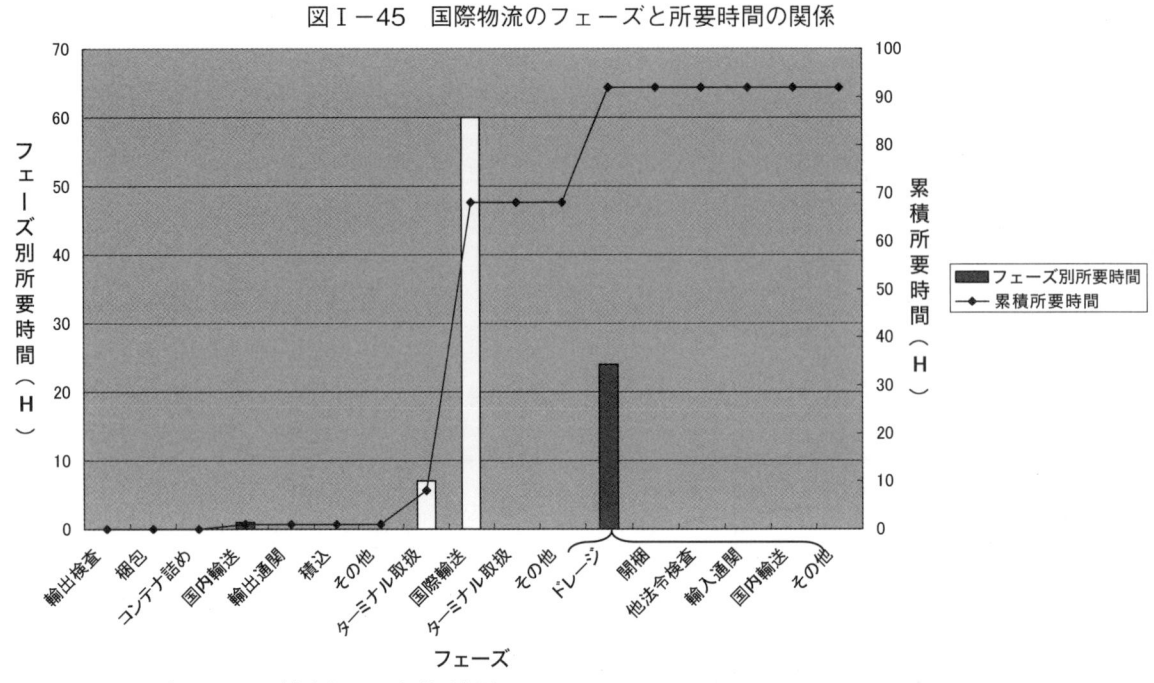

図Ⅰ-45　国際物流のフェーズと所要時間の関係

注：フェーズ別コスト（白色）は国際輸送領域

【輸送条件】

品　名	電器製品
輸送頻度	週１回
荷　姿	FCL（20ft,40ft），LCL
１回あたり輸送量	非公表
国際輸送のモード	船舶
交易条件	FOB,C&F,CIF
出発地	非公表
出発地国港湾名	非公表
中継地	―
目的地側港湾名	Tanjung Priok
最終目的地	不明

◎輸入国（インドネシア）側での所要時間データは、総額しかわからないことに注意。

（3）輸送トンキロあたり輸送コストの比較

ルート6上の国々（シンガポール、インドネシア）

図Ⅰ-46　ルート6上の国々における国内輸送コスト（トラック）

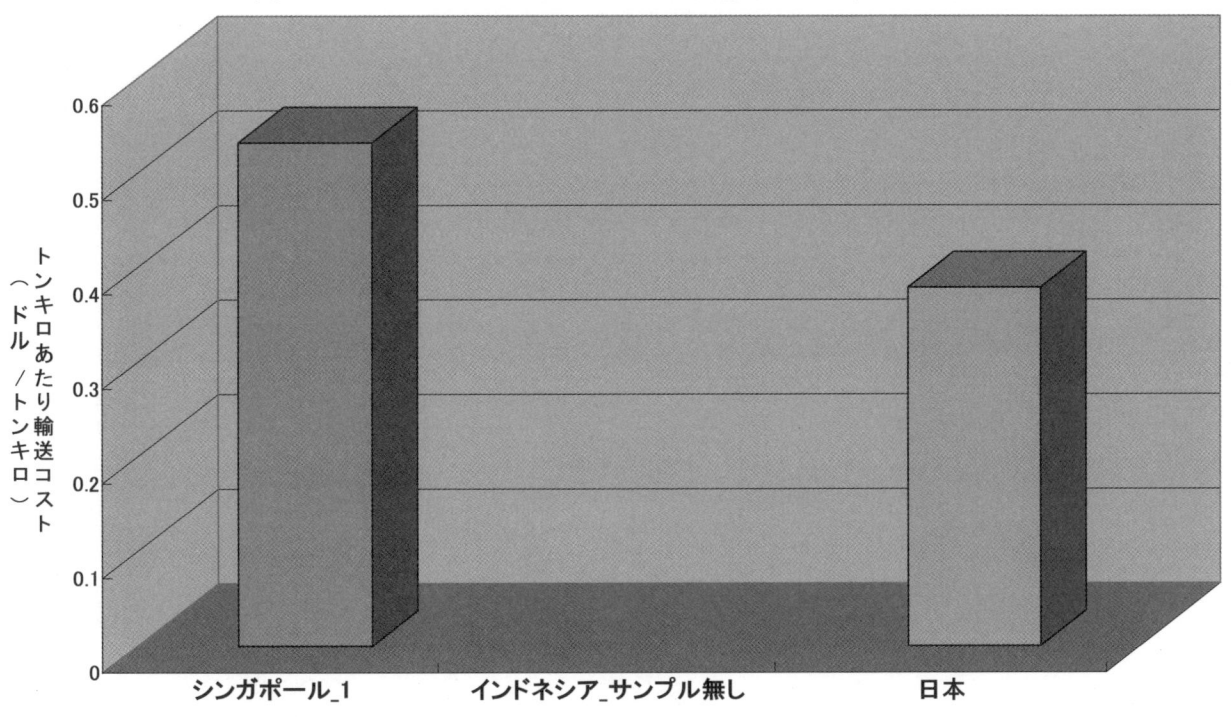

（4）都市圏の旅行速度の比較

◆ルート６上の都市圏（シンガポール、ジャカルタ）

図Ⅰ-47　ルート６上の都市圏における旅行速度

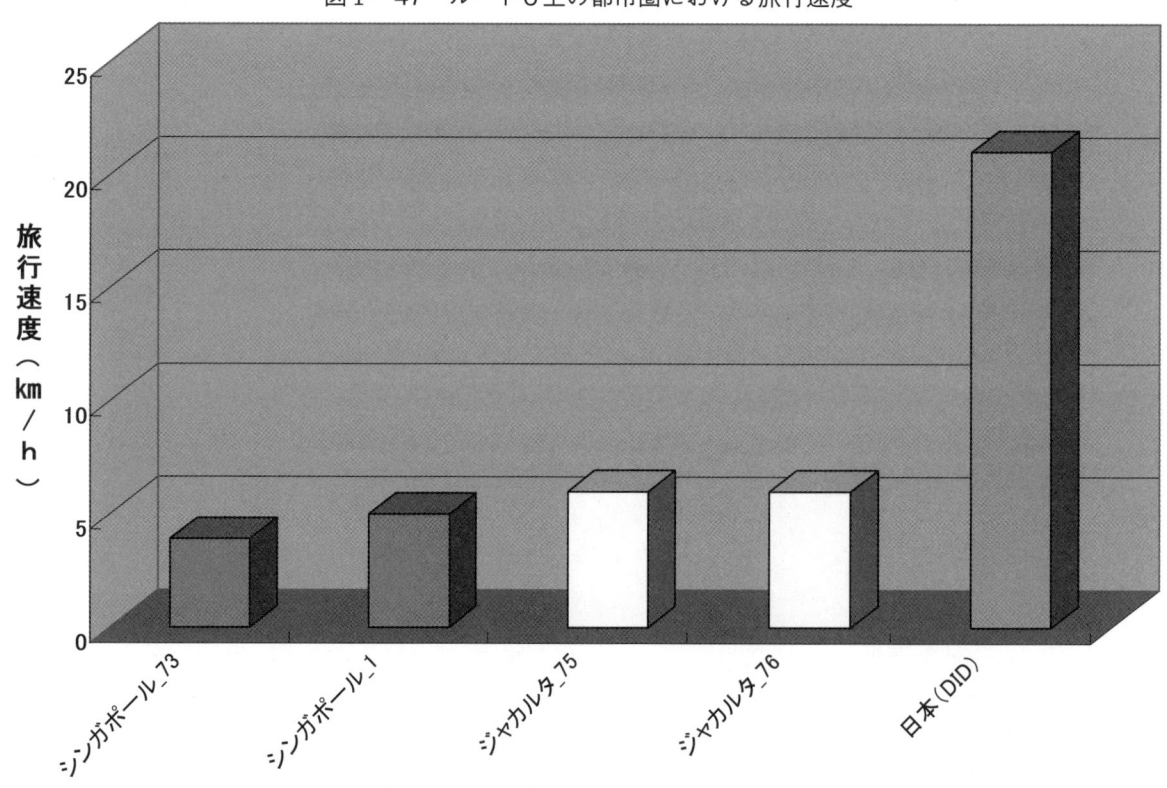

◎シンガポールもインドネシア・ジャカルタ圏も旅行速度が遅い（時速５km程度）サンプルが集まった。

（5）輸入通関時間の比較

図Ⅰ-48　ルート6上の国々の輸入通関時間

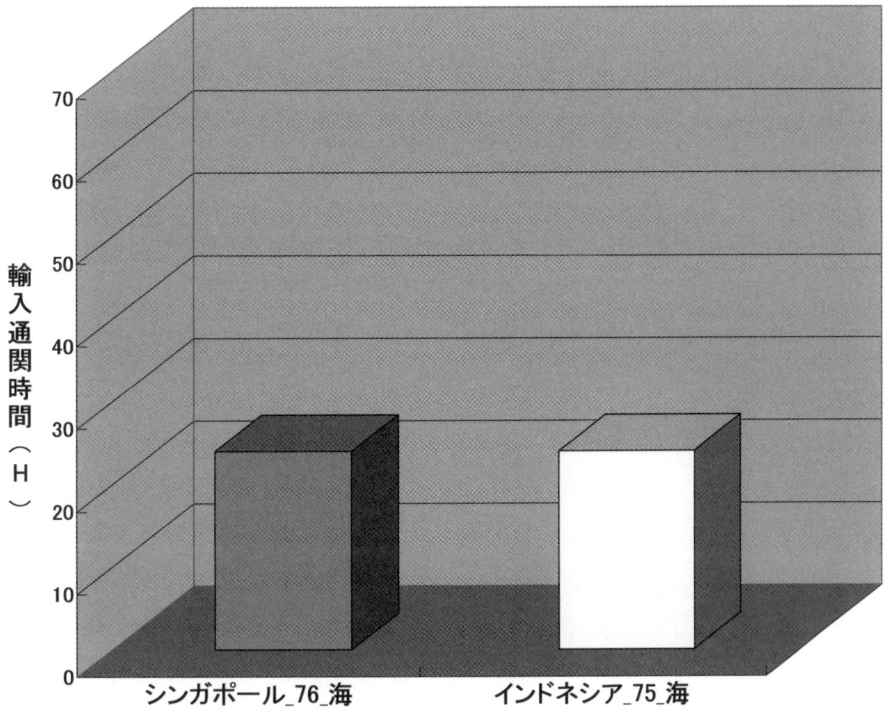

[棒グラフ：縦軸 輸入通関時間（H）、0～70。シンガポール_76_海 約25H、インドネシア_75_海 約25H]

【輸送条件】

シンガポール（輸入）

サンプルNo.	76
品　名	複数種類の自動車部品
輸送頻度	週1回
荷　姿	FCL（20ft）
1回あたり輸送量	20‐30㎥
国際輸送のモード	船舶
交易条件	FOB
出発地	非公表
出発地国港湾名	ジャカルタ港
中継地	―
目的地側港湾名	シンガポール港
最終目的地	Tuas I.E.

インドネシア（輸入）

サンプルNo.	75
品　名	複数種類の自動車部品
輸送頻度	月2回
荷　姿	LCL
1回あたり輸送量	15㎥
国際輸送のモード	船舶
交易条件	FOB
出発地	Tuas I.E.
出発地国港湾名	シンガポール港
中継地	―
目的地側ターミナル名	ジャカルタ港
最終目的地	非公表

5-7：ルート7について

ルート7は、もう1つの海のASEANフィリピンと、海を挟んだ隣国タイを結ぶルート（P.11参照）。フィリピン、タイ双方とも、日系企業が多く進出している国である。

今回収集した3例はいずれも船舶による海上ルートであった。

表Ⅰ-20　国際輸送機関の内訳（Door to doorのサンプル）　　（単位：票）

ルート7	船舶	航空機	トラック	鉄道	計
コスト	2	0	0	0	2
リードタイム	1	0	0	0	1
計	3	0	0	0	3

（1）国際物流のフェーズ別コスト

◆タイ→フィリピン（船舶：サンプル77）

図Ⅰ-49 国際物流のフェーズとコストの関係

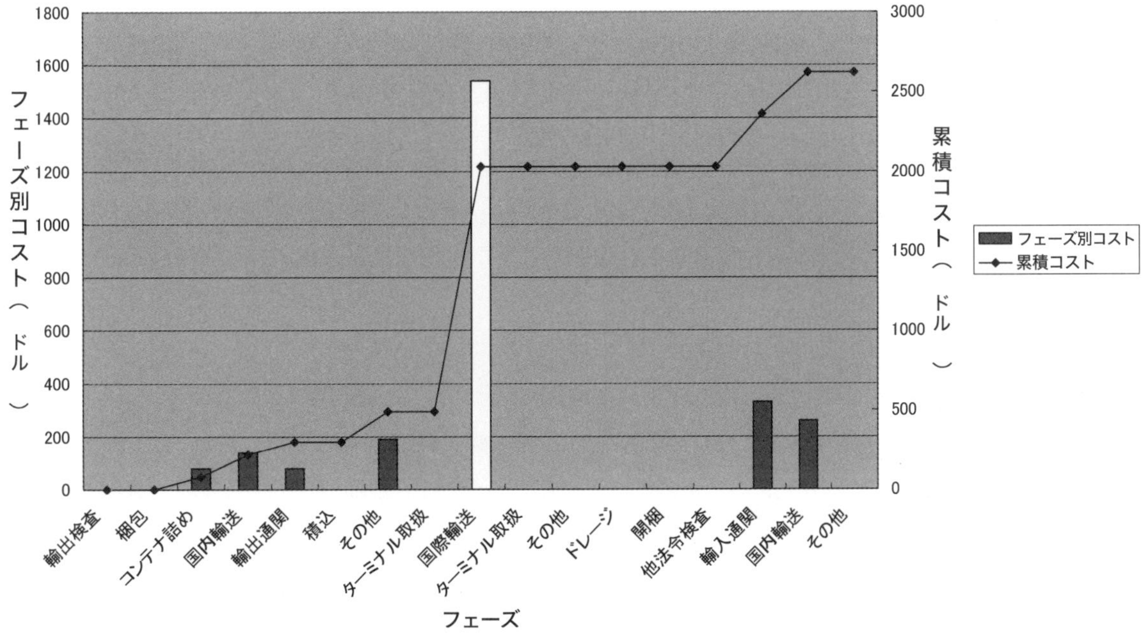

注：フェーズ別コスト（白色）は国際輸送領域

【輸送条件】

品　名	自動車部品
輸送頻度	週1回
荷　姿	FCL（40ft）
1回あたり輸送量	9t
国際輸送のモード	船舶
交易条件	FOB
出発地	DTEC
出発地国港湾名	Bangkok port
中継地	—
目的地側港湾名	Manila port
最終目的地	ETA PAC

◎この事例では、船舶による国際輸送が占めるコストが過半数。輸出国および輸入国での国内コストのシェアは小さい。

◆フィリピン→タイ （船舶：サンプル78）

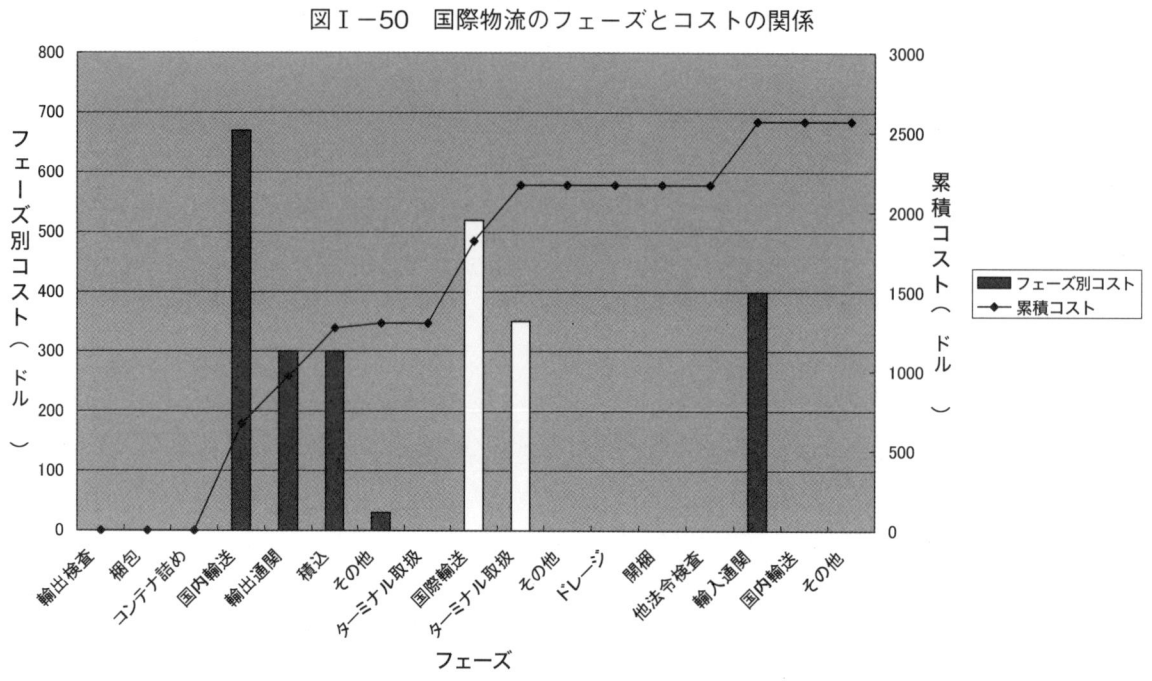

図Ⅰ-50 国際物流のフェーズとコストの関係

(グラフ：フェーズ別コスト（ドル）と累積コスト（ドル）。横軸フェーズ：輸出検査、梱包、コンテナ詰め、国内輸送、輸出通関、積込、その他、ターミナル取扱、国際輸送、ターミナル取扱、その他、ドレージ、開梱、他法令検査、輸入通関、国内輸送、その他)

注：フェーズ別コスト（白色）は国際輸送領域

【輸送条件】

品　名	自動車部品
輸送頻度	週1回
荷　姿	FCL（40ft×2＋20ft×1）
1回あたり輸送量	113㎥
国際輸送のモード	船舶
交易条件	C&I
出発地	不明
出発地国港湾名	Philippine port
中継地	—
目的地側港湾名	Leamchabang port
最終目的地	Bangpakong, chonburi

◎この事例では、（サンプル77と対照的に）輸出国および輸入国における物流コストのシェアが大きい。国際輸送モードは、サンプル77同様、船舶。

（2）国際物流のフェーズ別所要時間

◆フィリピン→タイ（船舶：サンプル78）

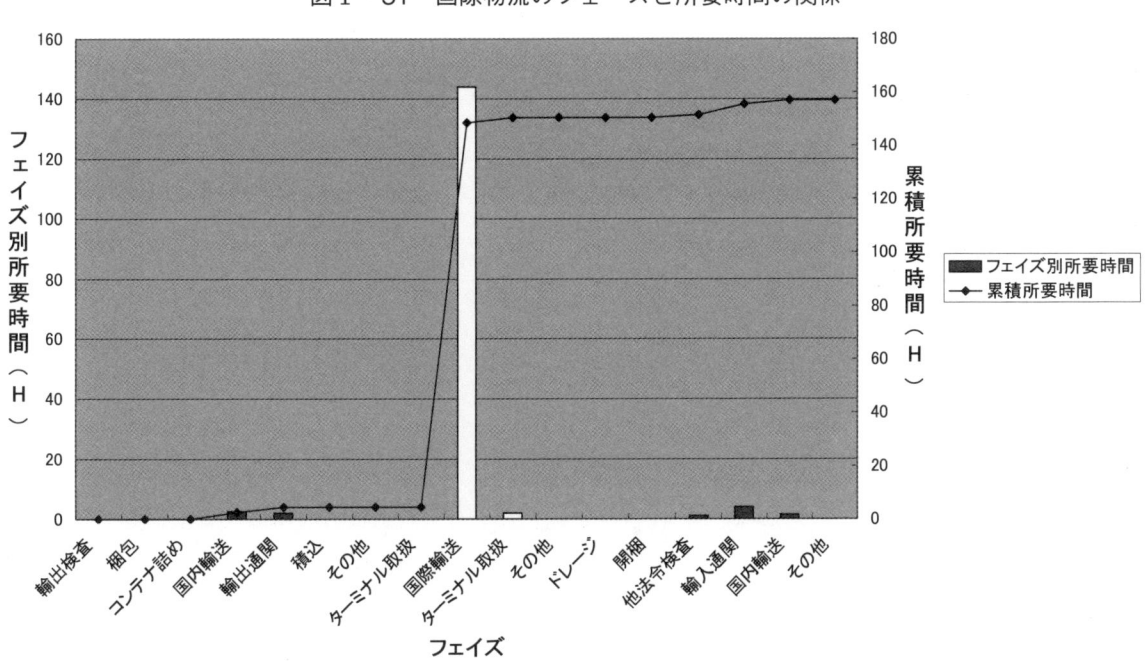

図Ⅰ-51　国際物流のフェーズと所要時間の関係

（縦軸左：フェイズ別所要時間（H）、縦軸右：累積所要時間（H）、横軸：フェイズ：輸出検査、梱包、コンテナ詰め、国内輸送、輸出通関、積込、その他、ターミナル取扱、国際輸送、ターミナル取扱、その他、ドレージ、開梱、他法令検査、輸入通関、国内輸送、その他）

凡例：■フェイズ別所要時間　◆累積所要時間

注：フェーズ別コスト（白色）は国際輸送領域

【輸送条件】

品　名	自動車部品
輸送頻度	週1回
荷　姿	FCL（40ft×2＋20ft×1）
1回あたり輸送量	113㎥
国際輸送のモード	船舶
交易条件	C&I
出発地	不明
出発地国港湾名	Philippine port
中継地	—
目的地側港湾名	Leamchabang port
最終目的地	Bangpakong, chonburi

◎輸出国および輸入国における物流コストのシェアが大きいこの事例のリードタイムは、コストとは対照的に、国際輸送の所要時間のシェアが著しく大きい。

（3）輸送トンキロあたり輸送コストの比較

◆ルート7上の国々（タイ、フィリピン）

図Ⅰ-52　ルート7上の国々における陸上輸送コスト（トラック）

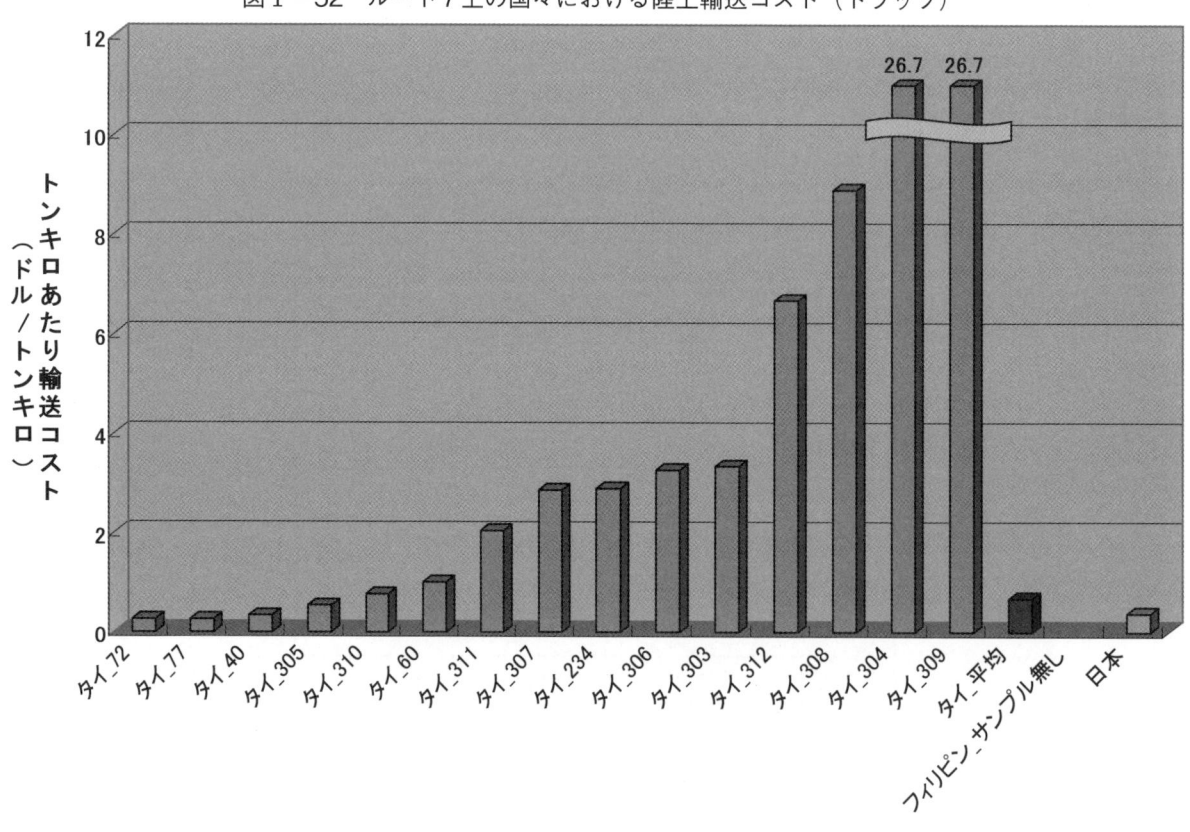

（4）都市圏の旅行速度の比較

◆ルート7上の都市圏（バンコク、マニラ）

図Ⅰ-53 ルート7上の都市圏における旅行速度

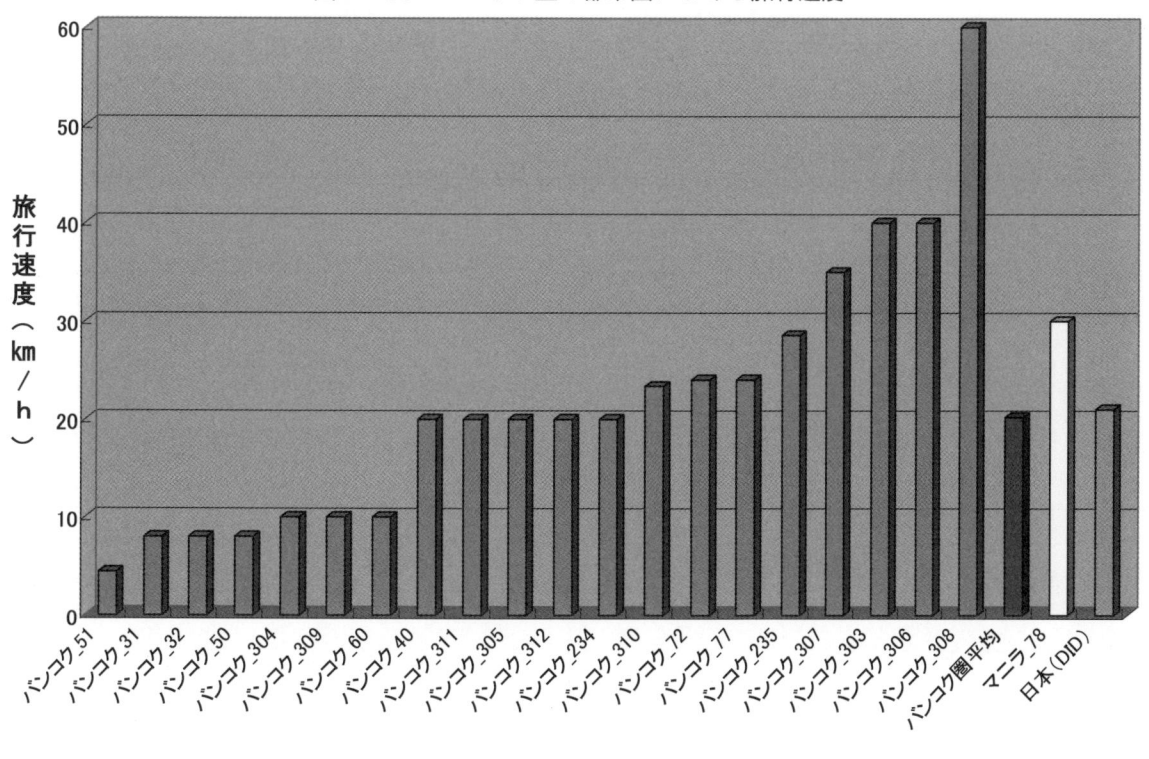

（5）輸入通関時間の比較

図Ⅰ-54　ルート7上の国々の輸入通関時間

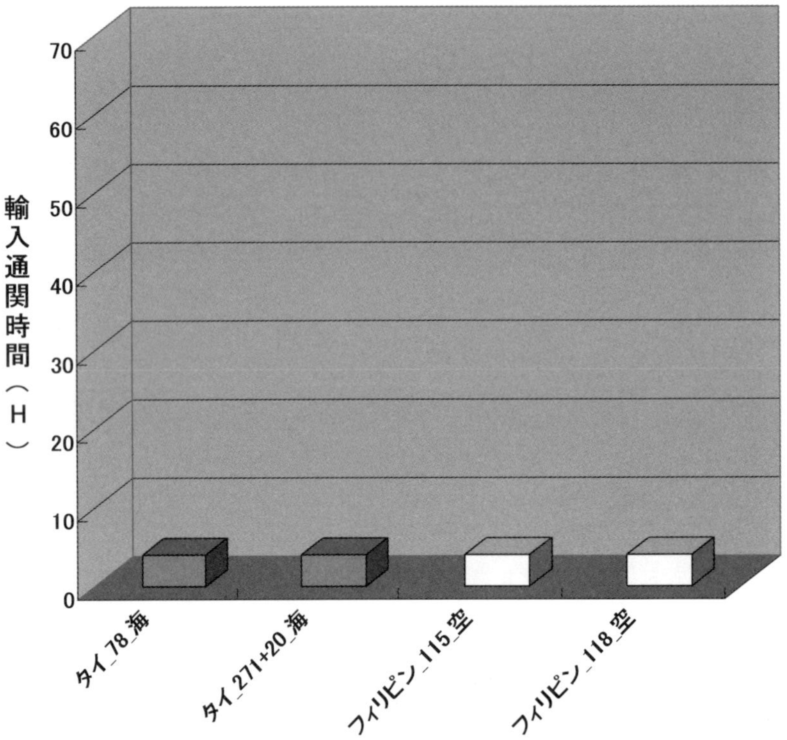

【輸送条件】

タイ（輸入）

サンプルNo.	78	271+20
品　名	複数種類の自動車部品	複数種類の自動車部品
輸送頻度	週1回	週1回
荷　姿	FCL (40ft×2+20ft×1)	FCL (40ft)
1回あたり輸送量	113㎥	4-5コンテナ
国際輸送のモード	船舶	船舶
交易条件	C&I	FOB
出発地	不明	マニラ
出発地国港湾名	フィリピン港	マニラ港
中継地	ー	ー
目的地側港湾名	レムチャバン港	レムチャバン港
最終目的地	Bangpakong, chonburi	サムロン

フィリピン（輸入）

サンプルNo.	115	118
品　名	スペアパーツ	プリント基板
輸送頻度	毎日	毎日
荷　姿	ケース	ケース
1回あたり輸送量	1-2ケース	50-100カートン
国際輸送のモード	航空機	航空機
交易条件	FOB	DDU
出発地	Pathumutani	Bangpa-in, Ayutthaya
出発地国港湾名	バンコク空港	バンコク空港
中継地	ー	ー
目的地側港湾名	マニラ空港	マニラ空港
最終目的地	マニラ	マニラ

6．ルート調査の定量的分析

6−1：国際物流に係るコストおよびリードタイムの構成

（1）コストの構成

- ASEAN域内の国際物流は、各国間の距離が比較的短いこともあり、全行程に占める輸出国側・輸入国側それぞれの国内物流に係わるコストのシェアが大きい。
- コストの場合、全体で見て、総コストの約半分が輸出国および輸入国の国内物流に係わるコストとなっている（表Ⅰ−21、図Ⅰ−55）。
- 既に述べたように、今回入手できたサンプルの国内輸送のトンキロあたりコストに着目すると、わが国の平均的なトンキロあたり輸送コストと同水準もしくは高めに出ている例が散見された。
- 工場・物流拠点から空港・港湾間の輸送については、国際コンテナを積載するための車両の確保や帰り荷確保の問題などがあり、わが国においても平均的な費用からは高めになっていることが想像されるが、ASEAN各国とわが国の物価水準から比べると、やはり、高いとの印象を持つ[*1]。
- 国内物流には改善要素（物流改善のネタ）が多く含まれているものと考えられる。

表Ⅰ−21　国際輸送コストの構成

上段：コスト（ドル）
下段：横構成比（％）

ルート	サンプル数	輸　出	国　際	輸　入	計
1	9	6,840	21,035	10,088	37,962
		18.0	55.4	26.6	100
2	2	278	443	440	1,161
		23.9	38.2	37.9	100
7	2	1,790	2,410	990	5,190
		34.5	46.4	19.1	100
計	13	8,908	23,888	11,518	44,313
		20.1	53.9	26.0	100

注1：ルート3のサンプルは特異値と考えられたため、本表からは外した。
注2：ルート4、5、6はサンプルなし。

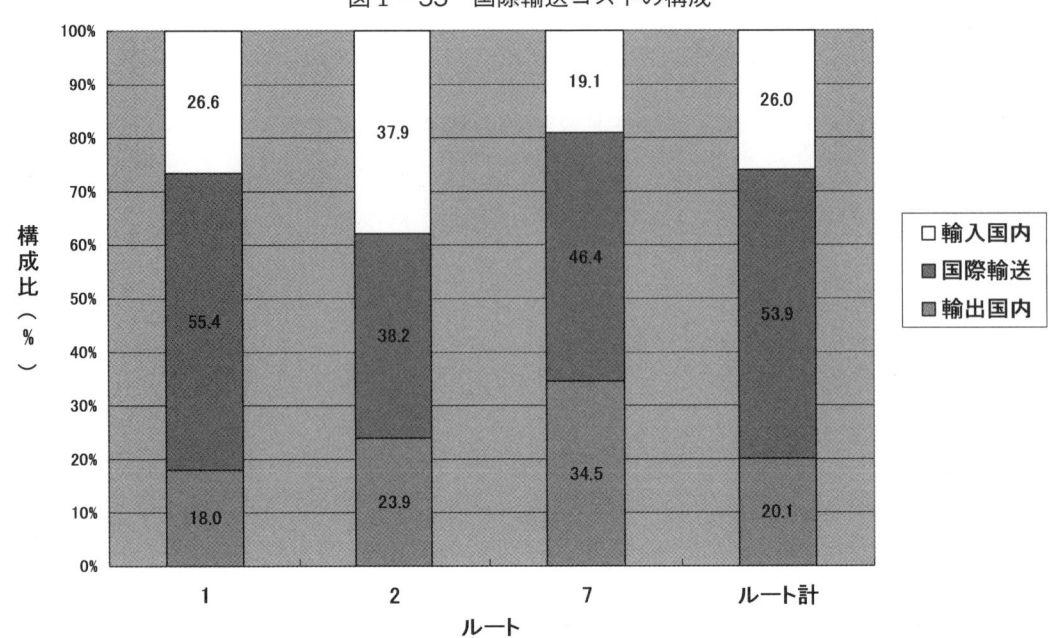

図I-55 国際輸送コストの構成

ルート	1	2	7	ルート計
輸入国内	26.6	37.9	19.1	26.0
国際輸送	55.4	38.2	46.4	53.9
輸出国内	18.0	23.9	34.5	20.1

・さらに、輸出国および輸入国それぞれにおける輸出入通関に係わるコストを見ると、全体の10%台の水準にあることが推定された[*2]。(表I-22)

表I-22 輸出入通関に係わるコストが国際物流コスト全体に占める割合

	サンプル	輸出国名	輸入国名	国際輸送モード	通関コストのシェア(%)
ルート1	1+305	シンガポール	タイ	船舶	12.3
	72	タイ	シンガポール	船舶	11.8
		シンガポール〜タイ			12.3
	233	シンガポール	マレーシア	トラック	2.6
	236	マレーシア	シンガポール	船舶	24.5
		シンガポール〜マレーシア			8.0
	231	タイ	マレーシア	トラック	1.0
	234	マレーシア	タイ	航空機	17.1
	235	マレーシア	タイ	船舶	14.4
	232	マレーシア	タイ	トラック	1.0
		タイ〜マレーシア			4.5
				ルート1計	11.3
ルート7	77	タイ	フィリピン	船舶	15.6
	78	フィリピン	タイ	船舶	27.2
		タイ〜フィリピン			21.4
計					12.5

注1:ルート2、3、4、5、6はサンプルなし。
注2:特異値と思われるサンプルも掲載。

（2）リードタイムの構成

・リードタイムも、コスト同様、全体で見て総所要時間の約半分が輸出国および輸入国の国内物流に係わる時間になっている（表Ⅰ-23、図Ⅰ-56）。

表Ⅰ-23　国際輸送リードタイムの構成

上段：時間（H）
下段：横構成比（%）

ルート	サンプル数	輸　出	国　際	輸　入	計
1	10	388.5	588.5	319	1,296
		30.0	45.4	24.6	100
2	2	14.5	291.5	83	389
		3.7	74.9	21.3	99.9
3	2	17	147	70	234
		7.3	62.8	29.9	100
6	2	151	169	55	375
		40.3	45.1	14.7	100
7	1	4.5	146	6.5	157
		2.9	93.0	4.1	100
計	17	575.5	1342	533.5	2,451
		23.5	54.8	21.8	100

注：ルート4、5はサンプルなし。

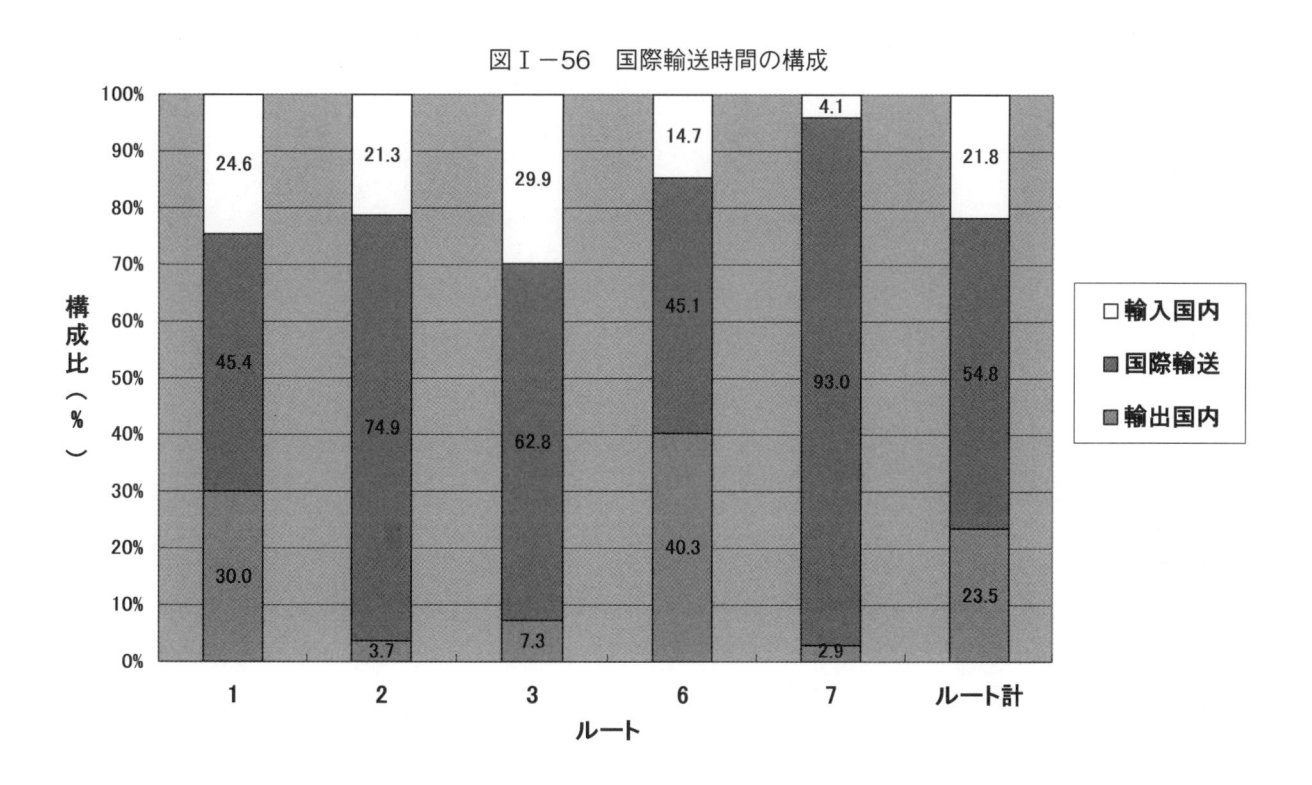

図Ⅰ-56　国際輸送時間の構成

- さらに、輸出国および輸入国それぞれにおける輸出入通関に係わるリードタイムを見ると、全行程の10％台の水準にあることが推定された[*3]（表Ⅰ-24）。輸出入通関に係わるリードタイムは、今後の国際輸送モードの選択肢の増加に伴う輸送速度高速化（船舶からトラック、航空機へ）により、相対的に大きくなることを踏まえ、政府も巻き込んだ改善策（例えば、ワンストップ通関やトラックパスポートなど）の検討が望まれる。

表Ⅰ-24　輸出入通関に係わる所要時間が国際物流時間全体に占める割合

	サンプル	輸出国名	輸入国名	国際輸送モード	通関時間のシェア（％）
ルート1	73	シンガポール	タイ	船舶	1.9
	72	タイ	シンガポール	船舶	16.6
		シンガポール〜タイ			8.0
	233	シンガポール	マレーシア	トラック	10.0
	236	マレーシア	シンガポール	船舶	3.2
		シンガポール〜マレーシア			4.3
	400	タイ	マレーシア	船舶	47.4
	234	マレーシア	タイ	航空機	5.3
	235	マレーシア	タイ	船舶	1.3
		タイ〜マレーシア			25.0
				ルート1計	15.1
ルート2	74	ベトナム	タイ	船舶	19.8
ルート3	6 + 1303	中国	ベトナム	船舶	23.8
ルート6	75	シンガポール	インドネシア	船舶	17.0
ルート7	78	フィリピン	タイ	船舶	3.8
計					16.3

注1：ルート4、5はサンプルなし。
注2：特異値と思われるサンプルも掲載。

6－2：ルート比較

（1）ルート比較の指標

ルート比較の指標として、次の2つを用いた。
　①Door to doorでのトンキロあたり物流費
　②Door to doorでの表定速度
ここで、Door to doorでのトンキロあたり物流費は次のように定義されている。
　トンキロあたり物流費（ドル／トン・km）＝物流費の総額÷（輸送重量×輸送距離）
また、Door to doorでの表定速度は次のように定義されている。総所要時間なので、通関などで貨物が止まっている時間も含まれている。
　表定速度（km/h）＝総輸送距離÷総所要時間
なお、サンプル数が極めて限られているので、データの解読には注意していただきたい。

（2）国際輸送機関別トンキロあたりコストと表定速度

1）船　舶

・ルート2（バンコク～ハノイ）、ルート4（バンコク～ヤンゴン）、ルート5（バンコク～ホーチミン）の3つのルートについては、ベトナムおよびミャンマーの物価水準の低さが低コストにつながっているものと思われる。
・ルート1（バンコク～クアラルンプール～シンガポール）は、貨物需要量＜船舶供給量となっていることが、低コストにつながっているものと思われる。
・ルート3（ハノイ～広州）では、逆に、貨物需要量＞船舶供給量が、高コストの原因になっているものと思われる。
・ルート4、5は文献データ（『ジェトロセンサー』2006年2月号）による。

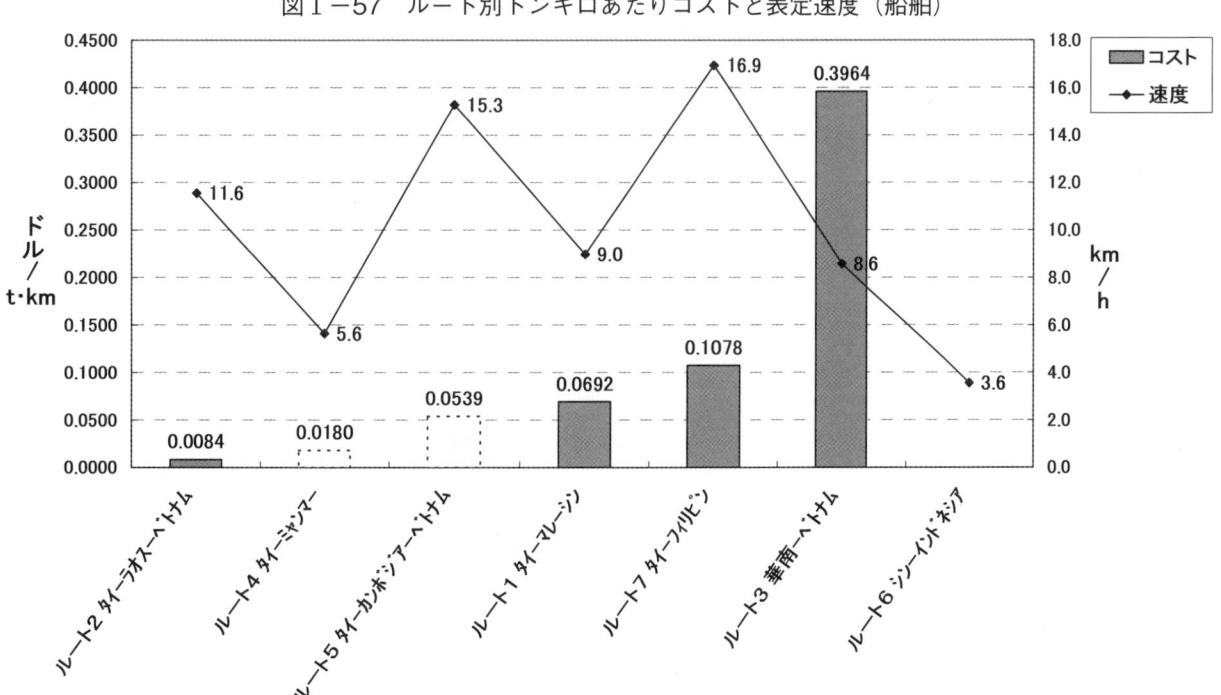

図Ⅰ－57　ルート別トンキロあたりコストと表定速度（船舶）

2）トラック

・トラックによる国際輸送のトンキロコストは、Door to door ベースでは、先に見た輸出国もしくは輸入国の国内輸送と比べて、日本の国内トンキロコスト（約0.379ドル／トン・km≒44円／トン・km）と比べてかなり安価になっている。
・トラック輸送が商用化されている数少ないルートであるルート1（バンコク～クアラルンプール～シンガポール）に着目すると、トンキロあたりコストは約15円。これは、同ルートの船舶輸送のコスト（約8円）の約2倍に相当する。
・また、ルート1の表定速度について着目すると、トラックの表定速度は約18km。船舶輸送（約9km）の約2倍に相当する。
・トラック輸送の表定速度は、船舶輸送の表定速度ほどルートによるバラツキは発生していない。その理由が何によるものか（例えば、モード、道路・港湾等のハードインフラ、通関など）については不明である。
・ルート4、5は文献データ（『ジェトロセンサー』2006年2月号）に拠る。

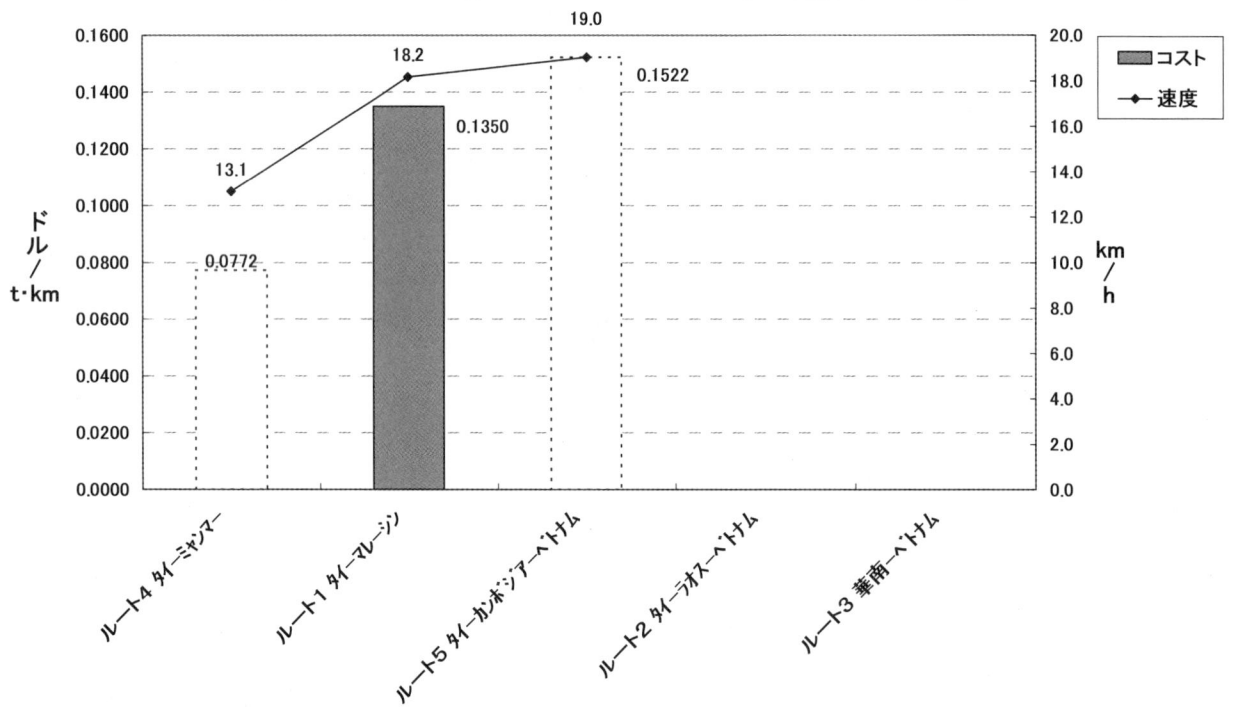

図I-58　ルート別トンキロあたりコストと表定速度（トラック）

3）航空機

・航空機の速さが輸送総所要時間の短縮に活かしきれていない。航空機の巡航速度は、ジェット機であれば800km/h以上あるにも関わらず、Door to door の表定速度は1桁下がっている。
　なお、ルート1（バンコク～クアラルンプール～シンガポール）の表定速度（約33km/h）は特異な例と思われる。
・船舶、トラックと同様に、ルート1について見てみると、トンキロあたりコストは、船舶の18倍、トラックの9倍、表定速度は、船舶の3.5倍、トラックの1.8倍になっている。

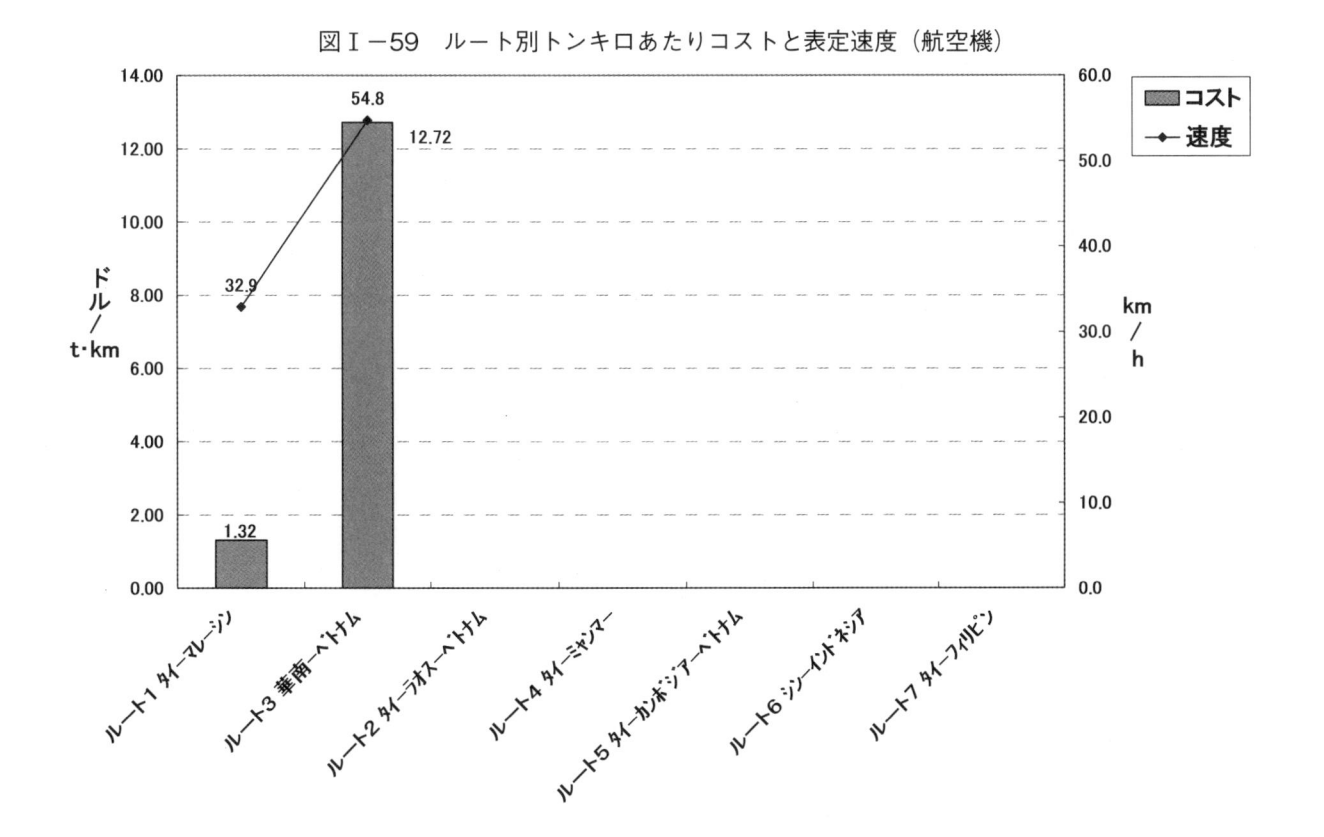

図Ⅰ-59　ルート別トンキロあたりコストと表定速度（航空機）

（3）トンキロあたりコストの比較

◇ルート1（バンコク～クアラルンプール～シンガポール）の船舶を基準（100）として、各ルートの各モードの Door to door トンキロあたりコストを指数化、一覧表にしたものを表Ⅰ-25に示す。

◇ここで、特に、同じルートの船舶とトラックを比較すると、2つのモードとも商用化されているルート1の船舶とトラックの価格差と比べ、トラック輸送のコストが試験値であるルート4（バンコク～ヤンゴン）、ルート5（バンコク～ホーチミン）の価格差はより大きいものになっている。

◇充分な荷量があるから複数モードで商用化が実現し、さらに複数モードの競争原理が働いて、モード間の価格差が小さくなるものなのか、あるいは、安い費用でトラック輸送サービスが提供されるから、トラックに荷物が集まるものなのか、因果関係は不明であるが、いずれにしても、複数モードで商用化されるとモード間の価格差は縮まる傾向にあることは言えそうである。

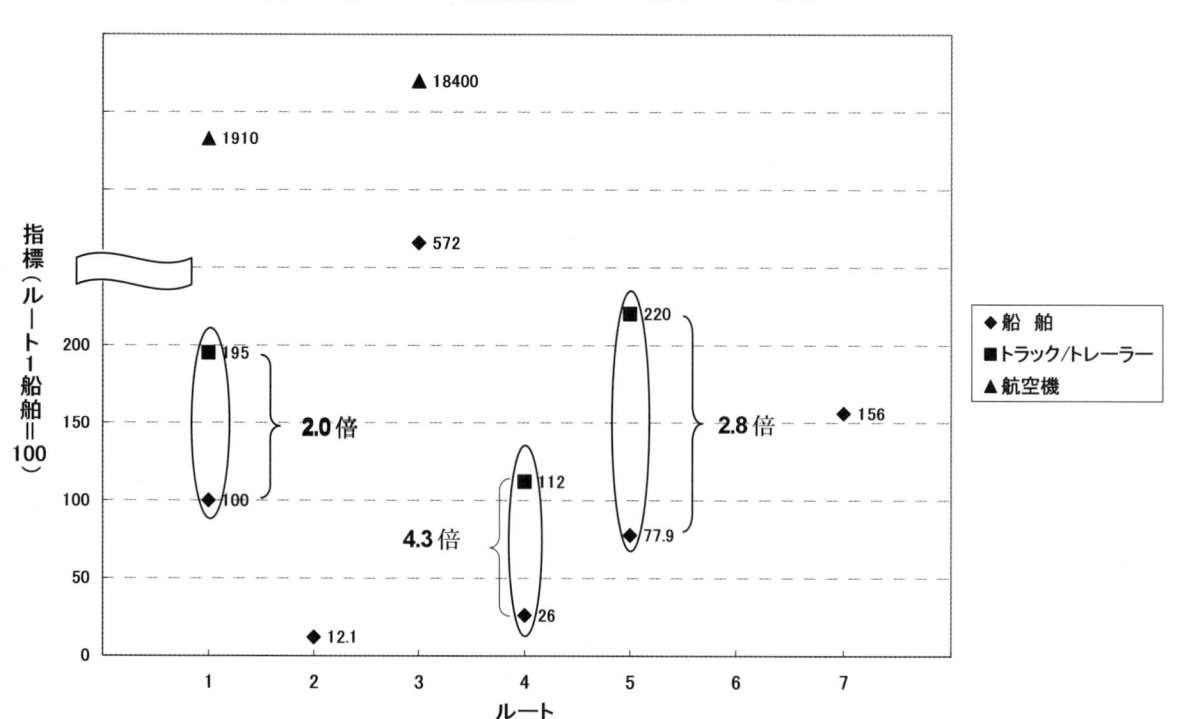

表Ⅰ-25　ルート別国際輸送モード別トンキロあたりコスト

モード＼ルート	1	2	3	4	5	6	7
船　舶	0.0692	0.0084	0.396	0.018	0.0539	－	0.108
	100	12.1	572	26	77.9	－	156
トラック	0.135	－	－	0.0772	0.1522	－	－
	195	－	－	112	220	－	－
航空機	1.32	－	12.7	－	－	－	－
	1910	－	18400	－	－	－	－

上段：トンキロあたりコスト（ドル／トン・km）
下段：ルート1の船舶輸送を100とした時の指数
注：ルート4、5の値は文献データ（『ジェトロセンサー』2006年2月号）。トラックの値は試験走行値。

図Ⅰ-60　ルート別国際輸送モード別トンキロあたりコスト

（4）表定速度の比較

- ルート1（バンコク～クアラルンプール～シンガポール）の船舶を基準（100）として、各ルートの各モードの Door to door 表定速度を指数化、一覧表にしたものを表Ⅰ-26に示す。
- 特に注目すべきは、ルート4（バンコク～ヤンゴン）のトラックの表定速度で、これは、ルート5（バンコク～ホーチミン）やルート7（バンコク～マニラ）の船舶の表定速度より遅くなっている。
  おそらく、タイ・ミャンマー間の道路（特に、国境の前後の山岳路）が元凶と思われる。

表Ⅰ-26　ルート別国際輸送モード別表定速度

モード＼ルート	1	2	3	4	5	6	7
船　舶	8.98	11.6	8.58	5.64	15.3	3.57	16.9
	100	129	95.5	62.8	170	39.8	188
トラック	18.2	－	－	13.1	19	－	－
	203	－	－	146	212	－	－
航空機	32.9	－	54.8	－	－	－	－
	366	－	610	－	－	－	－

上段：表定速度（km/h）
下段：ルート1の船舶輸送を100とした時の指数
注：ルート4、5の値は文献データ（『ジェトロセンサー』2006年2月号）。トラックの値は試験走行値。

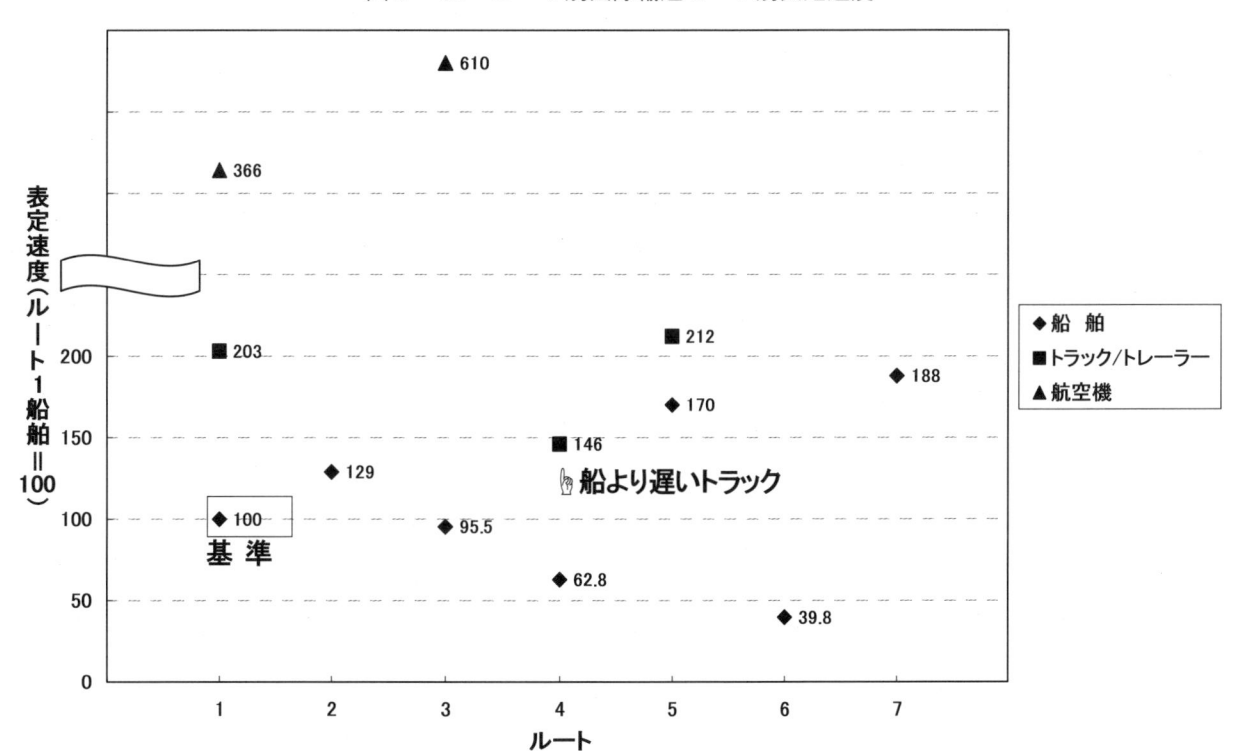

図Ⅰ-61　ルート別国際輸送モード別表定速度

（5）トンキロあたりコストと表定速度の関係

1）船　舶

・ルート１（バンコク～クアラルンプール～シンガポール）を基準（100）とした場合の、各ルートにおける船舶の Door to door のトンキロコストをＸ座標に、Door to doorの表定速度をＹ座標にプロットした（図Ⅰ－62）。
・グラフの左上に向かえば向かうほど、トンキロあたりコストが低廉かつ表定速度が速くなる。一方、グラフの右下に向かえば向かうほど、トンキロあたりコストが高くかつ表定速度が遅くなる。
・ルート２（バンコク～ハノイ）、５（バンコク～ホーチミン）、７（バンコク～マニラ）の３つのルートが、トンキロあたりコストが低廉かつ表定速度が速い"先頭集団"を形成し、ルート１（バンコク～クアラルンプール～シンガポール）、４（バンコク～ヤンゴン）がこれに続いている。
・ルート３（ハノイ～広州）については、先にも触れたが、需給バランスの崩れによると考えられる海運料金の高騰が、全体の中で特異な位置を占める結果につながったと思われる。

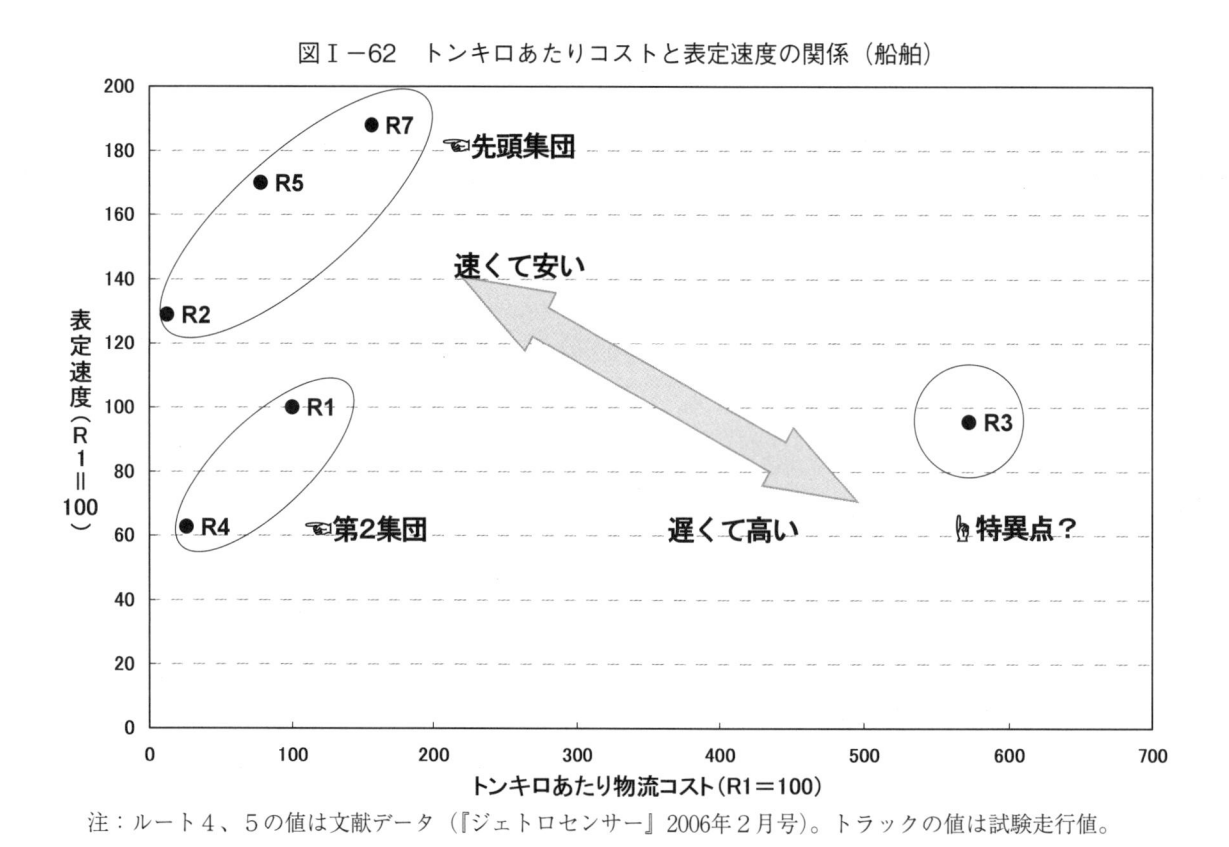

図Ⅰ－62　トンキロあたりコストと表定速度の関係（船舶）

注：ルート４、５の値は文献データ（『ジェトロセンサー』2006年２月号）。トラックの値は試験走行値。

2）トラック

- ルート1（バンコク～クアラルンプール～シンガポール）の船舶を基準（100）とした場合の、各ルートにおけるトラックの Door to door のトンキロコストをX座標に、Door to door の表定速度をY座標にプロットした（図Ⅰ－63）。
- グラフの左上に向かえば向かうほど、トンキロあたりコストが低廉かつ表定速度が速くなる。一方、グラフの右下に向かえば向かうほど、トンキロあたりコストが高くかつ表定速度が遅くなることは船舶と同様。
- ここでは、船舶の場合とは視点を変えて、同じルートにおける船舶とトラックの関係についてコメントする。
- 3つのルートとも、船舶からトラックに変更すると Door to door のトンキロあたりコストは高くなるものの、表定速度は速くなっている（費用はよりかかるが到達時間を短縮できる）。
- 問題は、追加コストに対する表定速度の向上の度合いである。2点を結ぶ線分の傾きが大きければ大きいほど、追加コストに対する到達時間の短縮効果が大きいことになる。
- ルート1（バンコク～クアラルンプール～シンガポール）とルート4（バンコク～ヤンゴン）はこの効果が同程度。一方、ルート5（バンコク～ホーチミン）については、この効果が小さくなっている。これは、ルート5のバンコク～ホーチミン間の距離が、ルート1のバンコク～クアラルンプール～シンガポール間、また、ルート4のバンコク～ヤンゴン間の距離と比べて短いため、船舶とトラックの速度差が大きく効かなかったことが原因と思われる。

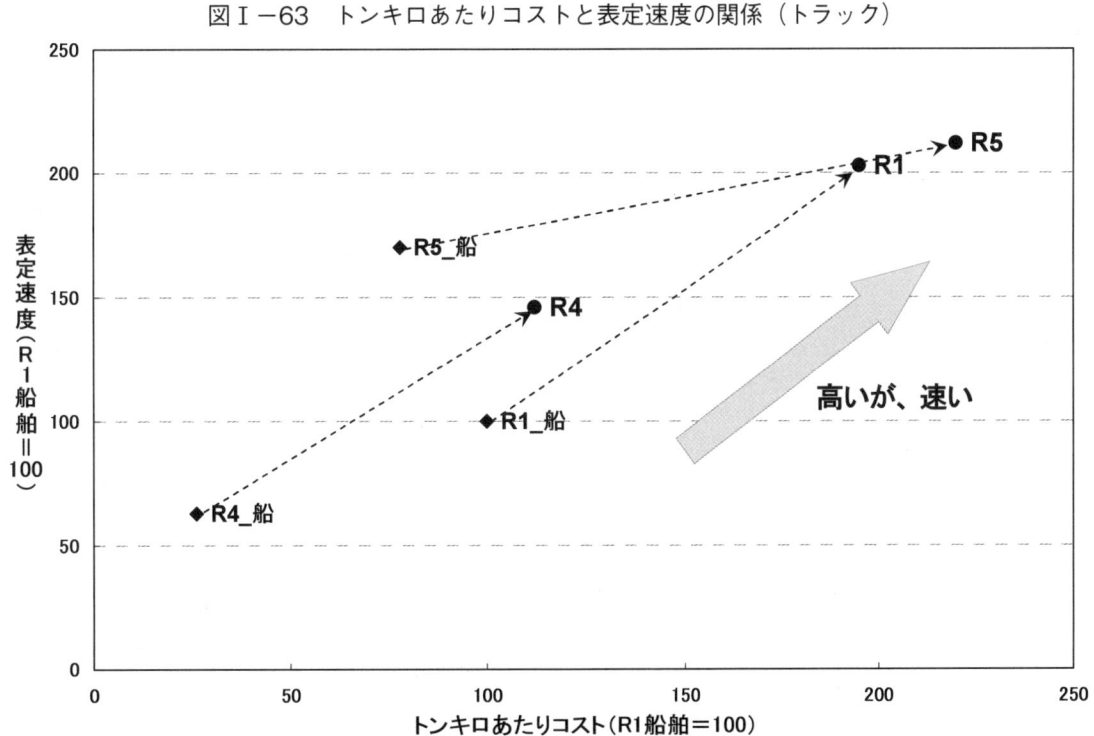

図Ⅰ－63　トンキロあたりコストと表定速度の関係（トラック）

注：ルート4、5の値は文献データ（『ジェトロセンサー』2006年2月号）。トラックの値は試験走行値。

3）航空機

・ルート1（バンコク～クアラルンプール～シンガポール）の船舶を基準（100）とした場合の、各ルートにおける航空機の Door to door のトンキロコストをX座標に、Door to door の表定速度をY座標にプロットした（図Ⅰ-64）。
・サンプルがわずか2つしかなく、コメントは行わない。

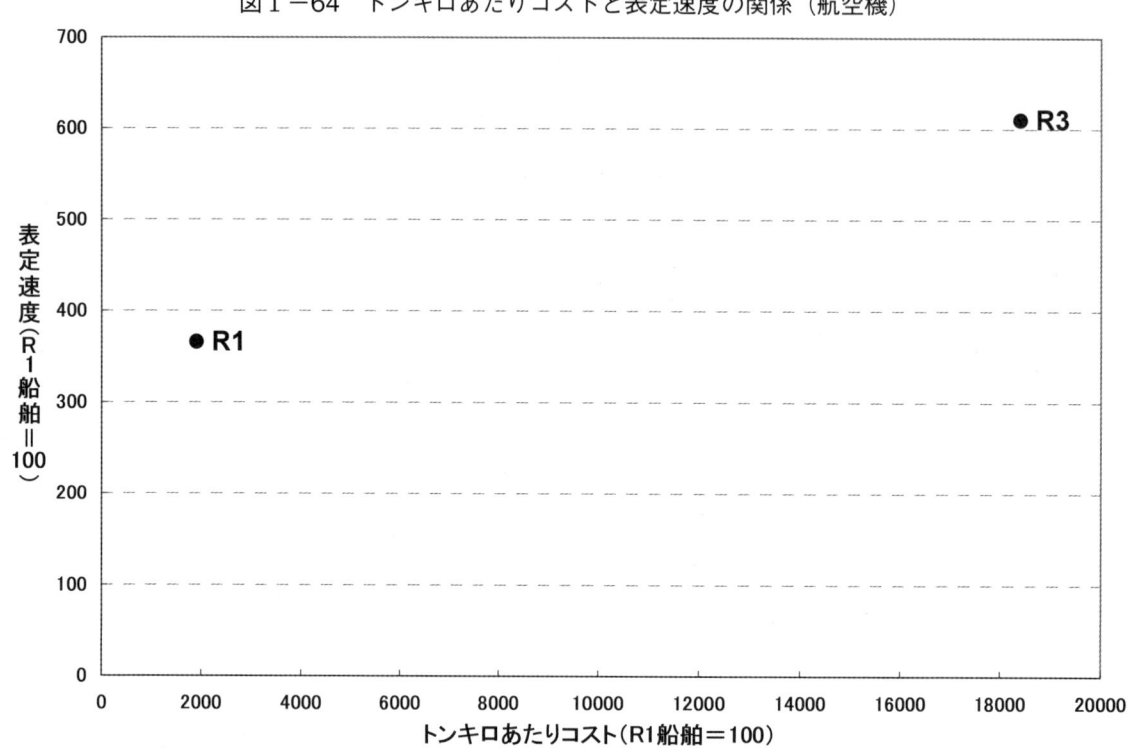

図Ⅰ-64　トンキロあたりコストと表定速度の関係（航空機）

[6章：注]
*1：物価水準を比較する指標の一例として、一人当たり名目GDPを見ると、次のようになっている。値はすべて2005年の速報値。単位は米ドル。
カッコ内は日本を100としたときの指数。

インドネシア	1,258.98	(3.52)
フィリピン	1,159.21	(3.24)
ベトナム	611.91	(1.71)
タイ	2,576.88	(7.20)
ラオス	462.12	(1.29)
カンボジア	376.96	(1.05)
ミャンマー	97.00	(0.27)
シンガポール	26,834.98	(74.99)
マレーシア	5,040.05	(14.08)
中国	1,702.85	(4.76)
日本	35,786.62	(100.00)

（出所：日本アセアンセンター ウェブページ：
http://www.asean.or.jp/general/statistics/statistics06/pdf/1-5-2.pdf ）

*2：輸出入通関に係わるコストについては、①Door to door でデータが取れているサンプルで、かつ、②調査票B票の「輸出通関(25)」および「輸入通関検査、輸入申告(44)」の双方で数字が記入されていたサンプルを対象に集計を行った。回答者による費目の範囲の設定などに差があること、また、輸出入者（発荷主、着荷主）や品目などによる"ブレ"が大きいデータであることに注意してほしい。

*3：*2に同じ。

7．ルート調査結果の応用

今回のルート調査で把握した原データや「6．ルート調査の定量的分析」で求めたトンキロあたりコストなどの原単位を活用して、現状では商用化されていない東西経済回廊 ルート2（バンコク〜ハノイ）のトラック輸送のDoor to doorの物流コストおよびリードタイムを推定した。
フィージビリティスタディの考え方を図Ⅰ-65に示す。

モデル1は、現状でトラック輸送が商用化されているルート1（バンコク〜クアラルンプール〜シンガポール）のデータを、距離の差分を補正して、ルート2（バンコク〜ハノイ）に適用するモデルである。

モデル2は、両ルートで現状で商用化されている船舶のデータに着目した上で、ルート1の船舶とトラックの関係をルート2に当てはめるモデルである。

図Ⅰ-65　東西経済回廊のフィージビリティスタディの考え方

◇商業化されている陸路ルート　　　　　　　　　　　◇商業化されていない陸路ルート
　【マレーシア〜タイ】　　　　　　　　　　　　　　　【タイ〜ベトナム（ハノイ）】

原データ：陸路
距離：1,500km
時間：63h
コスト：1,673ドル

推定モデル1

原データ：陸路
距離：1,555km
時間：？
コスト：？

原データ：海路
距離：1,550km
時間：163h
コスト：1,360ドル

推定モデル2

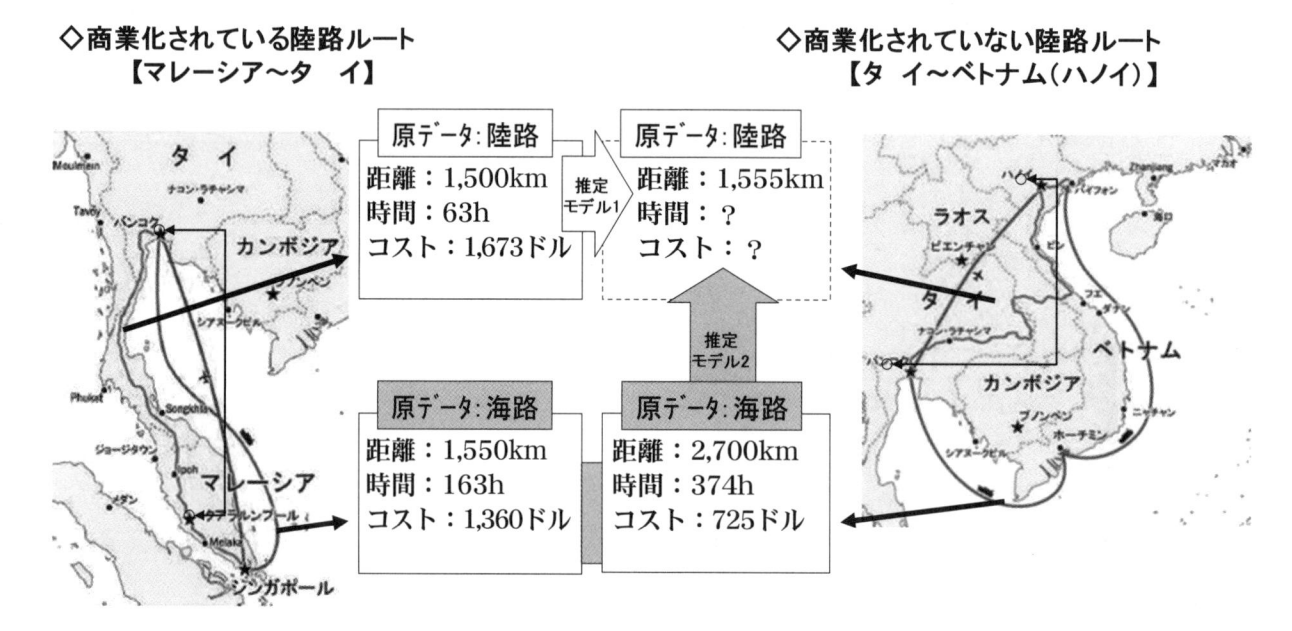

原データ：海路
距離：2,700km
時間：374h
コスト：725ドル

図Ⅰ-66は現状でトラック輸送が商用化されているルート1（バンコク〜クアラルンプール〜シンガポール）のサンプルデータである。

このサンプルデータを、ルート2（バンコク〜ハノイ）のトラック輸送に適用した結果が、図Ⅰ-67である。

図Ⅰ-66 マレーシア→バンコク間の国際物流のフェーズと所要時間（トラック）

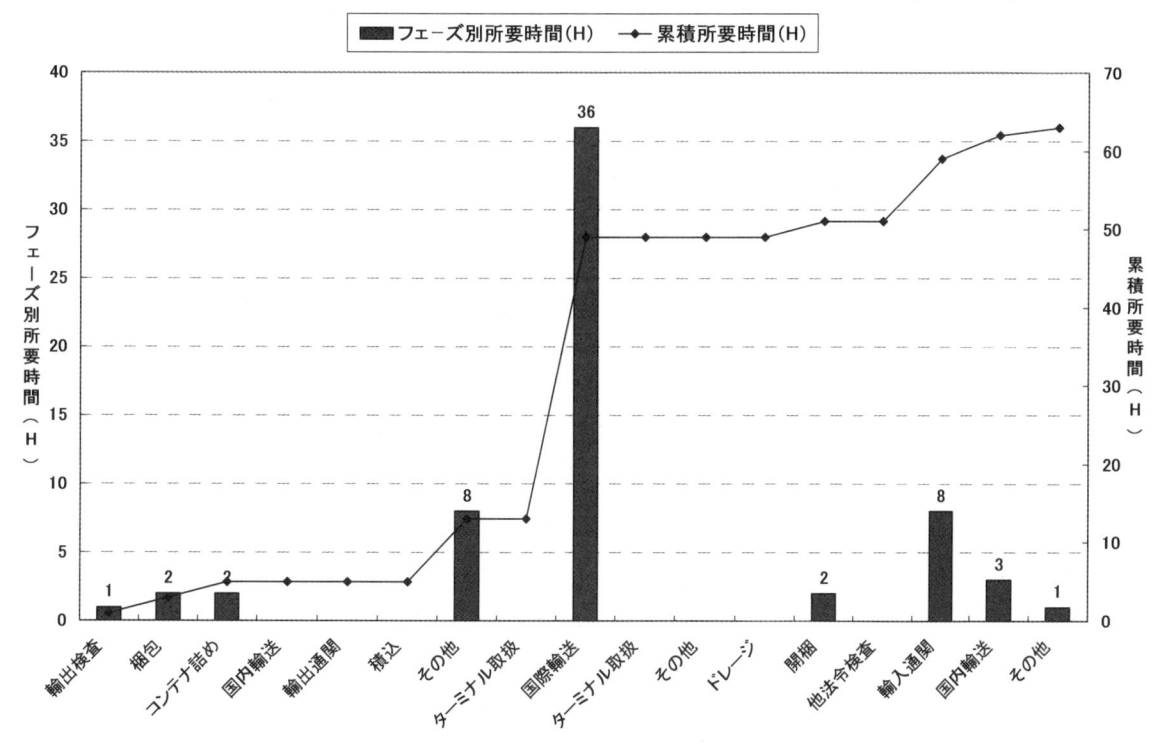

図Ⅰ-67 推定されたタイ→ハノイ間の国際物流のフェーズと所要時間（トラック）

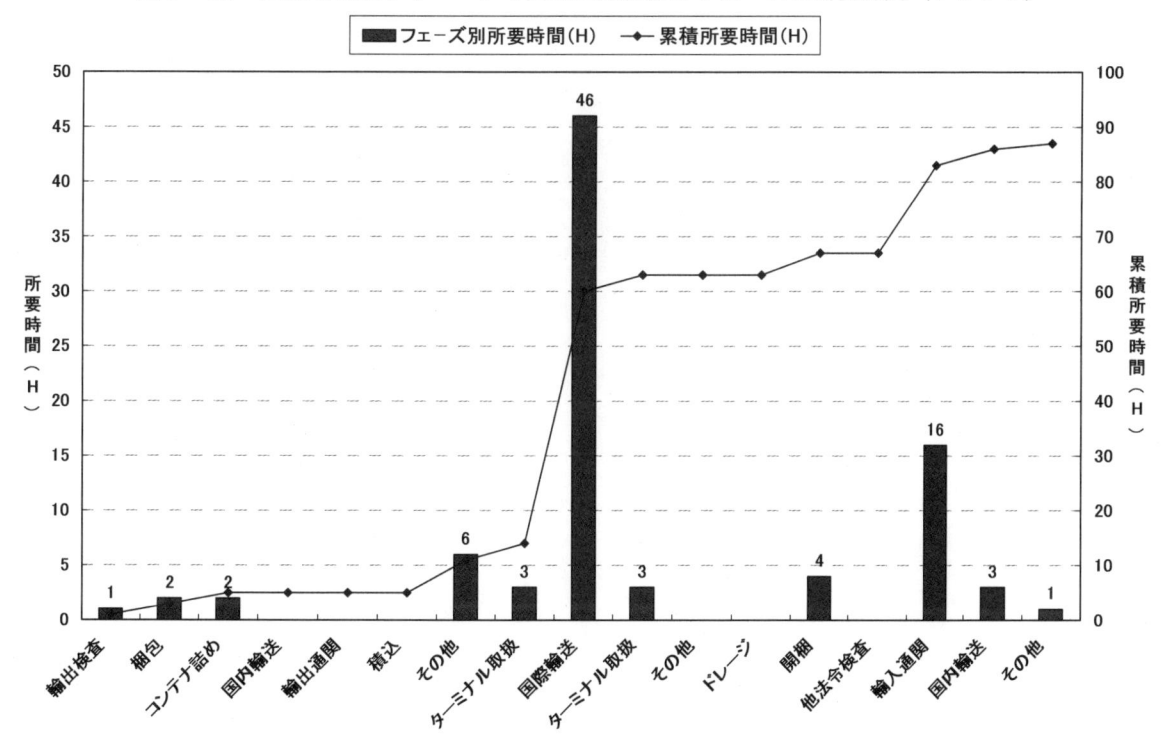

2つのモデルの推計結果を図Ⅰ-68に示す。

モデル1では、ルート2（バンコク～ハノイ）のDoor to doorの物流コストは1,742ドル、Door to doorのリードタイムは86時間という値が算出された。

モデル2では、ルート2（バンコク～ハノイ）のDoor to doorの物流コストは814ドル、Door to doorのリードタイムは107時間という値が算出された。

図Ⅰ-68　時間とコストの推定結果

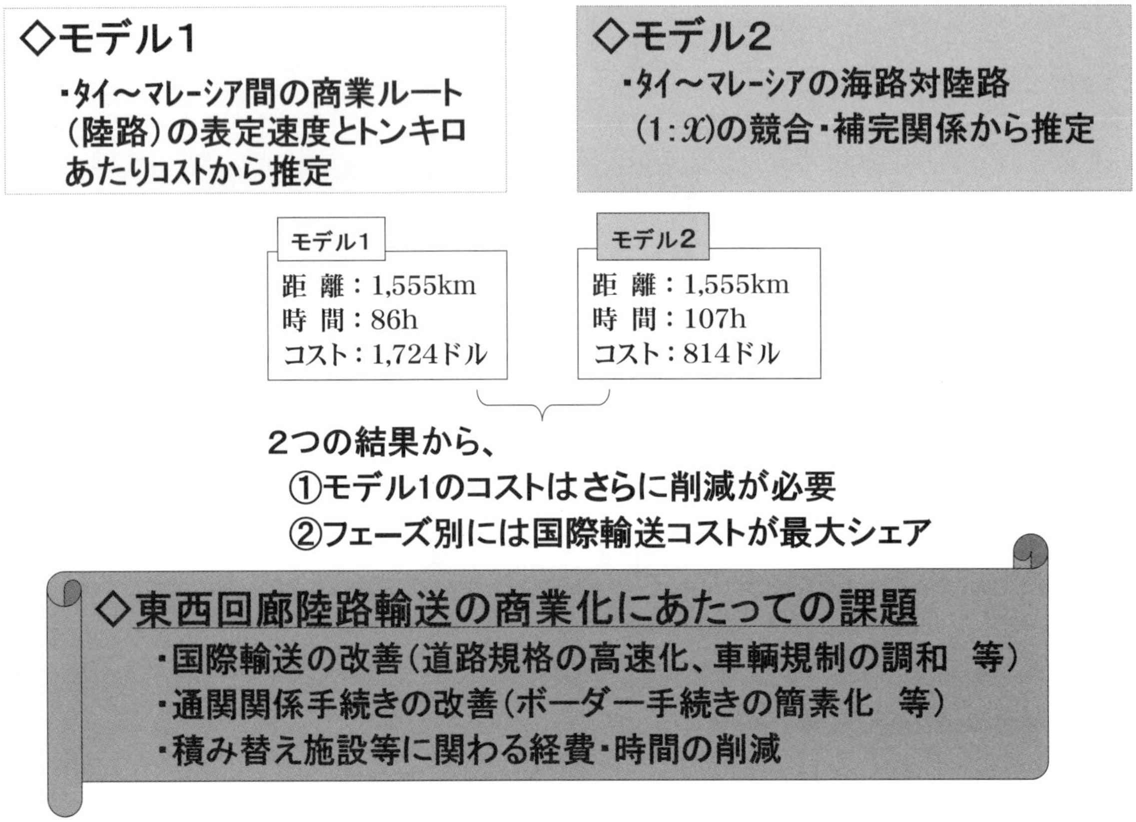

◇モデル1
・タイ～マレーシア間の商業ルート（陸路）の表定速度とトンキロあたりコストから推定

◇モデル2
・タイ～マレーシアの海路対陸路（1:x）の競合・補完関係から推定

モデル1
距　離：1,555km
時　間：86h
コスト：1,724ドル

モデル2
距　離：1,555km
時　間：107h
コスト：814ドル

2つの結果から、
①モデル1のコストはさらに削減が必要
②フェーズ別には国際輸送コストが最大シェア

◇東西回廊陸路輸送の商業化にあたっての課題
・国際輸送の改善（道路規格の高速化、車輌規制の調和　等）
・通関関係手続きの改善（ボーダー手続きの簡素化　等）
・積み替え施設等に関わる経費・時間の削減

8．ヒアリングでの指摘事項と改善策

ヒアリングでの主要指摘事項と改善策は、以下のとおりである。

8－1：ルート別指摘事項および関連文献による現状分析

8－1－1：ルート1（バンコク～クアラルンプール～シンガポール）

8－1－1－1：道路輸送

（1）輸送量および品目

フルコンテナ輸送の場合には、道路利用によるクロスボーダー輸送が便利である。ただし、マレーシアからバンコクへの帰り荷が少なく、現状の輸送ニーズの大半は、バンコクからマレーシアへの片方向輸送である。このため輸送効率が悪く輸送コストが高くつく。

主な輸送需要は、バンコクからクアラルンプール、シンガポールからクアラルンプールへの輸送である。クアラルンプールからバンコクやシンガポールへの輸送は比較的少ない。輸出入比率は7対3程度である。

バンコクからクアラルンプールへの輸送品目は、電気部品や機械部品である。

＜A社の事例＞

コンテナ貨物の国境貿易では、南部タイからの貨物輸送が業務の中心である。南部タイからのコンテナ貨物輸送の需要は月当たり1万4,000TEU（20フィート・コンテナ換算本数：Twenty Equivalent Unit）ほどあり、その90％はラバー関連製品の輸送、5％は缶詰製品、残りはその他農産加工品である。

コンテナ貨物輸送により、需要の約半分に相当する7,000 TEUをマレーシアに輸入し、その78％をペナン港へ運んだうえ、同港から輸出されている。残りはクラン港などへ運送する。

ラバー関連製品の製造業者は現地企業であるが、大多数が日系企業と資本関係にある。

タイ南部からの輸出は、ラムチャバン港を経由するなどの方法もあるが、同地域の港湾設備、道路事情は良いとはいえず、マレーシアを経由した輸出ニーズが高い。

（2）輸送時間

タイとマレーシアの間の道路輸送時間は約3営業日である。輸出入通関には6時間から8時間が必要である。

シンガポールとマレーシアの間の主要輸送機関は、道路輸送である。ただし、重量物は海上輸送されている。シンガポールとクアラルンプールの間の輸送は7～8時間を要し、そのうち通関は2～3時間を要している。

ある運送業者の場合には、部品・製品輸送に100台以上の輸送量があり、クアラルンプールの出発が午前6～8時でシンガポール到着が翌日の早朝になり、荷卸地の倉庫には午前10時に到着する。

他の運送業者のクアラルンプールからバンコクへの輸送例では、クアラルンプールの出発が夜間であり、翌朝通関に到着し、2日目の朝にバンコクに到着し、荷卸地の工場にはさらに2時間程度を要している。営業日は2～3日である。

（3）道路条件

　道路舗装状態は比較的良好である。ただし、タイやマレーシアの道路の維持管理水準は比較的悪い。バンコクから150km程度南からマレーシア国境までの道路条件は貧弱である。
　工場から高速道路へのアクセスは円滑であり、高速に至る交通渋滞・規制とも問題はないとの指摘もある。

（4）輸送方法

　LTL（混載：Less than Truck Load）輸送はほとんどない。通常TL（Truck Load）輸送であり、その積載率は輸送ロットに依存し混載のように積載率の向上を図ることができない。しかも、時刻指定輸送のように荷主ニーズが多様であるため混載が困難である。

（5）費用

　ある運送業者の例では、クアラルンプールとシンガポールの間の通関を含む輸送費用は40フィート・コンテナでRM 1,650（449米ドル）である。

（6）タイ・マレーシア通関

1）概要
　バンコク国境での税関手続きはすべて自動および電子化されていて問題ない。Customs Golden Clientの導入効果がみられる。Customs Golden Client（CGC）の認定企業では、円滑な通関手続きが約束されている（多国籍企業を中心に全部で10社程度を認定）。輸出申請用書類は、トラックのタイ国境通過1日前にマレーシア側税関に送付される。
　タイとマレーシア間国境は現在、夜8～9時に閉められ移動は不可能（安全保障上）である。税関自体は24時間オープンである。通関への事前通知の場合には、業務時間外でも通関が可能である。国境でのトラックの積み替えに8時間を要する。
　タイ・マレーシア間の国境チェックポイントは2カ所あり、通過時間がかかるが手数料が安く、マレーシア入国後も高速道路料金のかからない一般道路を主に利用している。チェックポイントの開設時間は、朝6時から夜10時までである。もう一方の高速道路経由のルートでは24時間開設している。
　国境では、荷物の積み替えが必要なことが問題である。積み替えには3通りある。
　　①ムーバ（Mover）を取り換えるのみ
　　②コンテナをトレーラー（Trailer）より降ろし、相手側トレーラーへ搭載
　　③コンテナ内の荷物を取り出し、相手側コンテナへ移し替える
　①が一番手間のかからない方法である。ただし、①は認可を受けたドレー業者のみ行うことができ、一般的ではない。国境周辺で積み替えに必要なスペースと機材を確保している業者を使う必要があり、Door to doorのトータル・サポートが提供できない。現在、タイ～マレーシアの陸路輸送で延べ3日間、両国通関に約6～8時間要する。免税許可証の申請・提出も手間のかかる作業である。
　タイ側から進入する際の渋滞は多い。安全保障上、貨物と運転手のチェックが非常に厳しい。
　なお、タイとマレーシアの両方のナンバープレートを取得している運送会社の場合には、クロスボーダー地点での車両（シャーシ）の積み替えなしに同一車両を利用でき、円滑に通行できる。
　また、減免税許可書の作成・提出作業が煩雑である。

2）クロスボーダー地点における通関上の課題

1．クロスボーダーにおける積み替え施設整備の必要性

バンコク、マレーシアの国境（例えばパダン・ベサール）では、屋根付きのヤードが整備されていない。フルコンテナの場合には問題がないものの、パレット、LCLの場合、雨ざらしになり商品がダメージを受けてしまう。

2．HSコードの適用方法の整合性確保の必要性

Form-DのHS-Codeは、ASEAN各国で統一されているが、その判断基準が国によって異なることがある。Form-Dは、国境にトラックが到着する1日以上前にバンコクで申請すればトラックが国境に到着する前に取得することができる。

たとえば、ある種類のケーブルのHS Codeがタイでは9411xxxxであると申請し、認められたのに対し、マレーシアではコードが異なり、9411xxxyと判断される。

この場合、関税率が変更されないのであれば修正はそれほど時間がかからない。しかし、関税の金額の修正を伴うような場合、再度バンコクやクアラルンプールで書類を作成し直す必要があるため、トラックが国境で1週間程度待たされることがある。

それゆえ、HS Codeの事前審査制度の整備が望まれる。その場合、審査結果の証明書（Certificate）が発行されると同様の問題は生じなくなると考えられる。

こうした荷主に対する配送遅延や書類不備のため課される罰金支払いのリスクを担保するために、通関保険もある。

3．車両の積み替えなしに道路輸送を行う必要性

タイの規則によれば、1台のトラックに2本の20フィート・コンテナを搭載することは道路保全の観点から禁止されている。運送業者はマレーシアから2本の20フィート・コンテナを輸送してきた場合、タイ側の走行用に、タイのサダオ（Sadao）あるいはマレーシアのBukit Kayu Hitamの内陸コンテナデポ（Inland Container Depot（ICD）で2台のトラクタへ接続し直す必要がある。この積み替えが国境での道路渋滞の原因になっている。

40フィート・コンテナの輸送の場合には、積み替えの必要がない。いくつかの運送業者では、国境での積み替えを回避するために、40フィート・コンテナを利用している。

4．シングルストップ・サービス、シングルウィンドウ・サービスの必要性

タイ・マレーシア国境では、シングルストップ・サービスもシングルウィンドウ・サービスも行われていない。これらのシステムは約25の行政機関が関連しており調整が非常に難しい。またシングルウィンドウに統合するための人材が限られている。さらに、通関業務は別途行う必要がある。

電子通関は登録番号の取得に限定されている。いくつかの通関事務所を除いて、ペーパーレス手続きは実施されていない。免税品の通関はペーパーレスで輸入できる。過去にマレーシアの通関職員がタイの通関事務所に駐在し、相互の再検査・停止の手間を除く便利な仕組みがあったが、通関事務所の移設後に本制度が廃止された。再度適用することが望まれる。

（7）マレーシア・シンガポール間の通関

マレーシア・シンガポール間の国境通関は2カ所ある。シンガポール側では、利用者はマレーシアの関税手続きを証明し、シンガポールの輸入税を支払う。

通関事務所は午後9時から翌朝まで閉鎖されるが、通関事務処理は24時間稼働している。このため、利用者は車両が早朝に国境通関に到着するように計画している。現行の通関業者が指定制度になっており、特定業者に限定されている。

日系企業を含む荷主は、2ないし3社の通関業者を利用し両通関に対応している。しかし、通関ではそ

れぞれ別の有能な通関業者を必要とする。

第2リンクが開通して以来、大きな渋滞がなくなり、国境通関は円滑化している。

電子通関は証明番号（declare number）の取得にのみ適用されている。証明番号の取得後、各企業はパソコンにこの番号を入力し、証明書をプリントアウトし、通関に持参している。この手続きは電子通関の導入効果を相殺している。

第2リンクの計画時には、共通通関事務所の設置や共通通関制度の整備を含めたシングルストップ・サービスが計画されたが実施されなかった。

シンガポールのトラックはマレーシアへの走行が禁止されている。通常、クロスボーダーの通行には、マレーシアのトラックが利用される。マレーシアのトラックがシンガポールに入り、シンガポールからマレーシアへの輸出を行う場合には、引き取り用の空車走行に100シンガポール・ドルの通行料負担が必要である。

マレーシアとシンガポールの間の貨物輸送量はアンバランスであり、マレーシアからの輸出が極端に少ない。反対方向の貨物を確保するために、マレーシアでは貨物の集荷システムが必要とされている。

（8）セキュリティ

クアラルンプールとクラン峡谷近くではカージャックがしばしば発生している。保険会社によると発生頻度は2.7日に1回である。商品所有者向けの保険はあるがフォワーダー向けの保険はない。トラック輸送中の盗難に遭遇した例がみられる。ただし、ドライバーがルールを無視した運行をしている場合（決められた場所以外での休息など）が多いといわれている。

（9）自然災害

イポー付近では土砂崩れに遭遇した例がある。北クダやプルリスでは道路が冠水し通行不能になる。

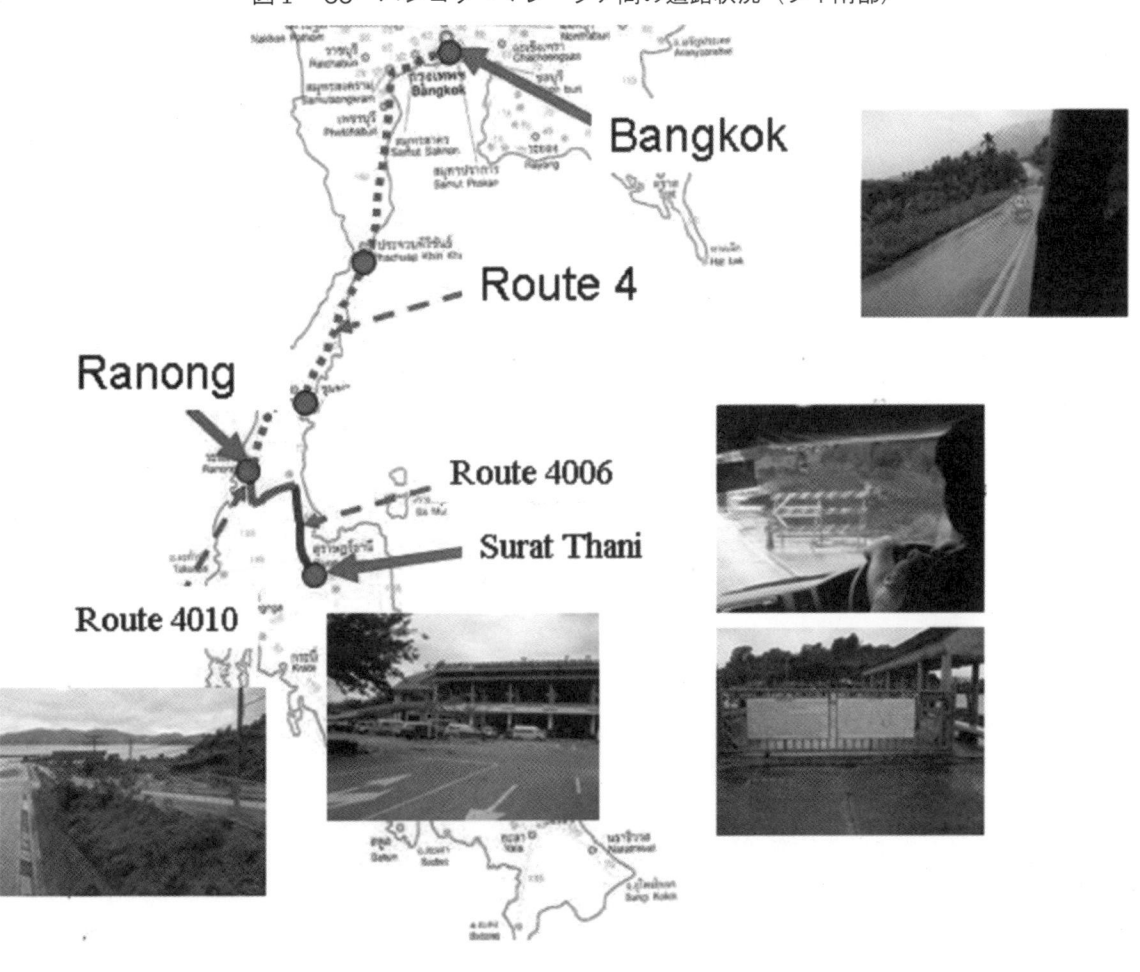

図Ⅰ-69 バンコク～マレーシア間の道路状況（タイ南部）

8-1-1-2：鉄道輸送

　鉄道輸送については、かつてトライアルをしたが、鉄道事故が発生して以来、利用していない例がみられた。また、輸送能力が低くターミナル施設の運営が非効率なこと、積み替えの必要があるといった問題があるため利用していない例もみられた。
　荷主施設が、鉄道貨物ターミナル近傍に立地している場合には、鉄道の輸送サービス水準が向上すれば利用される可能性が残されている。
　国境輸送を目的とした貨物列車の運行は、週16便の往復で32便である。
　鉄道貨物輸送のメリットは、以下のように指摘されている。
　　①トラック輸送を用いる場合、船会社が荷物の到着後B/L（船荷証券）を荷主に送付するまで、荷主は現金の回収ができないが、鉄道輸送の場合この問題が生じない。
　　②陸路輸送における盗難リスクがない。
　　③振動の問題が少ない。
　鉄道貨物輸送の課題は、タイ鉄道側のディーゼル機関車の不足である。国境にて機関車を連結し直す必要があるが、タイ側で機関車が不足しているため、需要があるにも関わらず運行を増便できない状況にある。国境において荷が滞留している。マレー鉄道での貨物輸送への期待はあるが、実績がない、定時性がない、荷物のダメージが多いと考えられる等の理由により現実には輸送モードとしては考えにくいと見られている。

タイのラッカバン（Lat Krabang）とマレーシアのクアラルンプール（クラン北港）間で約76時間、Bangsue～クアラルンプール（クラン北港）間で約72時間を要する。時間的には陸路輸送より短い。タイとマレーシア国境の通関には約2時間を要する。

2008年にはマレーシアのクアラルンプール近郊ラワンよりイポー間を複線化する予定で、これにより輸送能力の向上が見込まれる。将来的には、コンテナ・ターミナル施設の運営改善と処理能力を強化する計画がある。施設が古く、能力的には小規模なものがほとんどである。

8-1-1-3：海上輸送

（1）概要

海上輸送は、高い輸送品質と安全を必要とする精密機械のような高額商品の輸送に適している。シンガポールからバンコクへの海上輸送は通常3日を要し、陸送の場合とほぼ同様である。

ある荷主は、混載便の場合に海上輸送を利用し、貸切便には道路輸送を利用している。

バンコクでは、多くの荷主はラッカバンを利用し、レムチャバン港とラッカバンの間の輸送には道路輸送または鉄道輸送を利用している。

バンコクの北部や東部の工業団地とラッカバンの間の輸送にはほとんど問題がない。しかし、ラッカバンとレムチャバンの間の鉄道輸送は脆弱であり、単線で輸送能力が限られているため、道路も渋滞している。

今後は、クラン港～クアラルンプール国際空港（KLIA）を利用した海運・航空輸送の活用が期待されている。クラン港後背地で周辺国より部品を集積、クアラルンプール近郊で組み立てを行い、クアラルンプール国際空港より製造品を国際輸送するパターンである。そのためにも、クラン港の運営強化が望まれる。

（2）通関

港湾では時々、コンピュータシステムのトラブルが発生し、貨物の追跡ができなくなる。通関業者は指定されており、このことがDoor to doorのトータルサービスを制約しているとの指摘もある。

1）事例A

ある会社の例では、主な輸送はタイからの部品の輸入が中心である。この場合、荷主はマレーシアの東部の港湾を利用している。クロスボーダーの陸送輸送では、タイ側の道路の路面状態が悪く、貨物の破損が過去に何度か発生したと指摘されている。このため海上輸送は陸上輸送より優位にある。また、港湾へのアクセス道路の混雑はなく、クラン港とシャーアラムの間は30分から45分程度でアクセスできる。

2）事例B（自動車部品輸送の例）

車輛と部品の輸入許可証（AP）の取得手続きと制度の運用が問題である。輸入許可証は関税減免を目的としたものであるが、申請に1カ月程度を要する。また、輸入許可証の申請書式はおそらく完成車の輸入を想定したもので、部品輸入に適用すると不都合が生じる。

申請書式の輸入項目欄には、3項目分（3回分）しか用意されておらず、大量の部品輸入について、申請頻度・回数が甚大である。

部品を輸入する際は、以下の3種に大別できる。

①完全ノックダウン（Complete Knock Down：CKD分、例えばA車10台分用）

②ロット単位（Lot Order：同じく、例えばA車10台分用）
③部品単位（Parts by Parts）
これらを輸入する度に申請するのは大変な労力を要する。

特に部品単位の種々雑多な部品輸入の場合は、特定の部品種輸入を全体で1万個想定しても、実際に輸送される回数に応じた申請を行う（輸入許可証1枚で3回分のみ）必要があるので、例えば3回分の輸入に応じた（つまり申請書式の制約に応じた）調達計画を心がけなくてはならない。

完成車の輸入の場合は、取引価額（Transactional Value）の申請に時間を要する。2005年度の輸入枠5万5,000台のうち、A社にはわずか4,000台分程度の割り当てである。タイ政府は、輸入許可証が非関税障壁の一種であると主張している。

8-1-2：ルート2（バンコク～ハノイ）

(1) 陸路

1) バンコク～ラオス（陸路）

商用ルートではないが、プロジェクトベースでの輸送の実績がみられる。

トラックの相互乗り入れが可能であるため、国境での荷物の積み替えの必要がない。ただし、トラックは帰り荷を積むことが禁止されており、その日のうちに戻ってくる必要がある。また、決められたルート以外の通行は認められていない。

タイからラオスへの貨物需要はあっても、逆は非常に少ないため、採算ベースに持っていくのは難しい。通関は通常1日程度であるが、過去のプロジェクトでは、通関・検査などのため国境で2日間待たされることがある。

ベトナム～タイ間のトラック輸送も検討されている。第2メコン橋完成によってここで積み替えを行えるようになる。タイからは自動車部品等が見込まれている。

2) タイ（バンコク）～ラオス（サバナケット）～ベトナム（ハノイ）

東西回廊の完成によって、バンコク～ハノイ間を3日間で輸送することも可能である。

現在利用している船便の場合、バンコク側の通関・陸送1～2日、海上輸送7日、到着後の通関に1日で合計10日程度必要である。

自動車関連輸送でも、同ルートに関心が高い。

現地の大手物流企業によると、タイ～ラオス間およびラオス～ベトナム間での乗り入れは可能である。ただし、3カ国を1台のトラックが通過するのは不可能で、ラオスでの積み替えが必要である。

ベトナム運輸省国際協力課によると、ラオス国境であるラオバオまでのベトナム側道路である9号線は既にアジア開発銀行資金で改良完了しており、ラオス国内でメコン川をまたぐ第2メコン橋は2006年の12月に完成した。

ベトナム・ラオスの主要国境である、ラオバオ・デンサワン国境は、アジア開発銀行の貿易促進計画（Trade Facilitation Program）における7カ所のパイロットプロジェクトの1つで、シングルストップ／シングルウインドウ検査（Single Stop/ Single Window Inspection：SSI, SWI）を実施中である。大きな成果があり、運輸省としては別の国境にも広げていきたい意向である。ラオス側の道路はTha Khet付近を除いて非常に良い。ラオバオでの通関は、両国の税関は一つのビル内にあり、シングルストップ／シングルウインドウで通関可能である。通関時間は1時間以内、長くても2時間である。ベトナム、ラオスは同じ左側通行であるが、タイは右側通行なのでトラックドライバーは注意する必要がある。

ただし、ラオス側で、過積載貨物の輸送承認を得る場合、非常に時間がかかり、2～3カ月かかった事

例もある。他方、カンボジアを通過する際の許可は、2週間程度で取得可能である。

3）バンコク～ハノイ間トラック輸送

バンコク～ハノイ間も昨年秋から商業ベースでのトラック輸送が開始されている。しかし、現時点ではほとんど輸送需要がみられない。月に1回あるかどうかである。過去にコンテナ4本を運んだ例もある。ある事業者の例では、自動車部品関連での輸送は過去に1回だけである。合成樹脂などの原料系の輸送も単価が安いため利用されない。ベトナム～ラオス間、ベトナム～中国間は、ローカル企業での輸送が行われている。中国へは農産品の輸出、中国からは雑貨品の輸入が見られる。

①経路・所要時間

2,000kmを4日かけて運んでいる。一般には4泊5日であり、工場に5日目の朝に配送できる。これまで、ビエンチャンを回っていたが、友好橋完成後はサバナケットを回るルートができた。

②片荷問題

片荷が問題である。問題の程度は広州～ハノイルートよりも大きい。コストは海上輸送の2倍近い。中越間が海上輸送の1.5～1.8倍のレンジだとすると、タイ越間は2.0倍に近くなる。タイのトラックはラオスまで乗り入れが認められており、ベトナムのトラックはラオスまで乗り入れが認められているので、積み替えは1回（ビエンチャン）である。

③通関

大メコン・サブ地域（GMS）においては、車両の相互乗り入れの検討が進んでいる。関係国間で東西回廊内の相互乗り入れを検討している。実現すればタイのトラックがラオスを経由してベトナムまで走行できるようになる。

タイ・ベトナム間トラック輸送は、通関制度が確立されていないことが問題とされている。電子部品の場合には問題ないが、タイヤを運ぶ場合、横流しリスクがあるためチェックが厳しくなる。

図Ⅰ-70　インドシナ諸国の日系企業数[注]（2004年）と輸送ルート（海路・陸路）

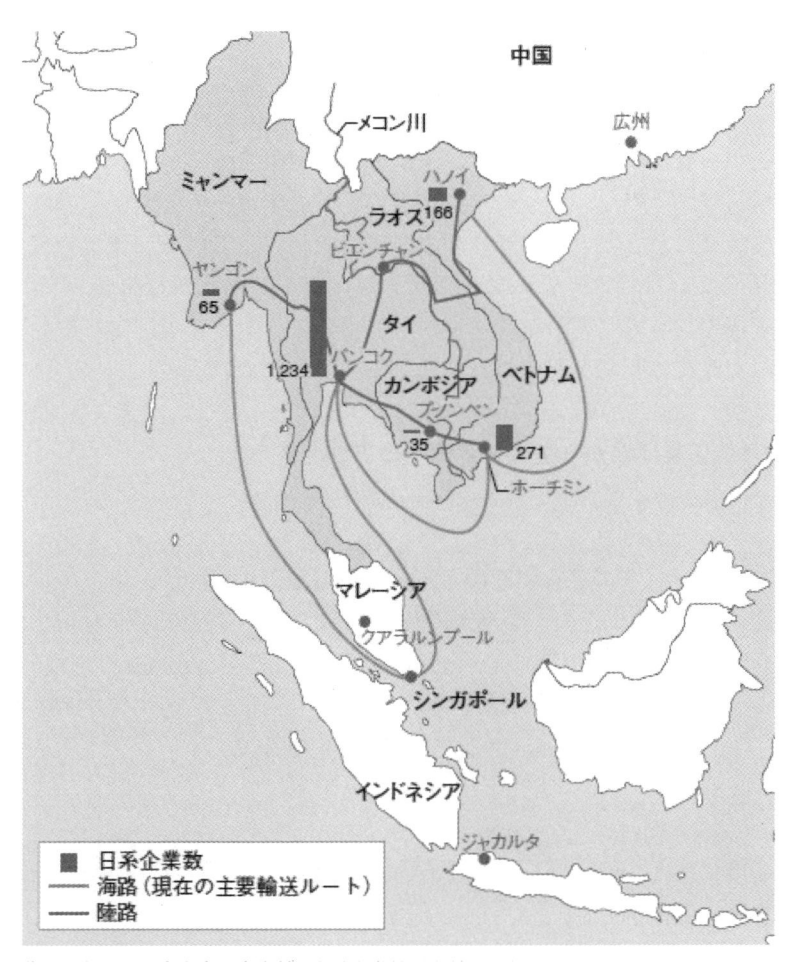

注：各都市の日本人商工会議所の会員企業数（出所は日本アセアンセンター）

出所：『ジェトロセンサー』2006年2月号、P.9

注：GMS（大メコン・サブ地域）における通関改善計画（アジア開銀プロジェクト）
　　GMSにおけるクロスボーダー輸送の促進方策には、以下の方策が含まれている。
　　a．シングルウインドウ通関
　　b．旅客のクロスボーダー通行
　　c．積替輸送体制の整備（通関、保税、警備、動植物検疫）
　　d．貨物トラックのクロスボーダー輸送に関する適合要件の整備
　　e．商業通行権の交換
　　f．道路、橋梁等の構造基準、道路標識・信号等の整合性確保
　フィリピンは、クロスボーダー輸送の促進にあたって、BIMP-EAGA（ブルネイ・インドネシア・マレーシア・フィリピン東ASEAN成長地域）に参画しており、そこでは、関税・移住・隔離等を検討中である。
　GMSの枠組み協定は、国際輸送、インターモーダル輸送、陸上輸送を含んでいる。
　GMS計画またはソフトウェアは、貨物輸送や旅客輸送量を予測分析する。

調査研究はGMSのための高速道路計画の作成も含んでいる。最終報告書は完成しているが、主務大臣の認可が得られてない。

8－1－3：ルート3（ハノイ～広州、香港）

（1）概況

現状では、ハノイ～広州、香港間の輸送手段は、主に海運が利用されている。

定期的に航空便を使用しているのは、デジタルカメラの完成品をホーチミンから香港に空輸している例が見られる程度で、他の企業は急ぎのデリバリーのみに空路を利用している。現地物流会社2社も、国際物流には主に船便を利用している（ホーチミンからプノンペンへの内水運送を含む）。現在、ベトナム・華南地区から電子部品を運ぶニーズが高い。2006年から、中国・ベトナム両国間で部品相互融通の動きがでている。これが実現して片荷の問題が解消されることが期待されている。

（2）ホーチミン市における工業団地から空港・港湾へのアクセス

1）輸送経路

日系企業が多く入居するドンナイ省の工業団地群（Bien Hoa 1&2 IP、Loteco IP、Ho Nai IP、Song May IP、AMATA IP）からホーチミン市周辺の主要港湾には、国道1号線、省道25号を利用してアクセスできる。

ベトナム国際コンテナターミナル（VICT：Vietnam International Container Terminal）に向かうためには、1号線でサイゴン河を横切るサイゴン橋を超えて市内中心部およびバルク貨物を取り扱うSaigon Port、Ben Nghe Port、Tan Thuan Terminal付近を通過する必要がある。

2）通行規制

これら地区は混雑する事に加え、サイゴン橋を超えた市街地側ではトラックの通行規制がある（午前6時～8時、午後4時～9時は通行不可）。

3）所要時間

ドンナイ省の工業団地群からVICTまでは、通常45分程度であり、混雑時には90～105分程度が必要である。通行規制の問題もあるため、VICTは急ぎのデリバリーには向いていない。ドンナイ省の工業団地群からTan Cang-Cat Lai港にアクセスする場合、1号線からサイゴン橋を渡る手前のCat Lai Intersectionを左に曲がって省道25号線を利用する。

市内を通過する必要がなく、トラックの通行規制にも関係がないため、VICTに比べてアクセスが良好である。

4）渋滞

1号線は、ハノイ市周辺で片側3車線、Thu Duc付近から片側2車線になる。混雑が激しいのは、51号線との合流部からドンナイ橋の間、Suoi Tien Tours付近などである。

5）路面状況：輸送梱包の必要性

1号線の路面状況は自家用車で通行する場合には問題がないが、トラックに衝撃計測機器を搭載して走行した例では、低速で走行しても振動が激しい個所は、橋の継ぎ目などハノイ市周辺に限っても5～6カ所以上あった。そのため、精密機械を輸送する際には輸送梱包に注意が必要であるとされている。北部の

ハノイに向かうにはさらに路面状況が悪い個所を通過する必要がある。
　Binh Duong省の工業団地群（その他、Tam Binh 1&2 IP、Viet Huong IP、Truong Bong Bong IPなど）からの船積みは、国道13号を経由した後、主にVICT、Tang Can港を利用する。
　いずれの港湾にアクセスするにも市内を通過するため、トラックの通行規制帯にかかる。

6）所要時間

　工業団地からVICTへアクセスする場合、渋滞がなければ30分、混雑時は60分程度である。工業団地群から通関設備が完備しているTan Cang-Song Than ICDを利用することもある。同ICD、Tan Cang Terminalの保管料および両施設からTang Cang-Cat Lai港までの輸送量は無料である。これらの施設はいずれもサイゴン・ニュー・ポート社が運営している。

（3）ハノイにおける工業団地から空港・港湾へのアクセス

1）概要

　ハノイの工業団地からハイフォン港には国際協力銀行（JBIC）が円借款で整備した5号線がアクセスしている。ハノイ市を通過しないためトラックの通行規制もなく、路面状況も良好である。ハイフォン市周辺でも港へ直結しているバイパスがあるので、混雑はほとんどない。ベトナムの主要港湾では、唯一鉄道の引き込み線もあり、全体的にアクセスは良好である。
　自動車製品輸送の場合には、部品への衝撃を避けるため低速で運行していることもあり、ハイフォンから自動車メーカーまでは6時間程度が必要である。交通量が少なく低速走行しても支障がない夜間に輸送している。
　自動車の場合、陸送・通関・船積みは、一括して現地の物流会社に委託している例がみられる。

2）カイラン港

①費用
　カイラン港は、ハイフォン港に比べて港湾諸費用が割高である。
　カイラン港の場合、20フィート・コンテナが約225ドル、40フィート・コンテナが約280ドルである。
　カイラン港には18号線を通じてダイレクトにアクセスできる。市街地を通過しないためトラック通行規制も関係がない。

②時間
　トラック輸送は、8時間程度かかる。
　ノイバイ空港へのアクセス道路は非常に良好であり渋滞はほとんどない。

3）ハイフォン港

　運送会社が税関の指示で貨物を引き取りに行く場合、B/Lを引き取りの2日前に受け取り、準備する。自動車輸送の場合は1日前である。港に倉庫がある場合、貨物引き取り後、港湾倉庫から翌日朝一番に荷主に届けることになる。
　夜間、ハイフォン～ハノイ間（140km）を6時間で運び、朝7時に届く。
　トラックは、時速50km以下で走る。
　国道5号線は問題が多く、路面の質が悪いこと、道幅が不十分なこと、道路を人間が横切ることなどが指摘されている。
　ハイフォン～ハノイ間の道路は、最大重量30トンに制限されている。検問に引っかかると罰金が取られる。罰金はドライバーに科せられる。

罰金は、50％過積載の場合、300万〜500万ドンである。2005年までは5万ドンであったが、2006年に300万ドンとなった。外国企業は道路規則を守る姿勢をみせる。しかし、国内企業は過積載について無理を言ってくることが多い。

中国・ASEANのコンテナの重量制限は整合性が確保されていない。韓国からの40フィート・コンテナは23トンであるが、他の国では30〜35トンのものがあり通行できない場合がある。

過積載走行の場合、数個所で検挙され、その都度罰金が課せられることもある。輸送業者協会が政府に改善を求めているが、解決は難しい。道路規制については、道路局のホームページに記載されている。

港湾のIT化は、HCM港、ハイフォン港でテストが行われている。ベトナムのIT化は遅れており、税関のIT化も課題は多い。

4）検査・通関

製品の検査を行う検査官の数が少なく、検査の順番を待つことが多い。また、検査官が約束の時間に間に合わず、長いときは半日以上待つこともある。

積み込み時の検査の場合、作業員をその間、待機させておく必要がある。

グリーンカードを取得している場合には、提出する書類の数も少なく、輸入時の通関手続きは円滑である。

電気製品の例では、輸出時には、前日の夕方までに荷をそろえ、その後輸出加工区内で検査・通関がその日の内に終了、その後トラックで30分程度のICDに輸送している。翌朝ICDからバージ船にてCat Lai港に輸送、午後に積み込みが終了し出港している例がある。

工場が輸出加工区内に位置している場合には、円滑な輸送が確保されている。電気部品の輸入の場合は、船が到着したのち、工場に運ばれてくるまで約2日が必要である。夕方に到着する場合には、実質的には3日かかっている。

たとえば、ベトナムに化学薬品を輸入するためには、ハノイの工業省からライセンスを取得する必要がある。恒常的に輸入する薬品については、年間ライセンスを取得し、個別に輸入する場合には、その都度ライセンスの取得が必要である。

ハノイで生産を行う企業にとっては、国内部品調達が問題になるため、部品集積地（中国：広州、東莞、深圳（電子部品）、タイ：バンコク（自動車・二輪車部品））との物流が必要になる。

5）ベトナムの貨物輸送上の課題

海上輸送、航空輸送ともにベトナム北部は脆弱である。ハイフォン港は、河川港でありドラフトが浅い。カイラン港は、大型船が入れるが、配船状況が悪い。このように一長一短があるが、現状ではハイフォン港の利用が中心となっている。

ハイフォン港は、フィーダー船なので積み替え時間を要すること、港が小さいことによる遅れなどの問題が指摘されている。

航空輸送については、貨物スペースが少ないという問題がある。貨物便がないため、積めるスペースが小さい。航空機に規模に依存している。中国・ベトナム間輸送では、香港で貨物を降ろさざるを得ないため、陸路にニーズがあると考えられる。

（4）ハノイ～華南間のトラック輸送

1）輸送量
　中国・ベトナム間の陸路輸送は、2005年秋から商業ベースでの輸送が見られる。
　輸送量は少なく、月2～3台程度であり、単発の仕事が多い。2006年5月中旬から6月まで連続して運んだケースも見られるようになっている。

2）距離
　輸送経路は、東莞からハノイまで約1,400kmである。うち中国側が1,200km、ベトナム側が200kmである。ベトナム側は、ランソンから1号線でハノイまで走り、ノイバイには18号線を走っている。

3）所要時間
　ハノイ～ホーチミン間が実質1泊2日で走れるのに対して、広州～ハノイ間は2泊3日かかる。中国側は、広州周辺から南寧を経てピンシャンまで高速道路が整備されている。一部、未整備の個所がある。

4）トラック輸送の問題点
　トラック輸送の問題点はコストが高いことである。海上輸送と比べ（コンテナ相当での比較）、Door to doorで約1.5～2.0倍となる。貨物のバランスが取れず片荷となることが主因である。ベトナムから中国向けの貨物を見つけることが難しい。中国からの輸入が多く、中国向け輸出は限られる。定期貨物の荷主は、コストが安い海上輸送を選択する。
　また、荷主はトラック輸送の安全性の問題を気にしている。精密部品を陸送することはリスキーであると荷主に避けられる。
　さらに、揺れや擦れといった破損に関わる輸送品質の問題が指摘されている。同時に、中国・ベトナム国境での積み替え時の荷扱いによる破損も安全性上の大きな懸念である。従って、積み替えを問題としない貨物や緊急性の高い貨物の輸送の際に利用されている。

5）トラック輸送のメリット
　トラック輸送はリードタイムの面でメリットがある。
　海上輸送の場合、香港～ハイフォン港の港湾間輸送に2～3日を要し、Door to doorでは、1週間弱を要する。
　トラック輸送の場合、Door to doorを2泊3日で運んでいる。1日目の夕方4時、貨物を引き取り、次の日の夜8～9時にはベトナム国境に到着している。翌日朝に中国・ベトナム国境を越え、夕方には同社の倉庫に着いている。荷受人の工場には3日目の朝に配送する。従って、2泊3日となる。現在、トラック輸送のリードタイム面は安定している。
　海上輸送の場合は、船会社と長期的に契約している場合は、週1便となる。アドホックで船舶（フィーダー船）を手配する場合、週2～3便あるが、運賃は高くなる。

6）輸送方法
　輸送量が少ないためコンテナ輸送が難しく、10トントラック走行を行っている。中国側業者との共同運行等が見られる。

7）将来展望

今後、中国向けの輸出貨物量が増加すれば、定期便化し、輸送料金も下がると見込まれている。コストが下がれば、1週間の在庫を確保することなく小口の出荷も可能になると見込まれる。この結果、ハノイの部品ベンダーから華南企業にサプライするような国際版ジャストインタイム輸送が可能になると期待されている。

8）通関

制度的な問題は、積み替えに関わるものである。国境での積替保税地域では積替業者が指定されており、同業者には効率化へのインセンティブがない。

積み替えはフォークリフトを利用し、10トントラック1台分が約30分を要する。輸入地側で積み替えることになり、輸入貨物は、日系企業のスタッフが付いていて引き取る。

物流業者は政府に相互乗り入れを認めるように求めている。ランソン省では了解が得られている。国境から3km先に税関を常駐させる。指定業者に日系企業が参入できれば、自社で積み替え施設も持つことができ、荷役作業の改善も見込まれる。

9）中国側の課題

中国では輸出者に使用港が指定される。進出企業は加工管理手冊で求められる輸出のための手続きが煩雑である。使用できる港の追加には加工管理手冊の発行も求められる。通関は中国側の方が大変である。

10）輸送状況

現在、ハノイ～華南間のトラック輸送はトライアル走行の例もみられる。輸送需要は、少ない。需要開拓のため、トラックの混載も検討されている。混載時には税関問題が大きい。現在はトラック1台につき1件の輸入申告を行っている。

中国側（華南～友誼関）がトラックで1日。ベトナム国境からハノイが4時間である。輸送例は以下のとおりである。

1日目：夕方、深圳の福田にあるデポで貨物引き取り。出発。
2日目：夕方遅く南山到着。
3日目：朝8時頃、中国側で輸出通関、昼過ぎ、ベトナム側で輸入通関。
　　　　3～4時、国境を出発し、その日の夜、ハノイの倉庫に到着。
4日目：朝、顧客工場へ配達。

ベトナム側（ハノイ→深圳）の場合、

1日目：夕方、貨物を引き取り。
2日目：早朝（午前3時）ハノイ出発。
　　　　朝8時からベトナム側で輸出通関。
　　　　午後、中国側で輸入通関を行い、夕方、中国国内に入る。
　　　　高速で18～19時間走り、深圳到着。
　　　　国境での通関は、1日かかる。税関は午前8時半に開く。ベトナム側で2～3時間かかる。中国側で3～4時間かかる。これは、友誼関の税関から南山検貨場への移動（20～25分）を含む。
3日目：深圳到着。

陸送コストは、海上運賃の2～2.5倍であり、航空貨物運賃の約半分である。華南～ハノイ間の海上輸送が40フィート・コンテナで2,000ドルであるのに対して、トラック輸送の場合は、4,000ドルとなる。片荷であるため、トラックのチャーター料が高くつくことがネックになっている。ベトナム側のトレーラーのチャーター料金は、国境まで行って戻ってくることから40フィート・コンテナで360～400ドルである。

また、中国側の高速料金が高い（約1,000元）ことが指摘されている。ベトナム側の高速料金は2万ドンである。通関にあたっては、コンテナ積み替えのためのクレーン代（5トン）が高いといわれている。

この結果、ハノイ～華南のトラック便は、航空貨物を代替することが見込まれる。航空貨物のリードタイムが2日間であるのに対して、トラック輸送の場合は4日間である。

海運は、香港～ハイフォンの航海日数は2日である。週末に集中しており、金曜日に香港を出発する便が2船あり、土曜の夜にハイフォンに入る。ハイフォン港はフィーダー船しか入れないため、海が時化た時には遅れがでる。また、ハイフォン港は水深が8mであり、潮待ちのため船が6～7時間待機する例もある。カイラン港は施設が新しく、外洋港であるため安定している。今後船便が増える予定である。

道路の整備状況は、ハイフォンの方が良好である。カイラン港はドレージ料金も高い。ハイフォン港は、リンブーにコンテナターミナルを新設している。リンブーは水深が9mある。工業団地や流通倉庫を作る計画もある。

8－1－4：ルート4（バンコク～ヤンゴン）

バンコク～ヤンゴンは、直線距離が660キロの近距離にもかかわらず、マレー半島を大きく迂回する約4,000キロの海路を通じて1カ月近くを要している。

（1）海運

バンコク→ミャンマーは、船便で一カ月以上かけた重量物輸送の例がある。輸出入の枠は、逆方向への輸出入の実績に応じて割り振られる。これは国全体ではなく、港や国境ごとに振り割られるもので、各地点において輸出入量がバランスしている必要がある（海路で割り当てられたものを陸路には振り替えることができない）。

（2）道路

トライアルで陸路を使用した例がみられる。ミャンマー側の道路整備が十分でない区間があり、山間部は一車線で2時間毎に走行方向が決まっている区間もあるなど問題が多い。

図Ⅰ-71　バンコク・ヤンゴン間の陸上・海上輸送ルート

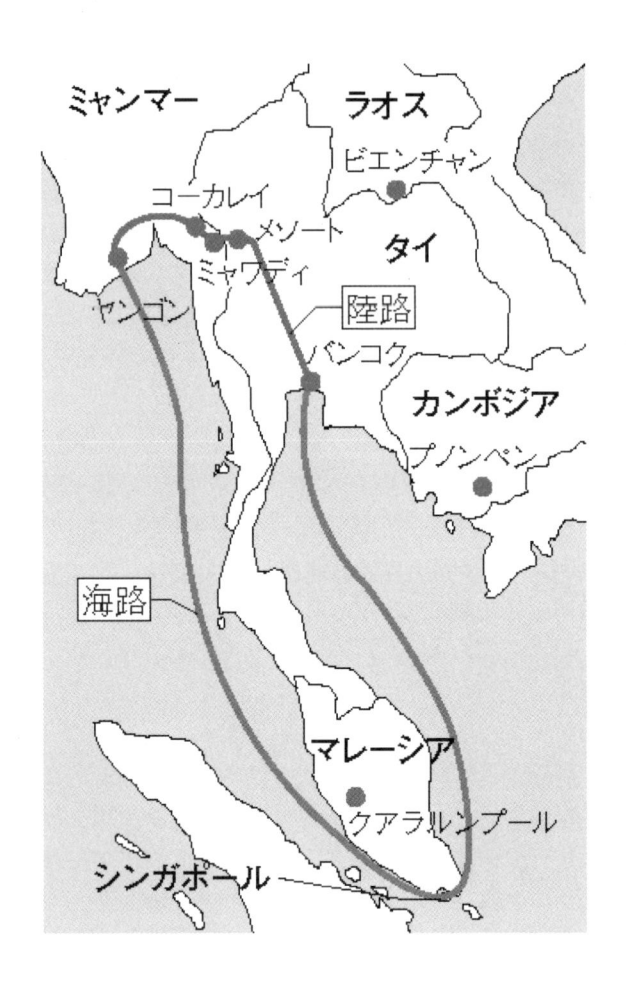

出所：『ジェトロセンサー』2006年2月号、P.19

（3）山九（株）の実態調査結果

　山九（株）の実態調査（2004年12月実施）によれば、バンコク・ヤンゴン間の状況は以下のとおりである（出所：福田規保「バンコク～ヤンゴン　輸送日数の短縮効果は大きい」『ジェトロセンサー』2006年2月号、P.18～19）。以下、同記事より引用。

　「バンコク・ヤンゴン間は陸路なら最短3日で到着可能だ。しかし、ミャンマー側に多くの障害があるため、マレー半島を大きく迂回して3週間以上かかる海上輸送を選択せざるを得ない。陸路を利用すれば、輸送日数は最短で3日程度まで大幅に短縮し、コストは海上輸送に比べて3割以上安い。しかし、陸路物流の商業化に向けた課題は多い。

　バンコク・ヤンゴン間を海路で結ぶ場合、シンガポールまたはマレーシアのクラン港でフィーダー船に積み替え、ヤンゴンに向かう。航行距離は約4,000キロ、輸送日数は3週間。通関や輸出入港での所要日数を含めると1カ月程度を見込むことになる。

　両都市間の直線距離は約660キロで、物理的には最短3日間で走破できる近距離だ。しかし、ミャンマー側にハード・ソフト両面で多くの障害があるため、これまで荷主はあえて陸路を選択しなかった。ところが、折からの海上コンテナ不足とそれに伴う海上輸送運賃の高騰、輸送日数短縮の必要性により、在ヤンゴン日系企業の間で両都市間の陸路物流に注目する動きが出始めた。」

8-1-5：ルート5（バンコク～ホーチミン）

（1）概況

　現在、バンコクからホーチミンへの海上輸送が商用化されている。しかし、逆方向の輸送需要は少ない。クロスボーダーの陸送について日系企業による商用ルートはないが、実験走行が実施されている。安価な部品や重量物の場合、道路輸送の需要は少ない。

　ホーチミンとプノンペンの間の商用ルートの例をみると、輸送は、内水面（運河＋メコン川）を利用している。

　陸路の場合、ベトナム側からカンボジア国境（Xa Mat）までは近年拡張が終わった22号線があり、移動は円滑である。ただし、カンボジア国境からプノンペンまでの道路整備はほとんどなされていないため利用できない。

　水路を利用した場合、国境における積み替えが必要ないのに対し、陸路の場合、トラック間の積み替えが必要となっている。そのため、現在陸路は使用していない。

　将来的に、トラックの相互乗り入れが可能になり、カンボジア側の道路が整備され、通関がスムーズになれば陸路での輸送も有望とのことである。

（2）山九（株）の実態調査結果

　山九（株）の実態調査（2004年12月実施）によれば、バンコク・ホーチミン間の状況は以下のとおりである（出所：福田規保、竹本正史「商業化にはコスト低減などが課題」『ジェトロセンサー』2006年2月号）。
　以下、同記事より。

　「バンコク・ホーチミン間の物流はほぼすべてが海上輸送で、両都市を結ぶ道路「第2東西回廊」を利用した陸上一貫輸送はほとんどない。経由国となるカンボジア国内の輸送コストが高く、費用が海上運賃の2倍以上となるためだ。コスト低減にはカンボジアの国内産業育成による物流量の増加が必要であり、外国援助や対内直接投資が不可欠となる。

　インドシナ半島の二大商業都市であるバンコクとホーチミンを結ぶ900kmあまりのルートは、同半島の中央部を横断する東西回廊に対し、「第2東西回廊」と呼ばれる。バンコク・ホーチミン間は物理的には陸上輸送が可能だが、両都市間の物流はほぼすべてが海上輸送で行われ陸上輸送はほとんどない。

　両都市間の海上輸送の場合、日数は2～3日、コストは20フィート・コンテナ1本当たり580ドル程度。これに対し、陸上輸送の場合、日数は最短2日と海上輸送に比べて若干短縮されるが、コストは1,390ドルと2.4倍に達する。この理由は、カンボジア国内の輸送コスト高にある。

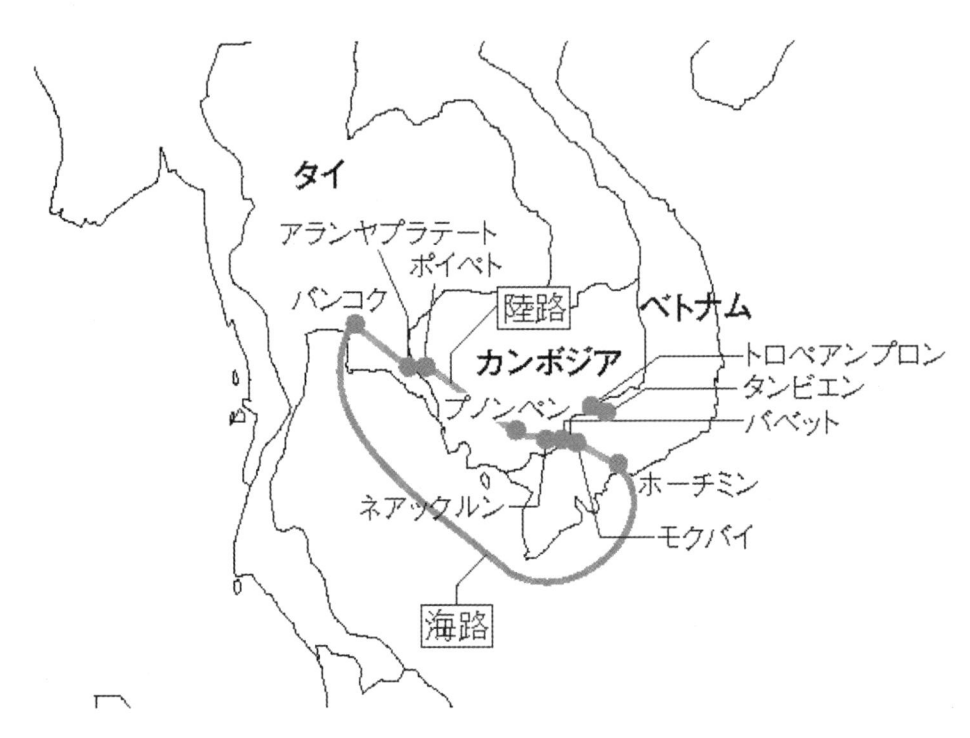

図Ⅰ-72 バンコク・ホーチミン間の陸上・海上輸送ルート

出所:『ジェトロセンサー』2006年2月号、P.17

　タイとベトナムを陸路で結ぶ場合、カンボジアを経由するため3国間物流となる。運賃を国別に比較すると、タイ国内（バンコク・アランヤプラテート間）の1キロ当たり1.16ドルに対し、カンボジア国内（ポイペト・プノンペン・バベット間）は1.62ドルと4割ほど高い。これは、主な物流需要が国境から首都プノンペンまでにとどまり、タイ側国境ポイペトからベトナム側国境バベットまで国内を横断する一貫輸送がほとんど行われないためである。
　陸路物流量の少なさもコスト高の要因である。カンボジアの国内産業は未発達で、生活物資の多くをタイやベトナムからの輸入に依存しているため、バンコク→プノンペンやホーチミン→プノンペンの陸路物流は行われている。しかし、カンボジアには競争力のある輸出品が多くないため、プノンペンからバンコクとホーチミンへの物流量が確保できない。
　このため、カンボジアまで貨物を運んでも、持ち帰る貨物はなく荷台を空にして帰ることになる。こうした「片荷」の場合、輸送コストは当然割高になる。
　カンボジア内の陸上輸送コストを下げるには、タイやベトナムへの輸出量を増やす必要がある。カンボジアからの「複荷」が増え、トラックが荷物を積んで帰れば、輸送コストは理論的には半分に下がる。
　陸上輸送のDoor to doorのメリットや、海上輸送で必要となる港・工場間の輸送時間とコストを考慮すると、陸上輸送コストが半分の700ドルになれば、海上輸送に対する競争力は十分ある。
　バンコク・プノンペン間、ホーチミン・プノンペン間の物流がそれぞれ活発となり、コストが低減すれば、バンコク・ホーチミン間の陸上輸送の実現性が高まる。
　第2東西回廊を利用した3国間陸路物流の本格化には、①カンボジア国内産業育成による物流量の増加と輸送コスト低減、②外国貨物のカンボジア国内通過解禁、③メコン川架橋と道路などの交通インフラ整備といった課題が残されている。」

8－1－6：ルート6（シンガポール～ジャカルタ、スラバヤ）

ここでは、ルート6に関わる東ジャカルタ工業団地（EJIP：East Jakarta Industrial Park）を中心に、物流上の課題を整理する。

（1）所要時間

EJIPにおける物流上の問題点は、EJIPとタンジュンプリオク港間で、トラックが1日に2往復できないことである。1往復半が普通である。

輸入貨物の場合は、身入りコンテナをEJIPまで運び、顧客がデバニング（荷卸）し、空コンテナを港に戻す。これで1往復となる。輸出の場合は、逆で空コンテナをEJIPの顧客まで運び、コンテナへの貨物の搬入を行って、港に搬入する。

例えば、夜7時～11時（遅くとも12時まで）にタンジュンプリオクを出発し、夜間にEJIPでデバニング（コンテナから荷卸）し、翌朝8時～11時に顧客に配送する。その後、空コンテナをデポに運ぶ。港が狭いので港の周りに船会社の契約デポがある。EJIPから港までの時間は約2時間である。もし、10時に配送が終われば、12時にデポに着くことができる。午後2時～4時に輸入貨物を引き取り、4時～6時にEJIPに戻る。

（2）道路

EJIPからタンジュンプリオク港までの道路には通行制限はない。コンテナ用トラックはジャカルタ地域に3,000台あると言われる。日系フォワーダー・物流会社は20社以上あるが、設備も持っている日系は10社程度である。ある物流会社の例では、自社トラック21台で輸出入貨物を扱っているが、傭車、下請けも入れて1日に50台を運行している。

（3）通関

1）通関業務の概要
1．業務の基本的な流れ
輸入の流れは以下のとおりである。
   1日目：　　船舶の到着
   2日目、3日目：輸入申告書の準備と輸入関税の支払い（通貨と場所の問題）
   　　　　　3日目の夜にデータが得られる。
   4日目：電子申告。グリーンライン通関（一般貨物の7割はグリーンライン通関となる。）機械設備類はほとんどレッドライン通関となる。
   　　　　　なお、CYの保管料は、3日間はフリーである。
2．通関手続き
港での通関手続きは、タンジュンプリオクにおける駐在員が行う。従って、トラックは手続きのために待つ必要はない。EJIPの企業は、電気・電子メーカーが多く、保税工場が多いので、輸入通関は早い。オンライン通関を利用している。物流事業者とはオンラインでつながっている。グリーンライン通関が認められる場合は、オンラインで通関申告を行って、半時間後には回答が得られる。オンラインで輸入申告してから輸入申告書（PIB）書類が1時間で準備できる。この書類を税関に見せれば、機械的に通関が行われる。

電子申請によって通関許可を得た場合、その3日後にはドキュメントを提出する必要がある。もし、提出しない場合、荷主、フォワーダーともに電子申請システムの使用ができなくなる。間に合わない場合には、オリジナルB/Lの提出を申請によって延期できる。

3．関税支払い手続き

　輸入関税の支払いは、荷受人が行う。また、銀行オンラインが税関オンラインにつながっており、関税支払いの為替レート決定は毎週行われる。土日をまたぐ場合、適用為替レートをどうするかの問題は残されている。レッドライン通関の場合は、フィジカル・インスペクションが行われる。グリーンライン通関かレッドライン通関かで、税関で時間がかかることがある。

　輸入申告書の前に関税の支払いを行う必要がある。銀行は月曜日から金曜日までの午前8時から10時までの2時間しか開いていない。入金確認をした上でないと輸入申告書が発行されない。また、3つのターミナルがあるが、各ターミナルの税関毎に対応が異なるという問題もある。

4．港湾関連手続き

　港湾の諸手続きの煩雑さ、港の混雑が問題点である。コンテナ・デポは港の近くに集中しており、渋滞の原因にもなっている。

　貿易産業省に通関関税委員会が設置されている。そこでは、①税関員へのクレームが多いこと、②保税倉庫に駐在する税関員のコストが問題として指摘されている。以前は、港のターミナル取扱料（Terminal Handling Charge）が高いことが問題であった。

　このため、政府は2005年、政策的にTHCを引き下げた。しかし、同時に荷役作業および保管料（Lift on/off、Storage charge）が引き上げられた。ただし、トータルでは荷主の負担は下がった。

　THCは荷主（フォワーダーを通じて）が船会社を通じて港に払っており、Lift-on/off、Strage chargeは、荷主（フォワーダーを通じて）が港に直接払う性格のものである。

5．盗難・保安

　貨物の検数・検量を伴う場合には時間がかかる。また、盗難に対する港のセキュリティーも高くない。従って、貨物は保安体制の整った保税倉庫に置いておくことが一般的である。民間のコンテナ・デポは、主に午前9時から午後5時の間開いている。なかには24時間開いているところもある。

2）税関における人的資源と業務時間

1．署名権者の配置

　2005年7月に、担当署名権者が不在の場合、適切な代理の署名権者の提供を指示する通達が発行されたが、現場では遵守されていないケースが多い。担当者の休暇が事前に決まっている場合は、代理権者が任命されているが、会議などで不在の場合は待たされるケースが頻繁に起こっている。

　担当者が不在と事前に知らされている場合、輸入業者からのリクエストベースではじめて代理人を出しているケースが多い。しかし、事前に知らされていない場合は一日待たされる。

　レッドライン検査などでは、署名権を持つ検査官が決まっているので、その検査官でなければ事が足りず、よく待たされるケースが多い。実際の通達には、「会議、病気、他重要事項で不在の場合」代理の署名権者で対応すると記されている。

2．金曜日の通関業務

　毎週体操が行われており、業務時間開始が遅れ、お祈り・ランチ時間後も対応が遅くなっており、業務時間が遵守されていない。

　特に、金曜日の税関業務は、イスラム教のお祈りがあることと朝に体操の時間があることから、事務が滞りがちである。

　体操は、午前7時から8時、9時頃までかかり、時々10時になる。お祈りは、午前11時から11時半の間である。

３．時間外通関業務

申請ベースで時間外通関業務が可能となっているが、実際にはスムーズな業務が行われないとの指摘がある。保税は基本的には申請が必要である。保税地域ではあまり問題が多くないが、保税倉庫では税関長の許可が必要であり、税関長は土曜勤務しないために問題が頻繁に起こっている。土曜日に税関長が不在の場合、代理権者を任命する必要がある。

3）通関業務の迅速性について

１．検査官の数とレッドライン検査

通達では、レッドラインと分類されてから２日以内の検査報告の提出が義務付けられており、論理上は２日以内に検査が完了する必要があるが、実際には担当官不在などといった理由で時間がかかっている。特に、検査票で指名されている担当官しか開封して検査することができない貨物（特に、危険品）などは、他の担当が対応できずに放置される。これは、申請で代理を要請しても無理である。輸入業者登録によって、リスク分類のファクターの一つである登録スコアが決まるため、必要な企業情報等は正確に登録することが重要である。

２．書類提出について

毎回NPWP（税務登録番号）などのコピーがいろいろな場所で要求されているが、その必要性については不明である。一度NPWPを提出した業者は次からコピーを添付する必要がないと記されているが、添付しておかないと問題が発生し、時間がかかるというのが実情である。印紙についても、どういう種類の書類に必要か明確にすべき、との指摘がある。

グリーンラインでもオリジナルが要求されることがある。しかしながら、グリーンになるかレッドになるかは最後までわからないため、結局念のためにオリジナルを準備しているのが実情である。

NPIK（特別輸入業者登録番号）の提出の必要性について明らかにする必要がある（通達にはNPIKについては明記されていない）。

３．事務処理ミスの発生

コピー・インボイスのケースで、線がにじんでいる、スキャンするとにじむことが多いといった理由で通関の事務処理がストップすることもある。申告にまったく関係ない項目（西暦などのミス）が指摘された。

４．保税工場向けの中古機械の通関

新品と中古の定義について明確化が必要である。

５．ブロッキングと事前警告制度

インドネシアのフォワーダーに信頼性が欠けているとの指摘がある。延長申請ができても通関業者にとってのリスクが大きいため、延長申請数が少ない。

税関側の問題（書類紛失など）でブロックされることがよくあるので、事前確認が必要である。ブロッキングの必要性自体をも検討すべきである。

4）税関職員の法令解釈の相違

HSコードの分類が、税関員によって異なることがある。日本でもこの問題はある。課題は合理的に判断できるかどうかである。多様な種類の部品が輸入されるので、関税コードの適用方法を知らない税関員が多いとの指摘もある。

日本でもインドネシアでもHSコードの適用方法には曖昧な部分が残されている。コード表とは別に、日本と同様にインドネシアでも詳細な解説書がある。正確な判断をするためには当該解説書の運用にあたって、職員のトレーニングや過去の問題事例集の編纂が必要である。

なお、タリフ・レートの見直し：税関で定めた価格表が現在の市場価格を反映していないケースも多く、どのような方針／方法で作成しているのか、見直しの頻度などに関する説明の要請がある。

（4）製造業の輸送例

　Aメーカーの場合、時間、コストの関係から、米国や日本へ輸出はインドネシアからの直送ではなく、深圳やフィリピンの拠点に集約して、同拠点から輸出している。金額単位でみると、製品の大半は輸出に向けられており、一部が販社を通じて国内販売に向けられている。輸出は、ヨーロッパ、米国、アジア・太平洋が3：3：3の比率である。調達全体の30％は、深圳、天津、日本からの輸入であり、70％は、インドネシア、域内からの輸入である。同一工業団地内の日系企業からの調達はカンバン方式にて調達しており、在庫は2時間分しかない。調達用の電子部品は、10％程度がインドネシア製品であり、大半は、日本、タイ、マレーシア、中国から輸入されている。

　輸出、輸入は100％海運を利用している。東南アジア向けは直送であるが全体の10％である。欧米向けは100％シンガポール経由である。倉庫が港近くにあり、荷主の責任は当該倉庫までの貨物輸送である。輸送の際にパレットを使用している。1コンテナあたり24パレット、1パレットあたり40件を積載している。パレットは紙パレット中心であり、一方向使用である。30％は省スペースのために、シート・パレットを用いている。木製パレットは、薫蒸の際に製品に障害が出るため使用していない。

　輸出船積みは週2～3回である。工場脇の完成品倉庫（従業員数名が常駐）は、コンテナ30本分のスペースであり、1日の生産量は、50本分あるため、1日分の保管が不可能であり、製造後、半日で工場から出荷し港湾倉庫へ輸送する。出荷2～3日後には船積みを行う。CYカット時間（24～36時間前）に合わせて倉庫から港に運ぶ。なお、コンテナの約2割は直接、港へ運んでいる。荷主は、送り状（Invoice）と積み荷明細（Packing list）を作成し、倉庫業者に渡す。通関書類は倉庫業者が作成する。

　輸出加工特区に立地する企業の場合には特恵的措置が適用されており、輸入の際、船が到着した翌日、朝一で通関手続きを行えば、午後3～4時には貨物を引き取ることができる。土曜日到着となった場合でも3日目の午前中には引き取れる。航空貨物は、5～6時間で工場に着く。陸上輸送期間は、高速道路で空港から工場まで2～3時間である。年に一回は、税関監査が行われる。輸入在庫は、上記のリードタイムに応じて1週間～10日になっている。タンジュンプリオク港からシンガポール港までの航海日数は、2～3日である。積替の場合は、プラス2日かかる。土日にジャカルタを出て、シンガポール発は火曜、水曜である。海運の所要日数は、ジャカルタからロングビーチ（米国）、ジャカルタから欧州までは共に21日間である。

8－1－7：ルート7（バンコク～マニラ、セブ）

（1）概要

　ここでは主にフィリピンの状況を中心にとりまとめる。
　輸出品の80％は電気製品であり、残りは農産物等である。しかし、80％の輸出品の雇用効果はわずか10％であり、90％の労働力は農産物等の分野である。
　経済統合とシングルウィンドウについて問題が指摘されている。インフラ整備の主要課題は資金不足である。政府は交通基盤の整備計画に積極的であり、主要なインフラ整備計画は道路、橋、および空港に集中している。12年前（1993年の研究）、JICA推薦に従って、ロールオンロールオフ（RORO）船を導入し、その利用は、貨物輸送の迅速化に貢献している。輸送方式については、大統領は地域への配送の高速道路整備を推進している。
　港湾開発においては、国際協力銀行（JBIC）と国際協力機構（JICA）は、カガヤンデオロのミンダナオ島コンテナ港の開発を支援しており、この港湾開発はブルネイ・インドネシア・マレーシア・フィリピンの東ASEAN成長地域（BIMP-EAGA）のためのハブになると考えられている。

工業団地の大半はラグナにあり、バタンガス港は急速に国際的港湾になりつつある。さらに、JBICはスービックの近代化を完了し、北港は機能強化の整備中である。将来の貨物需要は、各島を連携するためにより多くの港湾を必要とするであろうし、より多くの道路整備がフィリピン全体を連携することになる。貨物トラックが通過するところでは、これらの道路整備水準が課題になっている。

また、米国の同時多発テロを契機とした港湾セキュリティの強化は直接、国際貿易に影響している。政府は、港湾保安設備において投資している。

商品の過半は、米国／日本向けである。しかし、商品は、直接輸入国に輸送される前に、商品の積み換えはシンガポールまたはバンコクを経由している。マニラの貨物輸送量が増加する見込みであり、主要な積み換えハブになることが期待されている。フィリピンは、クラークとスービックがあり、海運と航空輸送における地理的位置は戦略的に有利であると考えられている。

海運業の規制緩和によるRORO船の経路設定等の自由度の向上が望まれている。インフラ整備は官民協力によって進んでいる。基盤整備の優先事項リストを持ち、公共事業の効率的実行に関する評価（PDCA：プラン・ドゥ・チェック・アクション）を行うことが重要であると考えられている。フィリピンへの投資を拡大するために、外国企業が土地を持つことは重要である。

（2）航空輸送

マニラ空港ターミナルは、多くの乗客と貨物の処理に適応したレイアウトではなく、航空機の滑走路と動きが制約されている。通関手続は標準化されている。主要な取扱商品は電気機器である。

（3）道路輸送および積替作業

国内の主要な輸送機関は道路輸送であり、路面の舗装状態が悪いこと、過積載が多いことや、道路の維持管理が課題になっている。港湾でのロスタイムを計測した結果、平均的な国内のヤード滞在時間は5時間である。マニラ・セブ間の輸送は40時間かかっている。国内の北港の生産性は、人手荷役なので1時間4本の処理と低く、コンテナクレーンを利用している国際港湾との差異が大きい。

（4）費用

大統領はRORO船を支援している。港湾局は収益の20％を取得している。ROROの導入は輸送費を削減する。国内の港湾では、処理能力が低いので、貨物輸送費用は高い。

より大きな船は500～1,000個のコンテナを輸送する。小さな船は輸送能力が低く、文書処理作成費が高く、事務処理が遅い60～40％の資本規則のために、投資を抑制されているが、港湾運営は外資系の効率が高い。輸出入品のアンバランスで空コンテナの輸送問題もある。空のコンテナとチャージ費用の見直しが必要とされている。

（5）通関

通関の平均処理時間は、コンテナがヤードに卸された時から5日である。南港では、通関は1日か2日、コンテナ搬出は2日から4日かかる。すべての書類手続きが終了した後に、港湾で船舶からのコンテナの陸揚げとヤードでのコンテナのトラック輸送（牽引）に各45分程度が必要になるが、物的な荷役作業に問題は少ない。コンテナ搬出許可の電子化によって、船舶の停泊は8日から5日になった。

工業団地とコンテナ置き場への港湾のアクセスになる道路は混雑しており、現状では、主要な高速自動

車道路がない。マニラ都市圏と州外のコンテナヤードへのコンテナドレージは、15kmあたり80ドルかかると見積もられており、ROROを含む陸海間の総合システムが検討されている。

（6）海上輸送

マニラはフィリピンの主要ゲートである。港湾管理者によって3区域に分けられる。バタンガスは、バタンガスエリアに置かれた工業団地のゲートウェイである。台湾と北ルソン島との貿易が促進されている。台湾の農産物需要に対応し、農業は北フィリピンで主要な産業になっている。北フィリピンは、台湾と空路40分、海路18時間の距離にある。

フィリピンでは、国際的な海運業が貧弱である。フィリピンフラグの下に158隻の船があり、定期船ではなく貸切船サービスを行っている。3つの国際港湾は別個のチャーターを持っている。

（7）自動車部品製造業の例

自動車部品製造業では、日本からの自動車部品等を輸入し、輸入頻度は1週間に約2回、40フィートのコンテナ単位である。輸送手段は、海運である。名古屋港を出港して6日の後にマニラ国際コンテナ港に到着する。港湾到着後、通関手続が完了するには5日かかる。主要な輸出製品も車両部品であり、出荷頻度は毎週40フィートのコンテナ、4、5本であり、バンコクやタイ向けである。船が輸送中の事前情報を元に、書類を処理することができる。船が港湾バースに着岸してから、貨物の搬出までに5日かかる。

到着時に、輸入業者は、関税処理に1日かかり、次の日、コンテナを倉庫に転送し、輸出梱包は倉庫で行われる。ここでは最低3日の調達期間を有する。輸送上の主要な問題は、道路のトラック通行規制や迂回にあると指摘されている。

8-2：主要指摘事項

以上のヒアリング結果における主要指摘事項をとりまとめると、以下のようになる。

（1）輸送ネットワークの代替性の確保

一般に、海運に対するトラック輸送へのニーズは比較的弱く、インフラ整備も含めて今後の課題になっている。指摘事項としては以下のとおりである。
　①トラックの輸送コストが海運に対して高い
　②盗難等の輸送リスクが高い
　③道路整備が遅れている
　④鉄道利用ニーズも低い（利用条件次第）
　⑤片荷需要の場合が多く、輸送上の事業採算性割れ

1）国際物流関連諸費用と海運シェア

輸出入に関わる諸費用は、次表のとおりである。

ここでは事務処理に関わる諸費用のほかに、コンテナへの貨物詰めやコンテナからの荷卸し、船積み・卸し、運送・保管等の荷役作業も各段階に含まれている。

物流費用に関する最も包括的なデータとしては、本船渡し価格（FOB）と運賃保険料込み価格（CIF）に比率が公開されている（世界銀行、Robin Carruthers, TUDTR, "Trade and Logistics: Evolution of a

Product Line", May 2003)。

　CIF/FOB比率をみると、ASEAN諸国では、海運シェアの高い2.0％以上は、ベトナム、ラオス、カンボジア、1.4％〜2.0％がフィリピン、1.4％以下は、マレーシア、シンガポール、タイ、インドネシアである。いずれにしても数％オーダーであり、国際物流コストに占めるシェアは、どこの国の例でも、陸送費や港湾・空港等の関連諸費用の割合が高くなっている。近年のような国際水平分業の展開に伴い、部品・製品の輸出入頻度が高くなると、輸送・保管を含むロジスティクスコストが製品価格競争力を左右する重要な要因になっている。

　他方、盗難・犯罪等に関連するカントリーリスクはOECDが毎年公表しているリストがあり、2006年10月20日現在で、シンガポールが0、ブルネイ、マレーシアが2、タイが3、インドネシア、フィリピン、ベトナムが5、ラオス、ミャンマーが7、カンボジアが評価対象外になっている（http://www.oecd.org/ech/xcred/）。

表Ⅰ-27　輸出入に関わる諸費用の構成

EXW	FOB	CFR	CIF	輸出者	輸入者
◎	◎	◎	◎	仕入れ（工場出し）価格	
	◎	◎	◎	L/C接受手数料	
	◎	◎	◎	代理店手数料（コミッション）	
	◎	◎	◎	外為手数料	
	◎	◎	◎	粗利益	
	◎	◎	◎	管理費・雑費	
	◎	◎	◎	賦課金	
	◎	◎	◎	トラック・コンテナ運送料	
	◎	◎	◎	副資材（金型・タグ等）提供料	
	◎	◎	◎	梱包料（輸出梱包他）	
	◎	◎	◎	輸出検査料	
	◎	◎	◎	流通加工料（値札付け・仕分け・検針・検品等）	
	◎	◎	◎	入庫・出庫・保管・バン詰め料	
	◎	◎	◎	書類作成料	
	◎	◎	◎	検量料	
	◎	◎	◎	輸出通関料	
	◎	◎	◎	貨物取扱料	
	◎	◎	◎	THC/CHC/CFS Charge等	
	◎	◎	◎	文書作成料	
		◎	◎	海上運賃	
			◎	貨物海上保険料	
					L/C発行手数料
					THC/CHC/CFS Charge等
					文書作成料
					輸入通関料
					貨物取扱料
					保税運送（OLT）申請料
					バン出し・入庫・保管・出庫料
					輸入検査料
					流通加工料
					トラック・コンテナ配送料
					輸入関税・消費税・酒税他
					代理店手数料・ロイヤリティ他
					管理費・雑費
					粗利益
					外為・保証（L/G）手数料他

EXW:Ex Works工場渡価格
　FOB: Free On Board本船渡
　　　CFR:Cost and Freight運賃込価格
　　　　　CIF:Cost, Insurance and Freight運賃保険料込価格

注：
L/C:Letter of Credit信用状
THC:Terminal Handling Chargeターミナル取扱料
CHC:Container Handling Chargeコンテナ取扱料
CFS Charge:Container Freight Station Charge混載貨物LCLをCFSでコンテナ詰め/コンテナ取出する取扱費用
OLT:(Bonded) Over Land Transport保税運送
L/G:Letter of Guarantee信用保証状

また、片荷輸送の発生状況は、基本的にはASEAN諸国の貿易バランスに依存しており、金額ベースではあるが、タイ・マレーシア・シンガポールに関わる南北軸以外の貿易バランスが非常に偏っている。

表Ⅰ-28 調査ルートに関わる国の貿易バランス

単位：100万ドル

ルート1　タイ～マレーシア～シンガポール

タイ→マレーシア	タイ←マレーシア	合計	輸出/輸入比率	輸送量	貿易バランス
5,676	7,585	13,261	0.75	○	◎
タイ→シンガポール	タイ←シンガポール	合計	輸出/輸入比率	輸送量	貿易バランス
7,428	9,405	16,833	0.79	○	◎
マレーシア→シンガポール	マレーシア←シンガポール	合計	輸出/輸入比率	輸送量	貿易バランス
22,009	30,392	52,401	0.72	◎	◎

ルート2　タイ～ラオス～ベトナム

タイ→ラオス	タイ←ラオス	合計	輸出/輸入比率	輸送量	貿易バランス
765	225	990	3.40	×	×
ラオス→ベトナム	ラオス←ベトナム	合計	輸出/輸入比率	輸送量	貿易バランス
95	67	162	1.42	×	○
タイ→ベトナム	タイ←ベトナム	合計	輸出/輸入比率	輸送量	貿易バランス
2,348	780	3,128	3.01	○	×

ルート3　ベトナム～中国

ベトナム→中国	ベトナム←中国	合計	輸出/輸入比率	輸送量	貿易バランス
2,961	4,260	7,221	0.70	○	◎

ルート4　タイ～ミャンマー

タイ→ミャンマー	タイ←ミャンマー	合計	輸出/輸入比率	輸送量	貿易バランス
697	233	930	2.99	×	×

ルート5　タイ～カンボジア～ベトナム

タイ→カンボジア	タイ←カンボジア	合計	輸出/輸入比率	輸送量	貿易バランス
909	8	917	113.63	×	×
カンボジア→ベトナム	カンボジア←ベトナム	合計	輸出/輸入比率	輸送量	貿易バランス
32	536	568	0.06	×	×

ルート6　インドネシア～シンガポール

インドネシア→シンガポール	インドネシア←シンガポール	合計	輸出/輸入比率	輸送量	貿易バランス
7,837	22,112	29,949	0.35	◎	×

ルート7　タイ～フィリピン

タイ→フィリピン	タイ←フィリピン	合計	輸出/輸入比率	輸送量	貿易バランス
2,045	1,169	3,214	1.75	△	○

（2）通関処理に時間がかかる場合の原因

　所要時間については通関処理部分の不安定性が喫緊の課題になっている。通関処理に時間がかかる理由のうち、特に重要な課題として、HSコードや原産地証明等の問題が指摘されている。

1）HSコード

　HSコードは、世界関税機構（WCO）によって基本コードが策定されており、ASEANでは、2004年4月に全加盟国にASEAN共通の関税コード（AHTN）が導入され、関税評価や通関手続きの統一も進められている。

　関税分類については、従来ASEAN各国でHSコード上位6ケタまでは共通だが、それ以降の下2～3ケタは各国が独自にコードを設定していた。しかしASEAN域内の貿易手続きの簡素化、域内貿易の拡大を目的に、ASEAN共通関税コード（AHTN：ASEAN Harmonized Tariff Nomenclature）が導入された。これはHSコード6ケタ（全世界共通）にASEAN独自分類の2ケタを加えた計8ケタの計1万689品目で構成されるが、全加盟国が既に2004年4月までに導入し、域内取引に適用している。

　ASEAN各国はAHTNを域内だけでなく、域外国との貿易にも広げていくことで合意しており、既にシンガポール、ベトナム、フィリピン、インドネシアは関税コードをAHTNに一本化、域外との貿易にも使用している。一方、マレーシア、タイでは域外との貿易では従来の関税コードを使用しているものの、近い将来、AHTNに一本化する予定になっている。

　また、さらに、関税評価については、WTO関税評価協定に沿った統一された解釈・適用を実現するため、2004年5月にASEAN関税評価ガイドを作成、各国語に翻訳した上で、税関職員の参考資料として活用している。事後調査に関しても、実施を強化するための情報交換、マニュアル作成などが行われている（ジェトロ『通商弘報』2005年7月13日）。

　今回の調査指摘におけるHSコードの課題は、HSコード表そのものの整合性に関する課題ではなく、特定品目にどのHSコードを適用するかによって、関税金額の修正手続きが発生する場合の遅延である。

2）原産地証明

　原産地証明については、（社）日本経済団体連合会から、以下のような制度・手続きのさらなる弾力化が要請されている。

　「わが国政府は、通商戦略の一環として、現在、経済連携協定（EPA）、自由貿易協定（FTA）の締結を推進しているが、EPA・FTAによる特恵関税の適用を受けるために必要な原産地証明に関わる制度・手続きについて、利用者の視点で利便性の高いものとすべく主体的に取り組むべきである。

①原産地証明書発給実務面での改善

　わが国が締結しているEPAにおいては、国に指定された機関が原産地証明書を発給しているが、発行手数料など証明書発給に伴うコストが諸外国との比較において高いケースがある。また、協定の内容に基づいているため、手続きが結果的に煩雑になっており、発給手続きの事前準備から発給までにかかる時間が予見できないのが現状である。

　当面、証明書発給に伴うコストの引き下げ、提出書類の見直しや手続きの簡素化による、事前準備の段階をも含めた処理期間の全般的な短縮と一層のプロセスの透明化などを通じて、企業の負担軽減に向けた検討を早急に開始すべきである。

　また、このような問題を抜本的に解決するため、「政府証明」と並行して、コンプライアンスの優良な事業者には自己証明を認める「認定輸出者」証明制度や、一定期間有効な包括的な証明制度の導入を検討すべきである。

②原産地規則の透明性・利便性の向上

貿易の円滑な発展を図るというEPA・FTAの趣旨に沿った、企業にとって利用しやすい原産地規則とすることが重要である。特に、独自の基準・要件・手続を有する原産地規則が規定される結果、同一の産品に対して異なる原産地ルールが適用される「スパゲティボール現象」を呈することのないよう留意すべきである。

そこで、今後、東アジアに重点を置いたEPAを推進していく観点からは、申請企業にとって利便性の高い原産地規則の確立に向けてわが国がイニシアティブを取るべきである。具体的には、現行、適用されている関税番号変更基準を基礎とした簡明な原産地基準の採用をさらに強く推進し、今後も申請者による決定基準の選択制を国際的に拡大することが求められる。また、原産地規則の運用、解釈、様式などに関する透明性の確保（例えば、ウェブサイトや説明会を含め情報公開のあり方の改善、解説書・手引きの迅速な発行など）や、原産地証明電子化による域内関係者間での迅速な情報共有化などを実現すべきである。」

資料：「貿易諸制度の抜本的な改革を求める－グローバル・サプライチェーンを踏まえた具体的改革の方向－」2006年11月21日（社）日本経済団体連合会
http://www.keidanren.or.jp/japanese/policy/2006/080.html

今回調査でも、原産地証明の発行に時間がかかるとの指摘が多かった。

ASEANにおいても、CEPT（共通効果特恵関税）商品のスムーズな貿易の確保、原産地規則に関するWTO合意に沿った非特恵原産地規則のASEAN税関担当者への周知が進められている。特に、税関実務については、制度の透明化・手続き簡素化・迅速化をはじめ、以下のような税関運営の近代化、税関職員の信頼性、清廉性と専門能力の強化に関わる要望が強かった。

①清廉、アカウンタビリティー（説明責任）、透明性
②プロフェッショナリズム
③革新、一般市民へのサービス
④貿易業界、関係者、一般市民とのパートナーシップ

3）検査（検数・検量等）

輸出入通関では、検数・検量および諸法令関連検査に伴う積み替え・開梱が行われており、そのためのヤード（雨濡れ防止のための屋根付き施設）整備や車両（トラクター・トレーラーの手配）、処理能力不足による待ち行列の常態化。

4）通い容器課税

通い容器については、一般に再輸入品の非課税制度が適用されている。しかし、輸出入にあたって同一容器・同一個数が再輸入されることは少なく、コンテナ単位で一意に同一性を保証することが困難な場合が多い。このため、差分のうち輸送容器の輸入と見なされた場合に課税されることが課題になっている。

輸送容器については、世界中どの国でも原則非課税になっている。問題は、輸出時で実入りの場合には発生しにくいが、返送されてきた空容器のみの輸入時に「輸送容器」ではなく、「輸送容器」自体の輸入と扱われることにある。再輸入品が確定できない場合、運用上、課税されることが多く、再輸入品の同定方法が課題になっている。

日本の例で見ると、以下のようになっている。
　　①日本から出荷：製品＋通い箱　→輸出通関
　　②日本への返却：通い箱（空箱）→輸入通関
　輸出時（①）に製品の税関申告とともに通い箱も再輸入となることを同時申告し、次に通い箱（空箱）が輸入（②）される時に、それが再輸入品であることを税関申告することによって非課税となる。運用方法としては、初回輸出前に型式等を申告し、その後は、事実上、輸出者の自己管理になる。しかし、2005年4月の関税定率法通達により台帳整備と1年毎の提出が義務づけられた。
　国内法規の例では、「関税定率法基本通達（課税価格に含まれる容器の費用）4－10」において以下のように定められている。
　「法第4条第1項第2号ロ（課税価格に含まれる容器の費用）に規定する「容器」とは、法別表関税率表の解釈に関する通則5（ケースその他これに類する容器並びに包装材料及び包装容器の取扱い）の規定により「当該物品に含まれる」ものとされるケースその他これに類する容器及び包装容器をいい、法第14条第11号（再輸入する容器の無条件免税）、第14条の2（再輸入減税）又は第17条第1項第2号（再輸出する容器の免税）の規定により、関税が軽減され又は免税されるものを除くものとする。」
　海外の取引先との間で恒常的に行われる取引で、包装箱等を循環させることにより資源の再利用と費用削減を図ることが多くなっている。この「通い箱」は下記方法を取る事により、輸入通関時に免税措置を受けられ、コスト低減を行うことができる。
　最初の輸出をする際に作成するインボイス上に商品とは別アイテムとして、「通い箱」と記載しておくことが重要である。この通い箱を特定できるよう、材質・サイズ・色・マーク・数量等を記載しておく。輸出通関時には、輸出申告書（E/D）上でも同様に、「通い箱」のアイテムを別にとって、その余白にこれらの情報を書いておくようにする。
　この通い箱が取引先から送り返されてきた時には、「関税定率法」第14条（無条件免税）の第11項の規定を適用し輸入申告することにより、関税および消費税が免除される。
　輸入申告時に、輸出時のインボイス、輸出申告書等を併せ税関に提出し、当該通い箱が本邦から輸出された物であることを証明する。このようなシステムがうまく機能するよう、通関業者とよく打ち合わせることが重要になる。
　「無条件免税」の適用を受けるポイントは戻された容器が日本からの輸出品であることが特定できる点にある。従って量産されているプラスチックや発泡スチロール製トレイ等で識別番号等のない物などは適用されない。(http://www.customs.go.jp/link/index.htm)
　なお、国際貨物コンテナについては、昭和46年（1971年）8月12日、「コンテナに関する通関条約」（以下、「コンテナ条約」）および「国際道路運送手帳による担保のもとで行なう貨物の国際運送に関する通関条約」（以下、「TIR条約」）への加盟が発効するにあたり、両条約の規定を日本国内において実施するに必要な「コンテナに関する通関条約及び国際道路運送手帳による担保のもとで行なう貨物の国際運送に関する通関条約の実施に伴う関税法等の特例に関する法律」（以下、「コンテナ特例法」）も同日付けで発効し、この規定に従ったコンテナ自体の通関制度が実施されることになった。

この制度では、コンテナ自体について免税一時輸入を行って、これを関税法上、内国貨物とする取り扱いである。従って、コンテナ自体の国内での運送に関しては、保税運送の手続きは必要でなく、蔵置する場所も保税地域でなくてもよい。また、輸出入申告を行う場合は、コンテナの種類、記号および番号等を記載した「積卸コンテナ一覧表」（以下、「コンテナリスト」）（税関様式Ａ第1000号「以下（税関様式）を略す」）を税関に提出することにより、口頭で行う簡単な方法がとられている。

9．今後の課題

9－1：政策的な課題

（1）トンキロあたりコストの改善

　トンキロあたりコストが高い主な原因としては、①貨物の輸送需要量と輸送力の供給量のバランスが崩れていること、②貨物の輸送そのものが非効率であることなどが考えられる。

　まず、①の貨物の輸送需要量と輸送力の供給量のバランスをコスト低減の方向に是正するためには、輸送力の供給量を増やすこと、換言すれば、輸送事業者の新規参入を促し民間企業の競争環境を整えることであると考えられる。これに対しては、ソフト策として、業法やこれに係る各種基準や規定を透明化することにより、公正な競争環境を整備したり、規制緩和を行うことなどが考えられる。

　次に、②の貨物輸送を効率化するためには、民間企業の物流効率化を支援する施策を実行することが考えられる。具体的には、物流の共同化を行いやすくするために、パレットのサイズや物流情報システムに係る取り決めごとなどを標準化することなどが考えられる。さらには、民間企業で物流業務に従事する者に対する人材育成を行ったり、物流効率化の重要性を啓発することも考えられる。

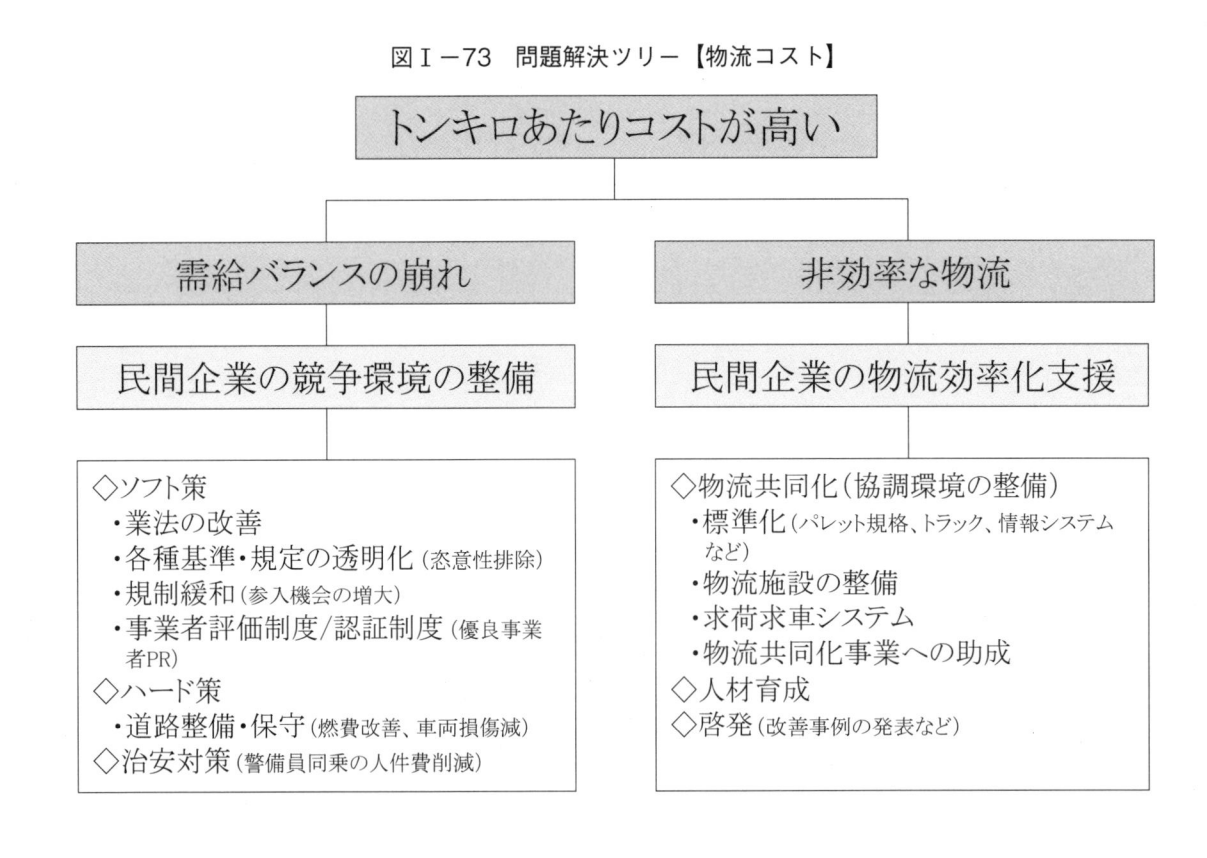

図Ⅰ－73　問題解決ツリー【物流コスト】

```
                    トンキロあたりコストが高い
                    ┌──────────┴──────────┐
            需給バランスの崩れ              非効率な物流
                    │                          │
        民間企業の競争環境の整備        民間企業の物流効率化支援

  ◇ソフト策                          ◇物流共同化（協調環境の整備）
   ・業法の改善                        ・標準化（パレット規格、トラック、情報システムなど）
   ・各種基準・規定の透明化（恣意性排除） ・物流施設の整備
   ・規制緩和（参入機会の増大）          ・求荷求車システム
   ・事業者評価制度/認証制度（優良事業者PR）・物流共同化事業への助成
  ◇ハード策                          ◇人材育成
   ・道路整備・保守（燃費改善、車両損傷減） ◇啓発（改善事例の発表など）
  ◇治安対策（警備員同乗の人件費削減）
```

（2）表定速度の改善

　表定速度が遅い主な原因としては、①停止時間が長いこと、②輸送機関の速度が遅いことなどが考えられる。

まず、①の停止時間が長いことを現象として捉えると、通関処理の個々のプロセスに時間がかかっていることや個々のプロセスの間の待ち時間があること、また、トラック輸送の場合には、国境における荷物の積み替えなどを挙げることができる。これらに対しては、通関手続きの業務改善（BPR）を行なったり、国境での積み替え無しに輸出国側にトラックを乗り入れることができる「トラックパスポート」制度を導入したりすることが、改善策として考えられる。

次に、②の輸送機関の速度が遅いことに対しては、輸送機関の性能向上や道路などの交通インフラの質および量の向上が、改善策として考えられる。

図Ⅰ-74　問題解決ツリー【表定速度】

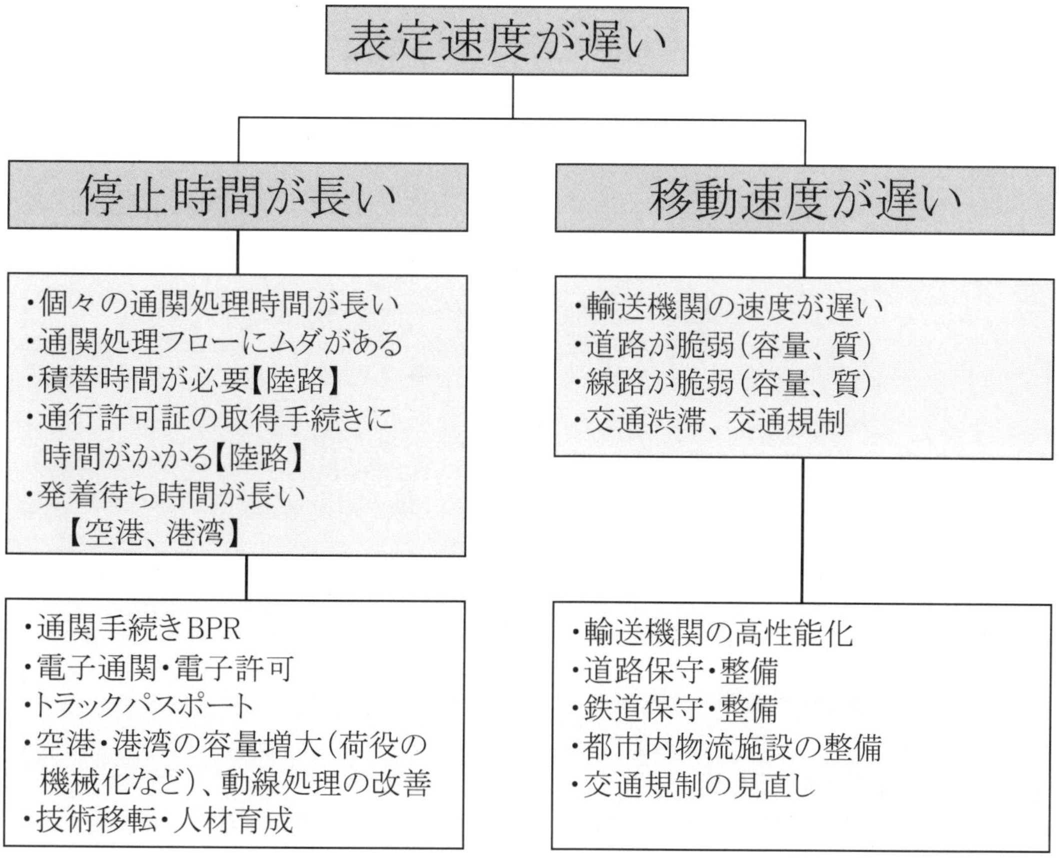

```
                    ┌──────────────┐
                    │ 表定速度が遅い │
                    └──────┬───────┘
              ┌────────────┴────────────┐
      ┌───────────────┐         ┌───────────────┐
      │ 停止時間が長い │         │ 移動速度が遅い │
      └───────┬───────┘         └───────┬───────┘
```

【停止時間が長い】
・個々の通関処理時間が長い
・通関処理フローにムダがある
・積替時間が必要【陸路】
・通行許可証の取得手続きに時間がかかる【陸路】
・発着待ち時間が長い【空港、港湾】

・通関手続きBPR
・電子通関・電子許可
・トラックパスポート
・空港・港湾の容量増大（荷役の機械化など）、動線処理の改善
・技術移転・人材育成

【移動速度が遅い】
・輸送機関の速度が遅い
・道路が脆弱（容量、質）
・線路が脆弱（容量、質）
・交通渋滞、交通規制

・輸送機関の高性能化
・道路保守・整備
・鉄道保守・整備
・都市内物流施設の整備
・交通規制の見直し

（3）3つの評価指標

ルート調査では、ルートを評価するための指標として、①トンキロあたりコスト（ここでは、分子・分母を入れ替えて、コストあたりトンキロとしている）、②表定速度の2つを導入し、7つのルートを評価してきたが、3つ目の評価指標として、「物流品質」を挙げることができる。ここで言う物流品質とは、荷物の破損率（が小さいこと）や荷物の誤配率（が小さいこと）などを指している。

既に述べたように、まず、表定速度を向上させるための施策には、ハードインフラの整備やソフトインフラの整備があり、これらの施策は主に公的セクターが担うものである。次に、コストあたりトンキロを向上させるための施策には、民間の物流事業者の競争環境を整備することなど主に公的セクターが担うものと、ロジスティクスマネジメント力や物流マネジメント力の向上など主に民間セクターが担うものが混在する。最後に、物流品質を向上させるための施策は、ロジスティクスマネジメント力や物流マネジメン

ト力の向上など、主に民間セクターが担うものがある。
　ロジスティクスのパフォーマンスは、これら3つの指標が三位一体となって改善されることで、向上すると考えられるが、ASEAN各国の発展状況に応じて、重視すべき指標及びその指標を改善するための施策の優先順位は変わってくるものと思われる。

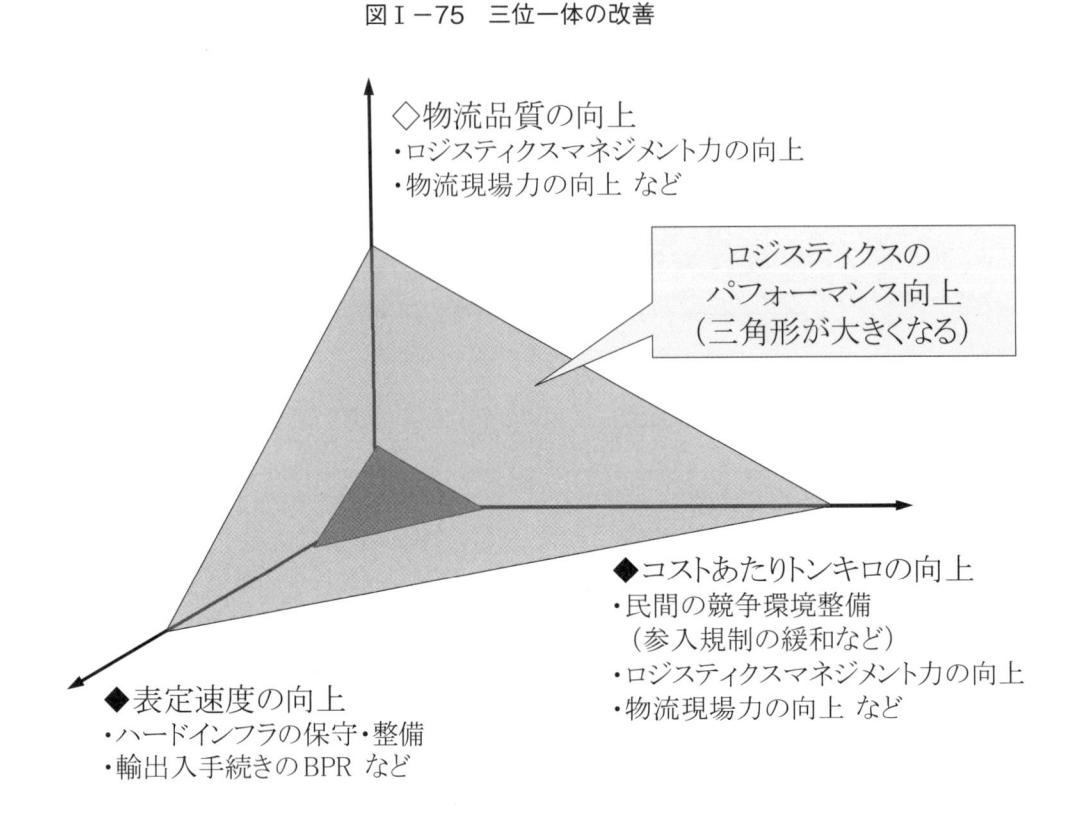

図I-75　三位一体の改善

◇物流品質の向上
・ロジスティクスマネジメント力の向上
・物流現場力の向上　など

ロジスティクスの
パフォーマンス向上
（三角形が大きくなる）

◆コストあたりトンキロの向上
・民間の競争環境整備
　（参入規制の緩和など）
・ロジスティクスマネジメント力の向上
・物流現場力の向上　など

◆表定速度の向上
・ハードインフラの保守・整備
・輸出入手続きのBPR　など

（4）日系企業が考えるASEAN諸国の政策課題

1）国際物流上の改善ニーズが高い国々

　『ASEAN物流ネットワークマップ』をASEAN地域内で事業展開している日系企業のビジネスマンの方々にお披露目すべく、シンガポールで開催した「ジェトロASEAN物流セミナー」*では、セミナー終了後、参加者に対するアンケート調査を行った。アンケート調査の有効票数は94。来場者160名に対する有効回収率は58.8％であった。

　当該調査では、今回のルート調査に係る事項として、次の事項について質問した。
　　①日常のビジネスで利用しているASEAN域内の物流ルート上において問題になっている国（10カ国の中から上位3カ国まで選択）
　　②当該国における政策課題（最大3つまで選択）

　まず、上記①について、優先順位1位には5ポイント、2位には3ポイント、3位には1ポイントを配点し、国別に付けられたポイントを合算した結果を図I-76に示す。
　ベトナム、インドネシア、タイに問題ありとした回答者が多く、これら上位3カ国からやや離れてマレーシアが4位になった。以下、フィリピン、ラオス、カンボジア、シンガポール、ミャンマーと続いた。

今回設定したルートとの関係で言えば、タイはほとんどすべてのルートに登場するために票が集まったことが推定されるが、ベトナムそれとインドネシアの2カ国については、そもそもルート調査の回答数自体が少なかったこととは対照的な結果となった。その理由を推定すると、まず、ベトナムについては、タイ、また、中国華南地域との関係性から、同国の物流がこのところ急速に注目されるようになっていることが考えられる。次にインドネシアであるが、同国については、最近の水害や航空機事故に対する行政府の対応に見られるような合理性や一貫性の欠如が、物流分野においても発生していることの表れではないかと推定される。

　マレーシアは、1位に上げられる回答は少なかったものの、優先順位2位を集めたことが特徴的である。海のASEANとしてルート設定上は2位のインドネシアとの類似性のあるフィリピンは5位であった。以下、6位以下の国々については、物流の先進国と言っても良い8位のシンガポール以外は、現状では日系企業の物流そのものが少ないと考えられる国が並んだ（10位のブルネイについては回答がなかった）。

　国際物流上の改善ニーズが高かった国々を、ルートに読み替えると、次のようになる。
・ルート2（タイ～ラオス～ベトナム・ハノイ）【東西回廊】
・ルート5（タイ～カンボジア～ベトナム・ホーチミン）【東西回廊】
・ルート6（タイ～インドネシア）【海のASEAN】
・ルート1の一部（タイ～マレーシア）【南北回廊】

　なお、この結果と、先に述べたルート調査結果の定量的な分析に基づくルート評価の結果とを比較すると、興味深いことがある。船舶の場合であるが、ルート2やルート5は、コストとリードタイムを組み合わせた相対評価が上位（相対的に、安くて速いルート）である一方、アンケート調査結果の改善ニーズが高いルートでもある。

　この理由としては、次のようなものが想定できる。
①アンケート調査の回答者（シンガポールの物流セミナーの来場者）にとって、トンキロあたりコストや表定速度よりも重視する、"第三の指標"が念頭に置かれていたこと。
②トラックによる陸上輸送をトピックとするような、東西回廊に対する関心が高まっていたこと（例えば、ラオスは、総合6位であるが、優先順位1位とした回答数は、第4位に繰り上がる）。

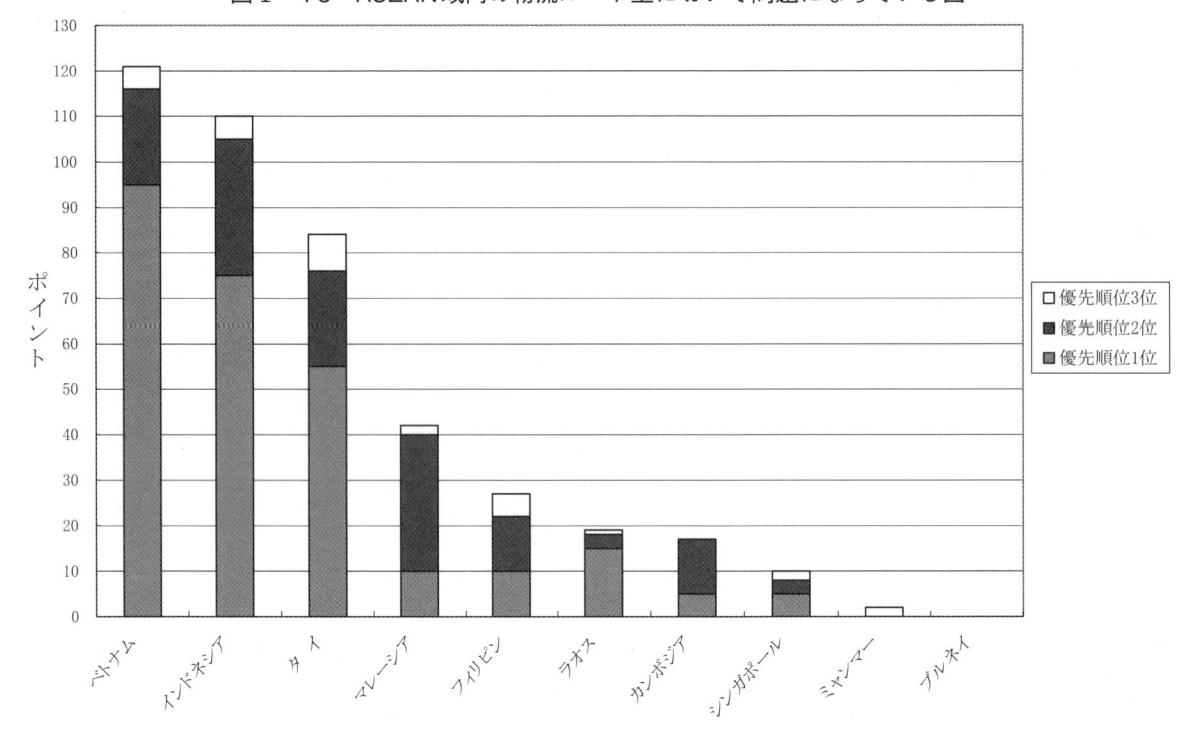

図Ⅰ-76 ASEAN域内の物流ルート上において問題になっている国

2）東西回廊における政策課題

国際物流に係る改善ニーズが最も高かった東西回廊の2つのルート（2および5）に係る4カ国（タイ、ベトナム、カンボジア、ラオス）に対して望まれている政策課題をレーダーチャートにしたものを図Ⅰ-77に示す。

ベトナムに対しては、「道路整備（含む保守）」や「空港港湾の容量増大・動線処理の改善」と言ったハードインフラの整備に係る要望が極めて顕著である。「通関手続きのBPR」や「規制緩和」また「各種規定・基準の透明化」というソフトインフラへの要望がこれに次いでいる。

タイに対しては、ハードインフラに係る要望は目立たないが、ベトナムに対しても出されていた「通関手続きのBPR」や「規制緩和」また「各種規定・基準の透明化」と言うソフトインフラへの要望が、ベトナムと同レベルで寄せられている。

タイ・ベトナム間で陸上輸送を行う際の通過国になるカンボジアとラオスに対しては、絶対数こそタイとベトナムに及ばないものの、カンボジアでは「道路整備（含む保守）」が非常に強く出されている。

先に、概念的に、「ロジスティクスのパフォーマンスは、3つの指標（コスト、リードタイム、物流品質）が三位一体となって改善されることで、向上すると考えられるが、ASEAN各国の発展状況に応じて、重視すべき指標の優先順位及びその指標を改善するための施策の優先順位は変わってくるものと思われる」と記したが、東西回廊の4カ国においては、このことが言えそうである。

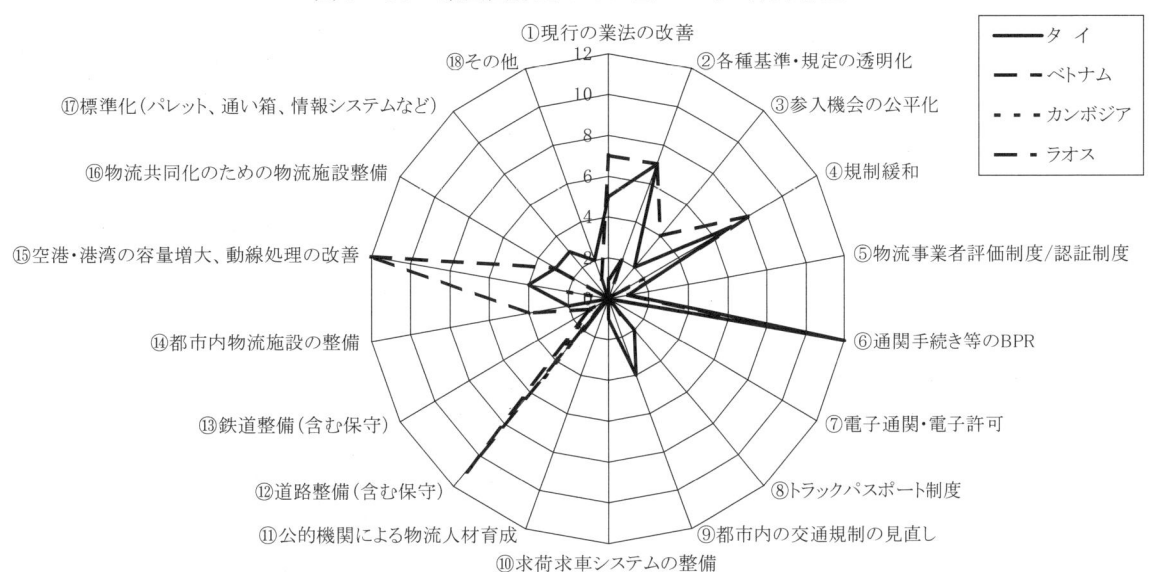

図Ⅰ-77 東西回廊上の4カ国における政策課題

凡例:
― タイ
―― ベトナム
‐‐‐ カンボジア
‐ ‐ ラオス

軸項目:
①現行の業法の改善
②各種基準・規定の透明化
③参入機会の公平化
④規制緩和
⑤物流事業者評価制度/認証制度
⑥通関手続き等のBPR
⑦電子通関・電子許可
⑧トラックパスポート制度
⑨都市内の交通規制の見直し
⑩求荷求車システムの整備
⑪公的機関による物流人材育成
⑫道路整備(含む保守)
⑬鉄道整備(含む保守)
⑭都市内物流施設の整備
⑮空港・港湾の容量増大、動線処理の改善
⑯物流共同化のための物流施設整備
⑰標準化(パレット、通い箱、情報システムなど)
⑱その他

3) 海のASEANにおける政策課題

海のASEANルート6に係る2カ国（タイ、インドネシア）に対して望まれている政策課題をレーダーチャートにしたものを図Ⅰ-78に示す。

先に述べたことの繰り返しになるが、タイに対しては、「通関手続きのBPR」や「規制緩和」また「各種規定・基準の透明化」というソフトインフラへの要望が強く寄せられている。

インドネシアにおいては、この傾向は同様であるが、絶対数がタイ以上に多くなっていることが顕著である。

図Ⅰ-78 海のASEAN上の2カ国における政策課題

① 現行の業法の改善
② 各種基準・規定の透明化
③ 参入機会の公平化
④ 規制緩和
⑤ 物流事業者評価制度/認証制度
⑥ 通関手続き等のBPR
⑦ 電子通関・電子許可
⑧ トラックパスポート制度
⑨ 都市内の交通規制の見直し
⑩ 求荷求車システムの整備
⑪ 公的機関による物流人材育成
⑫ 道路整備(含む保守)
⑬ 鉄道整備(含む保守)
⑭ 都市内物流施設の整備
⑮ 空港・港湾の容量増大、動線処理の改善
⑯ 物流共同化のための物流施設整備
⑰ 標準化(パレット、通い箱、情報システムなど)
⑱ その他

―― タイ
---- インドネシア

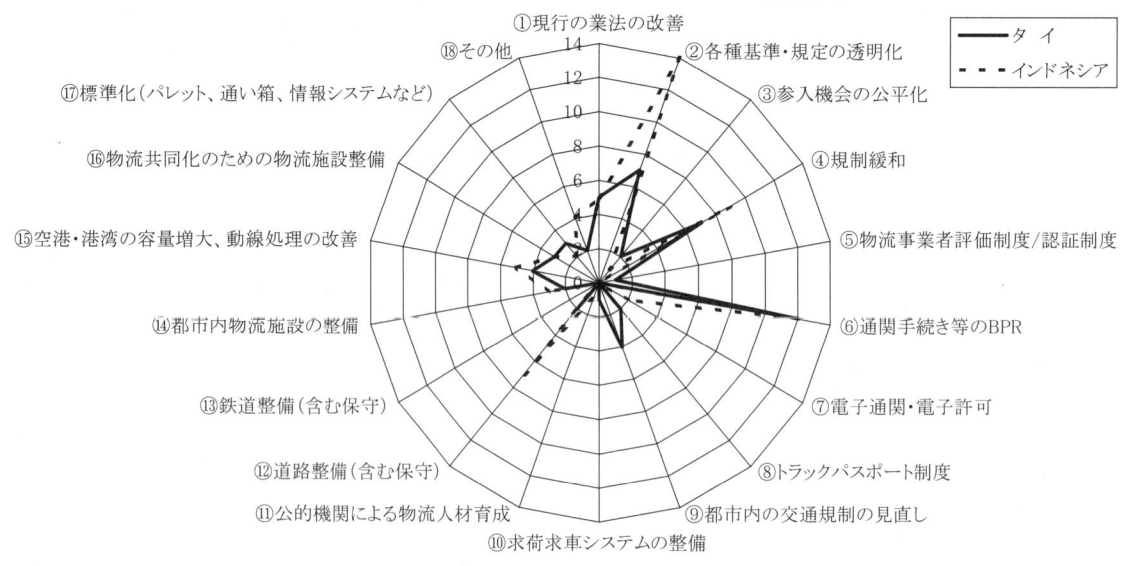

4) 南北回廊における政策課題

南北回廊 ルート1に係る2カ国(タイ、マレーシア)に対して望まれている政策課題をレーダーチャートにしたものを図Ⅰ-79に示す。

タイに対しては、「通関手続きのBPR」や「規制緩和」また「各種規定・基準の透明化」と言うソフトインフラへの要望が強く寄せられている。マレーシアにおいては、この傾向は同様であるが、絶対数はタイより少なくなっている。

図Ⅰ-79 南北回廊上の2カ国における政策課題

―― タイ
---- マレーシア

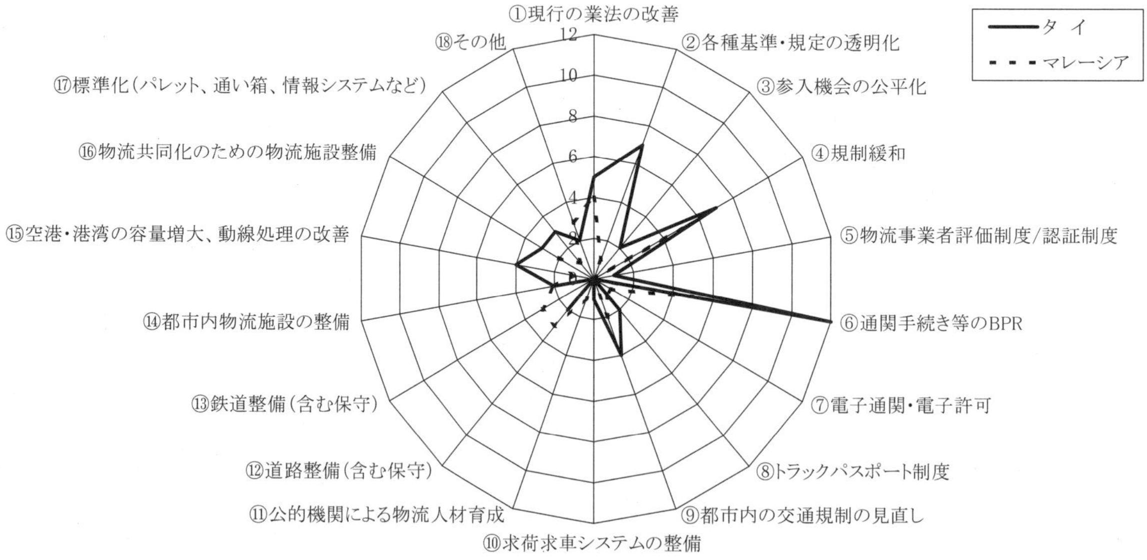

5）まとめ

以上、ルート上の政策課題について記してきたが、特徴を次のようにまとめることができる。

①東西回廊については、同じルート上の国々であっても、日系企業のニーズは相手国によって異なる。タイに対してはソフトインフラに対する改善要望が多い。ベトナムに対してはハードインフラに対する改善要望が多いが、ソフトインフラに対する改善要望も目立つ。

②海のASEANについては、タイ、インドネシアの両国に対してソフトインフラに対する改善要望が多い。しかしながら、要望の総数で見ると、インドネシアの方がタイより多くなっている。

③南北回廊については、タイ、マレーシアの両国に対してソフトインフラに対する改善要望が多い。しかしながら、要望の総数で見ると、タイの方がマレーシアより多くなっている。

（5）ルート上の政策課題解決のために考えられること

先に見たように、同じルート上の国々であっても、日系企業が求めている改善要望の性格が異なっていたり、改善要望の性格が同じであっても要望の強さに差があったりすることがある。さらには、東西回廊のように、陸上輸送の通過国になる国々に対しては、まだ問題が顕在化していないといった状況がある。

日系企業が個々の国々に対して相対で改善要望を行うことは、従来からあったと思われるが、国際物流ルートという評価軸をもって、複数の国々に同時に改善要望を出すことになれば、これは新しい展開であり、ASEAN域内の物流分野の国間競争の端緒になることも期待できる。

ルート上の政策課題の解決のため、「ルート協議会（仮称）」を設置し、次のような活動をしていくことが考えられる。

①ルート上の国々における情報共有

　物流上の結びつきの強い国々の間で、今回の調査結果のようなASEAN域内の国際ルートを相対評価した結果やASEAN諸国のインフラ整備状況を横並びで比較した結果などの情報共有を行うことで、自国を客観視することが、改善への第一歩になると考えられる。

②ルート上の国々における改善案の検討

　同じルートにある国々でも、それぞれの国の発展段階の違いなどにより、物流上の課題に差異が生じていることがある。このような場合、同じルート上の"先進国"の技術や知見が"発展途上国"にとって有効に活かされることが望ましい。

　また、現状では問題が顕在化していない国々であっても、将来起き得ることが予想される問題を未然に防ぐためにも、"先進国"からの技術協力は、ルート上の国々全体にとってメリットがある。

（6）コスト明細の不明瞭化の傾向への対応

コストの把握は、基本的には難しいが、構造的にも以下のような課題がある。

海運では、かつて「海運同盟」と呼ばれる国際的な船社間協定（カルテル）が運賃決定能力を有しており、同盟船社間が決めた航路ごとの運賃率表（タリフ）を目安にすることができた。しかし、米国の1998年外航海運改革法（99年5月施行）等、内外の規制緩和に伴う運賃の弾力化によって、運賃部分の把握が困難になっている。

国際物流の情報化・効率化に伴い、特に定期船（コンテナ貨物）部門では、輸入業者が自ら配船・海上保険の手配をすることが少なくなり、フォワーダーなどの専門の物流業者が（自ら荷主として）貨物運賃・貨物保険料の支払いを行う事例も増えている。こうした傾向は、企業における物流業務のアウトソーシングが拡大するにつれて、今後さらに加速していくものと見られ、輸入業者が運賃・保険料を把握することが一層困難になることが予想されている。

（7）コスト削減を検討するための枠組みづくりの必要性

　国際物流コストについては、国内の輸送費の国際的なサプライチェーンに占める割合が高いので、国内輸送費を削減すべきであるという指摘が多い。しかし、一般に先進国側の価格水準が高く、その背景には為替レート差、人件費差があるので、この問題の解決は容易ではない。どの国でも労働集約的な物流事業分野への参入規制は、労働者保護の観点から最も厳しい。この課題の解決には、意外と長期的・構造的な対応が必要とされる。

　短中期的な改善を考える場合に、まず、最初に必要とされる方策は、以下のようなものであると考えられる。

①国内物流同様に、コストの把握を行う必要がある。
　荷主が、発生費用の明細を国際的なサプライチェーン全体にわたって把握し、発生要因を理解することが必要である。

②輸送品質問題を正確に把握する必要がある。
　自然災害、盗難以外の、事故、破損・紛失・品質問題（水濡れ、振動、温湿度等）の管理は国内物流同様に改善する努力が必要である。

③国際的な制度的整合性の確保が必要である。
　一国毎に異なる多様な制度の歴史的・文化的・政治的背景をふまえた地道な調整努力を行うことである。国際コンテナ同様に、トレーラー（シャーシ）やパレット、通い箱の円滑な再利用促進が国際的にも必要とされている。

（8）ボトルネック改善上の課題

　日系企業やASEAN諸国は本調査で指摘した基本的問題については周知しており、具体的な改善計画とその実行方法が主たる課題となっている。日系企業の現地法人は、当然のことながら日常業務が煩瑣であり、今回調査成果の報告のような方法で問題状況を整理し、その改善が一企業の課題にとどまらずASEANワイドの各国経済にかかわる社会的課題であることを指摘していく場を設け、問題の具体的な改善を促進することに強い期待をもっている。

　このため、調査成果をASEAN諸国の官民機関に報告し、具体的な改善を促進する定期的な報告・検討の場を設け、PDCA（計画・実行・監査・評価）サイクルに乗せる必要がある。

（9）ASEANマルチネットワークの将来展望

　本調査成果にもとづく改善の促進によって、リードタイムの短縮や陸送を中心とするコスト削減が可能になると、以下のような効果が期待できる。

1）ASEAN域内分業の促進（域内立地の有機的な生産連携の促進）
　ASEAN域内の日系企業相互間における分業体制が進み、域内2日配送による週サイクルネットワークの構築や、週次サイクルから日次サイクルへの短縮によるロジスティクス高度化・効率化が図られることが見込まれる。

2）ASEAN域外需要への即応
　最終消費地である日本および欧米への輸出に対して効率・迅速な供給が可能になり、最終組立加工の微

調整による域外需要変動への即応が可能になると見込まれる。

3）ASEAN域内消費需要高度化への対応

輸送品質向上・コスト削減（紛失・破損・在庫等）は、近年、所得水準の向上に伴って拡大し始めた大都市部を中心とする域内消費需要の拡大に貢献すると共に、現在、空港・港湾周辺の工業団地内にとどまっている産業立地から、内陸・周辺の地域産業との連携による成長の面的拡大が可能になり、ASEAN各国の国全体としての発展を促進することが可能になると考えられる。

9－2：即効性のある改善提案

ASEAN域内における国際物流の円滑化・効率化にとって指摘された課題は、すでにASEAN各国における各種「合意」（agreement）を適切かつ透明性の高い方法で運用することに集約されている。

このため、今後は、基本的な制度の改善よりも、むしろ各国の税関職員を含め、関係者間における下記のような項目について、運用上の整合性・透明性の向上を図ることが求められている。
①HSコード「適用方法」の整合性確保
②輸出通関と輸入通関の「所要書類の整合性確保」による通関手続きの円滑化
③通い容器の固有識別コード付与による検数処理・非課税処理のための「運用フレーム」づくり

その意味では、交通基盤整備や新たな法制度の整備に比して、比較的即効性のある対応が可能であると考えられる。

9－3：今後の調査の方向性

（1）ボトルネックになっているフェーズの原因分析

個々の事例ごとに、ボトルネックと見なすことができるフェーズについて、その原因を明らかにし期待される改善効果を推定し、改善提案を行うことが考えられる。

輸送費用やリードタイムについては、品目、輸送条件による差異が極めて大きいので、荷姿、輸送頻度、輸送量、混載・非混載、定期・不定期等の主要区分別の解析を行い、特に問題の発生しやすい条件を特定する必要がある。

また、制度的背景に関する主要な課題については、HSコードおよびタリフの体系、積替の要否をはじめ、車検の基準認証、車種、台数、運送業法、契約・決算処理、保険制度、輸送容器の寸法・重量、危険物輸送、大型車通行規制等について情報収集と分析を進め、特に問題の発生しやすい条件を特定する必要がある。

（2）安全性を含む物流品質に係わる実態調査

特に、わが国とASEAN地域の間で国際水平分業が進展するIT機器製造業を筆頭に、物流品質（破損、紛失、品質劣化、時間指定遵守率など）に係わる情報提供を望む声が多かった。コストとリードタイムに加えて、これらの情報を追加する調査を行うことが考えられる。

（3）インドにおける物流ネットワークマップの作成

今回の調査対象国にインドを加えた範囲でルートを再検討。コストとリードタイムを対象としたルート調査を行うことが考えられる。ただし、インドは州の権限が強く州をまたぐ物流は国際物流に類似すると

の考え方もあること、また、インドは将来の大消費国ゆえ、国内調達・国内販売を物流戦略と考えている企業の存在も予想できることから、インド国内に限定した物流ネットワークマップを作成する代替案も考えられる。

（4）日本との比較

今回の調査では、トンキロあたり輸送コストなどの一部についてはわが国とASEAN各国との比較を行ったが、港湾設備の状況、通関の状況、原産地証明の取得状況などについては比較していない。これらの情報は、日系企業のASEAN地域進出のためには必要不可欠なものであると共に、上記諸制度に係わるわが国に対する改善提案につながることも想定できる。

港湾設備の状況、通関の状況、原産地証明の取得状況などについて、ASEAN各国とわが国の双方を調べ、民間企業に対する情報提供を行うと共に、必要に応じてわが国の行政府に対する改善提案を行う。

［9章：注］
＊ジェトロASEAN物流セミナーの概略は次の通り。
・開催日
　2007年3月12日（月）　午後2時～5時30分
・場　所
　Four Seasons Hotel Singapore 2F Ballroom
　190 Orchard Boulevard Singapore 248666
・構　成
①「アジアゲートウェイ構想と日本の経済統合戦略」
　早稲田大学政治経済学部　教授　深川　由紀子 氏
②「東西回廊完成によるアセアン物流への波及」
　山九㈱　ロジスティクス・ソリューション事業本部マネジャー
　福田　規保 氏
③ASEAN物流ネットワークマップ紹介
　（社）日本ロジスティクスシステム協会　JILS総合研究所主任研究員
　北條　英
④「アセアンでの物流効率化の取組み」　DENSOアジア　地域物流機能センター
　Executive Director　恩田　吉典 氏
・参加者数
　160名

付　録　調査票一式

JILS 第 06122 号
2006 年 7 月 31 日

会員各位

社団法人日本ロジスティクスシステム協会
会　長　　三　村　明　夫

【「ASEAN 物流円滑化支援」に関する調査】ご協力のお願い

拝啓　時下ますますご清祥のこととお慶び申しあげます。
　平素は、当協会の諸事業に格別のご高配を賜り、厚くお礼申しあげます。
　この度、当協会では、日本貿易振興機構（JETRO）からの委託により「ASEAN 物流円滑化支援」に関する調査を実施する運びとなりました。この調査の目的は、次の2つにあります。
①日系企業の最適地生産、最適地調達、拠点再編などの経営判断の一助となるべく、物流面を切り口とした即効性のある有用な情報を提供すること。
②ASEAN 域内（一部中国華南など、物流面において ASEAN と関わりの強い地域を含む）の現状を整理し、ボトルネックを浮き彫りにし、特に日系企業のニーズが強い物流ルートについては、ボトルネック解消の見込みや今後期待できる効果を提示すること。
　つきましては、ASEAN10 カ国（インドネシア、フィリピン、ベトナム、タイ、ラオス、カンボジア、ブルネイ、ミャンマー、シンガポール、マレイシア）のいずれかの国に御社が設立されている現地法人に、下記により、調査にご協力いただきたく、お願い申しあげます。
　御社をはじめ御社の現地法人また荷主企業や物流事業者など、企業名が報告書その他で公表されることは一切ありません。この調査は、今後、我が国の民間企業の皆様が、ASEAN 地域において、産業活動を効率的に進めるうえで極めて貴重な基本データとなりますので、ご多忙中恐縮ですが、何卒、趣旨をご賢察いただき、ご協力くださいますようお願い申しあげます。

敬具

記

①本調査の主たる対象は、ASEAN10 カ国内の国際輸送ルートに係わる**物流コスト**および**リードタイム**です。調査主体が想定している国際輸送ルートについては**別紙**に例示してありますので、こちらをご参照ください。
②ご回答いただくルートは、**別紙**に例示した各区間の一部であっても構いません、ただし、この場合でも、2 カ国間以上にまたがる国際輸送についてお答えください。
③ご回答につきましては、原則的に、御社の現地法人に調査票をお送りいただき、現地法人としてのお答えを頂戴できれば幸いです。しかしながら、日本国内で今回の調査内容を把握されている場合には、どこの国の回答かを明記の上、御社からご回答を戴きましても結構です。
④調査票は2種類あります。**A票**はご回答いただく国際輸送の事例に関わる前提条件をご記入いただくものです。**B票**は、A票の前提のもとに、輸送の各段階に要する物流コストとリードタイムをご記入いただくものです。
⑤**A票、B票**とも国際輸送を担うルートおよび輸送機関（海上、航空、陸上＝トラック、鉄道＝）に応じて、セットでご使用ください。
⑥輸送に係わる国が3カ国以上になる場合は、お手数ですが、調査票を複製してご回答ください。

以　上

社団法人　日本ロジスティクスシステム協会　ＪＩＬＳ総合研究所
〒105-0014　東京都港区芝2-28-8　芝2丁目ビル
ＴＥＬ　03-5484-4021
ＦＡＸ　03-5484-4031
担当：北條（ほうじょう）（※メールアドレス：略）　吉本（よしもと）（※メールアドレス：略）

(社)日本ロジスティクスシステム協会
2006

ASEAN域内クロスボーダー輸送　リードタイムとコスト調査票A
Cross Border Transportation, Lead time and cost survey

項　目	記　入　欄
①品名 Commodity	
②輸送頻度 Frequency	概ね_____に1回
③荷姿 Container Load	□FCL (20ft container) □FCL (40ft container) □LCL □ケース、袋物〔Case, Bag〕 □粉、液体〔Bulk〕
④1回あたりの輸送量 Lot per tranportation	□_____ t/回 , kg /回 □_____ ㎥ /回 □_____ ケース〔Case〕/回 □_____ /回
⑤国境を越える輸送機関 Cross border transportation	□Truck ⇒⇒⇒⇒⇒⇒　□トレーラー □Rail　　　　　　　□10軸車 □Sea　　　　　　　 □10㌧車 □Air　　　　　　　 □その他
⑥⑤の運輸会社 Transporter	
⑦交易条件 Trade Terms	□FOB □C&F □CIF
⑧出発地(工業団地名等) Origin	
出発日 Departure date	_____年〔year〕____月〔month〕____日〔day〕
⑨出発地側ターミナル/港/空港 Loading terminal/port/airport	
⑩中継ターミナル/港/空港 Transit terminal/port/airport	
⑪目的地側ターミナル/港/空港 Discharging terminal/port/airport	
到着日 Arriving date	_____年〔year〕____月〔month〕____日〔day〕
⑫最終目的地(工業団地名等) Final distination	
到着日 Arriving date	_____年〔year〕____月〔month〕____日〔day〕
⑬荷送人 Shipper	
⑭荷受人 Consignee	

ASEAN域内クロスボーダー輸送 リードタイムとコスト調査票B
Cross Border Transportation, Lead time and cost survey

No	業務内容 [Service]	輸送手段/方法 [Transport mode]	運送/取扱業者 [Carrier/Supplyer]	コスト [Cost]	リードタイム *1 [Leadtime]
20	発注から積み込みまで *2				
21	品質・量目・輸出検査 [Examination/Inspection]		Inspector	☐Local currency ☐US$	Hour
22	梱包 [Packaging]		Packer	☐Local currency ☐US$	Hour
23	コンテナ詰め作業 [Vanning]		Packer/Warehouse	☐Local currency ☐US$	Hour
24	出発地側のターミナルへ搬入 [Transfer to shipping terminal by trailer]	☐Truck ☐Rail	Trucking company Railway company	☐Local currency ☐US$	(km) Hour
25	輸出通関 [Customs formalities]		Custom broker	☐Local currency ☐US$	Hour
26	積み込み料など [Shipping charges]		Freight forwader	☐Local currency ☐US$	Hour
27	その他 [Others]			☐Local currency ☐US$	Hour
			Sub Total	☐Local currency ☐US$	Hour
30	輸送運賃など陸運会社、ターミナルへの支払い				
31	出発地側のターミナル取り扱い [Container Handling Charge]		Trucking company	☐Local currency ☐US$	Hour
32	国際輸送 [Cross Border Transportation]	☐Truck ☐Rail ☐Sea ☐Air	Trucking company Railway company Osean liner Air liner	☐Local currency ☐US$	Hour
33	目的地側のターミナル取り扱い [Container Handling Charge]		Trucking company	☐Local currency ☐US$	Hour
34	その他 [Others]			☐Local currency ☐US$	
			Sub Total	☐Local currency ☐US$	Hour
40	目的地側ターミナル到着後、取卸、通関、工場/DC/倉庫/店舗搬入まで				
41	目的地側ターミナルからの引取り・ドレージ [Drage from terminal]	☐Truck ☐Rail	Trucking company Railway company	☐Local currency ☐US$	Hour
42	保税蔵置場搬入後、デバンニング [De Vanning]		Packer/Warehouse	☐Local currency ☐US$	Hour
43	他法令の検査 [Inspection]		Inspector	☐Local currency ☐US$	Hour
44	輸入通関検査、輸入申告 [Custum]		Custom broker	☐Local currency ☐US$	Hour
45	内貨搬出後、国内の工場/DC/倉庫/店舗まで [From terminal to final distination]	☐Truck ☐Rail	Trucking company Railway company	☐Local currency ☐US$	(km) Hour
46	その他（ [Others]			☐Local currency ☐US$	Hour
			Sub Total	☐Local currency ☐US$	Hour
50	Door to door のコストとリードタイム (20-40の合計)		Total	☐Local currency ☐US$	Hour

*1 リードタイム欄のうち、21～27、31～34、41～46には各工程に必要な時間を、また、各小計欄には、前記の各工程の計に加えて工程間の待ち時間や移動時間なども加えた総時間を、ご記入ください。したがって、各段階における小計欄の数字は細目の和と一致しない場合があります。

*2 FOBの場合でも、21～27の諸費用をご記入ください。

KRI International Corporation
KOEI RESEARCH INSTITUTE

■ 開発計画の立案、事業の実施、評価に至る各プロセスにおける開発事業のパートナー
A Partner in Development Planning, Implementatin, and Evaluation

■ 実証型開発計画策定から技術協力プロジェクトへ
Demonstration Studies and Technical Cooperation Projects

コーエイ総合研究所は、「経済開発」、「人間・社会開発」、「公共セクター強化」からなる3つのテーマを掲げており、経済開発分野では物流・マーケティング調査にも注力しています。これらの知的サービスの提供を通じた課題解決・社会貢献に取り組んでいます。

株式会社 コーエイ総合研究所
〒102-0083 東京都千代田区麹町4-2　TEL. 03-3288-1163　FAX. 03-3288-1163
E-mail: info.kri@kri-inter.co.jp　HP: http://www.kri-inter.co.jp/

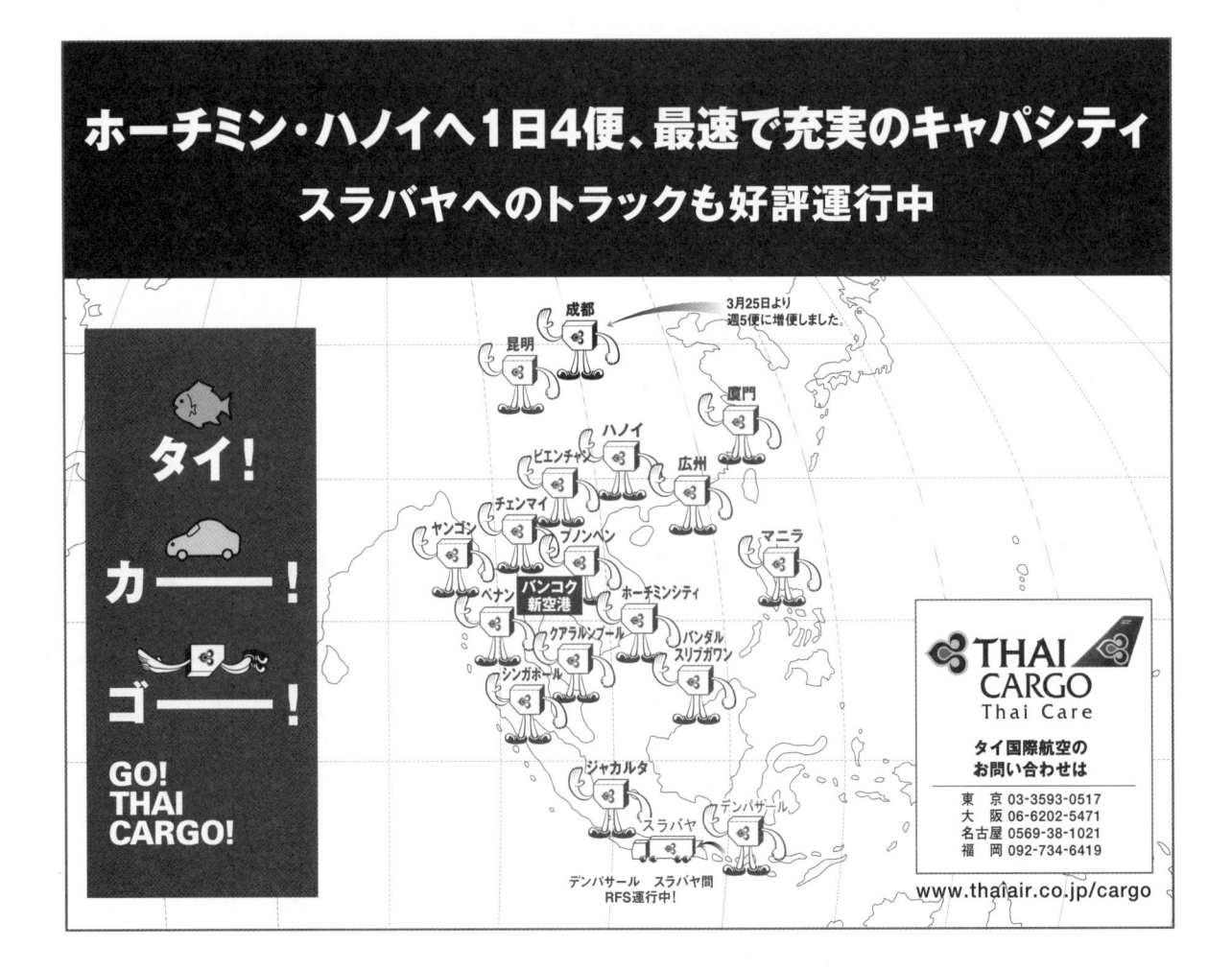

ホーチミン・ハノイへ1日4便、最速で充実のキャパシティ
スラバヤへのトラックも好評運行中

タイ！
カ——！
ゴ——！

GO! THAI CARGO!

3月25日より週5便に増便しました。

成都　昆明　厦門　ハノイ　ビエンチャン　広州　チェンマイ　ヤンゴン　プノンペン　マニラ　ペナン　バンコク新空港　ホーチミンシティ　クアラルンプール　バンダルスリブガワン　シンガポール　ジャカルタ　スラバヤ　デンパサール

デンパサール　スラバヤ間 RFS運行中！

THAI CARGO Thai Care

タイ国際航空のお問い合わせは
東　京　03-3593-0517
大　阪　06-6202-5471
名古屋　0569-38-1021
福　岡　092-734-6419

www.thaiair.co.jp/cargo

第Ⅱ部：資料編

第Ⅱ部：資料編

1．CD-ROM「ASEAN物流ネットワーク・マップ」の全体構造

1－1：「ASEAN物流情報データベース」と「ルート調査分析結果」

　CD-ROM「ASEAN物流ネットワーク・マップ」（以下、ALNM）のコンテンツは、「ASEAN物流情報データベース」と「ルート調査分析結果」の２つで構成されている。前者は、ASEAN各国の物流に関連する広範囲なデータベースで、道路・鉄道・港湾・空港などの物流インフラにかかる地図情報および、通関手続き・法制度・規制・教育など物流にかかるテキスト情報等が入っている。一方、後者は、ASEAN域内における７つの主要物流ルートに係る調査結果を取りまとめたもので、物流におけるフェーズ毎（検査、パッキング、陸送、通関、国際輸送など）のコストやリードタイムを整理・分析したデータが含まれている。

　ALNMは、コンピュータベースのデータベースで、マウスのみを使用してすべての情報にアクセスできるよう作成されている。また、データはCD-ROMに収録されておりMicrosoft ExplororやNetscape Navigatorなどのインターネットのブラウザ上で稼働するため、専用のソフトウエアをインストールする必要もないことが特徴である。

　上記のコンテンツには、ALNMのタイトルページから直接移動できる事に加え、両コンテンツ間も相互にリンクしているため、ユーザーは双方のコンテンツをシームレスに閲覧することができる。

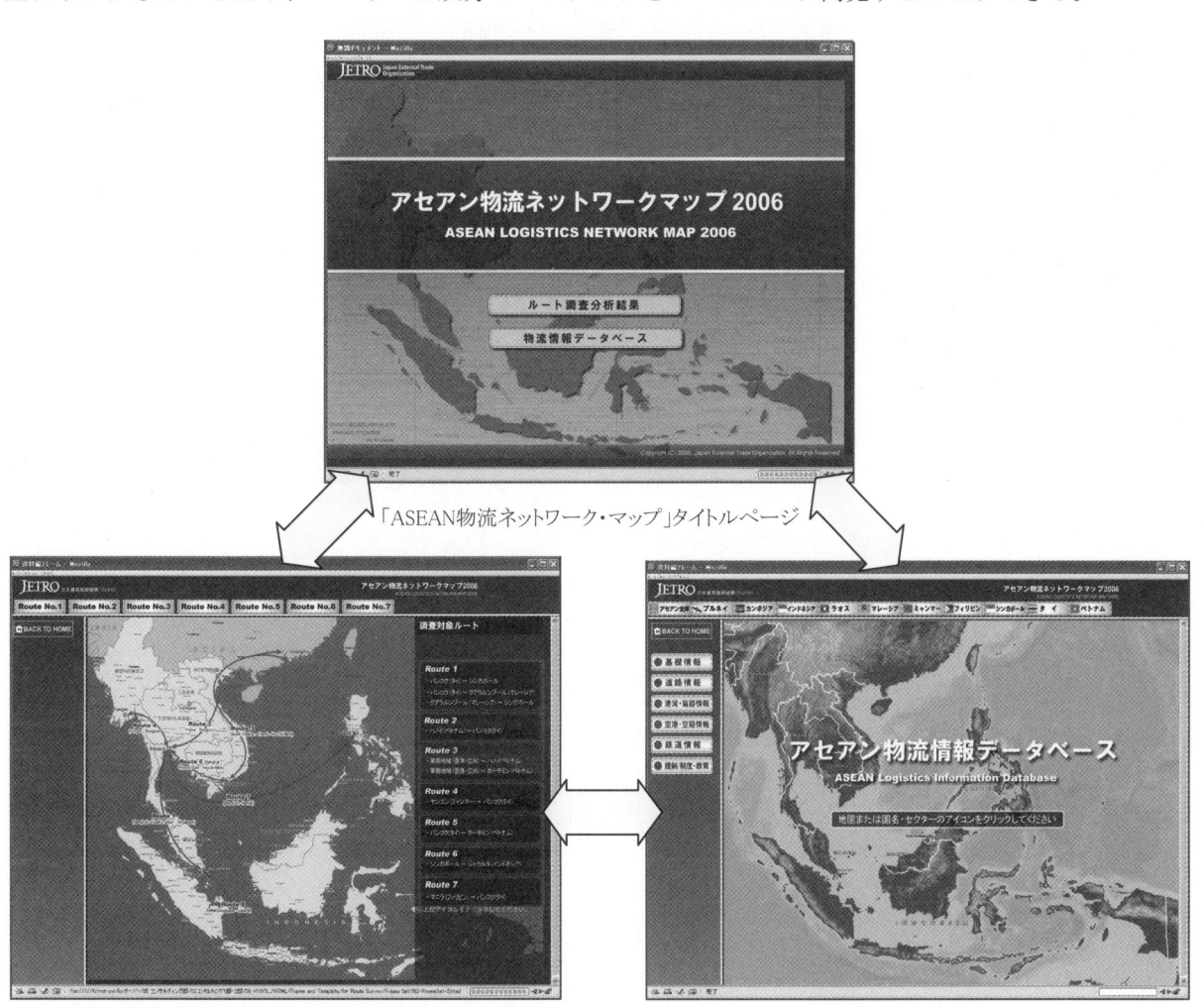

「ASEAN物流ネットワーク・マップ」タイトルページ

ルート調査分析結果　　　　　　　　　　　　物流情報データベース

1－2：「ASEAN物流ネットワーク・マップ」の画面構成

　ALNMの画面は、画面上に常時表示され地図情報やルート調査の各種情報を表示する「メイン・ウインドウ」と、メイン・ウインドウ上の施設・アイコンなどをクリックすることにより、その都度表示され、メイン・ウインドウ内に表示される情報の関連情報・データを表示する「サブ・ウインドウ」で構成される（次図参照）。

　メイン・ウインドウは、「物流情報データベース」と「ルート調査結果」用にそれぞれ別々にデザインされている。画面レイアウトと画面上のアイコンの機能、ALNMの操作方法などについては、以下に説明する。

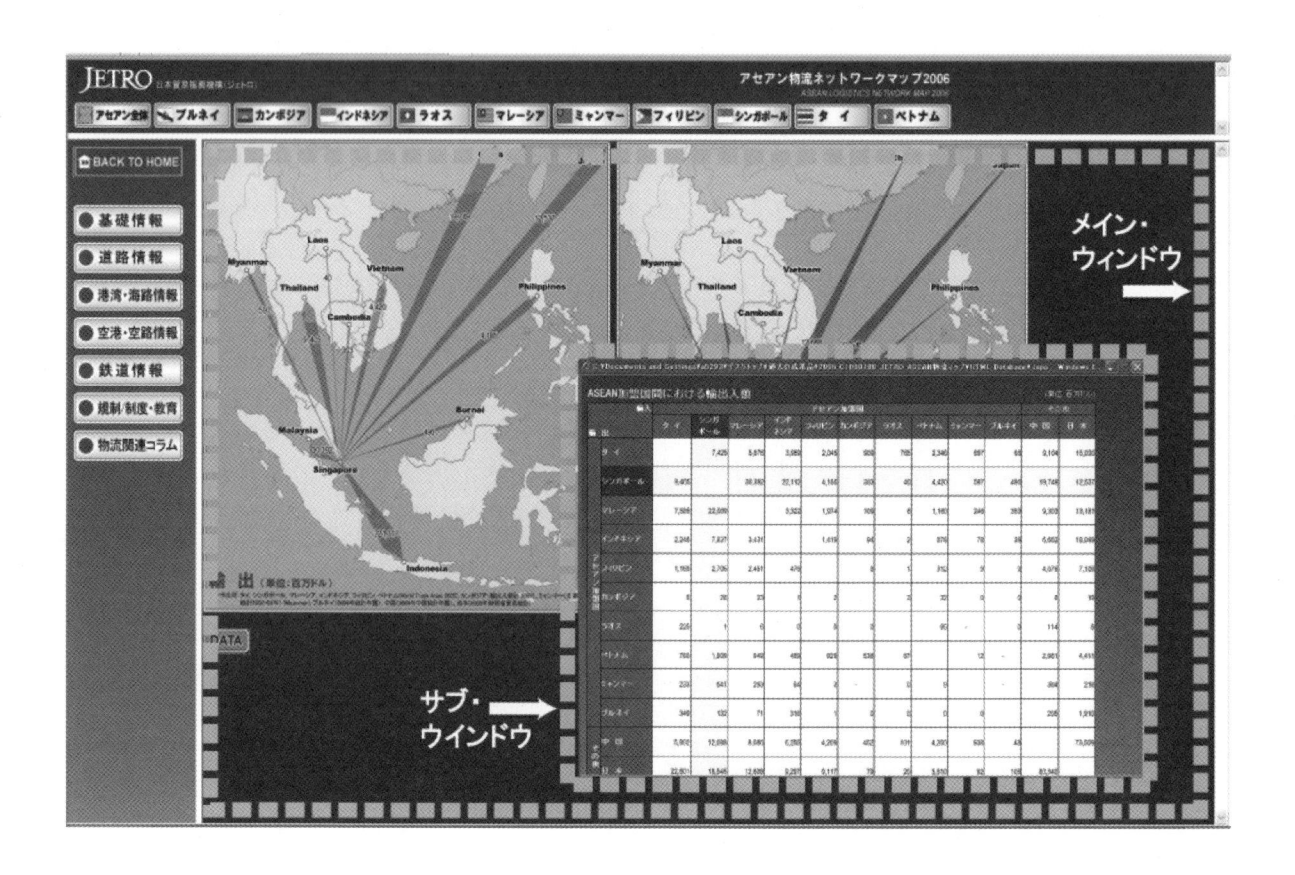

（1）「ASEAN物流情報データベース」の画面レイアウト

　物流情報データベースのメイン・ウインドウは、①メイン・フレーム、②カントリー・ナビゲーション・フレーム（画面上部に表示）、③セクター・ナビゲーション・フレーム（画面左に表示）の3つのフレームで構成されている（次図参照）。ALNMのユーザーは、2つのナビゲーション・フレームに表示されているアイコンをクリックすることにより必要な情報にアクセスすることができる。

　カントリー・ナビゲーション・フレームには、国・地域を示す11のアイコン（ブルネイ、カンボジア、インドネシア、ラオス、マレーシア、ミャンマー、フィリピン、シンガポール、タイ、ベトナムおよびASEAN全体）が配置されている。

　同じように、セクター・ナビゲーション・フレームには、「基礎情報」、「道路情報」、「港湾・海運情報」、「空港・空路情報」、「鉄道情報」、「規制／制度・教育」、「物流関連コラム」の7つのアイコンが配置されている。より詳細な情報は、マウス・ポインタをアイコン上に重ねると表示されるポップアップメニューから選択

することができる。

　ALNMでは、これらのアイコンをクリックすることにより国別情報・ASEAN全体情報の各セクター情報にアクセスすることができる。選択された情報は、メイン・フレーム内に表示される。

　ALNMでは、国別・施設別の情報を比較できるように、ほとんどの情報は同じ指標・フォーマットで収集・整理されデータベースに納められている。

　データベースに含まれている情報の構成、地図情報のサンプルなどは、次章にて詳説する。

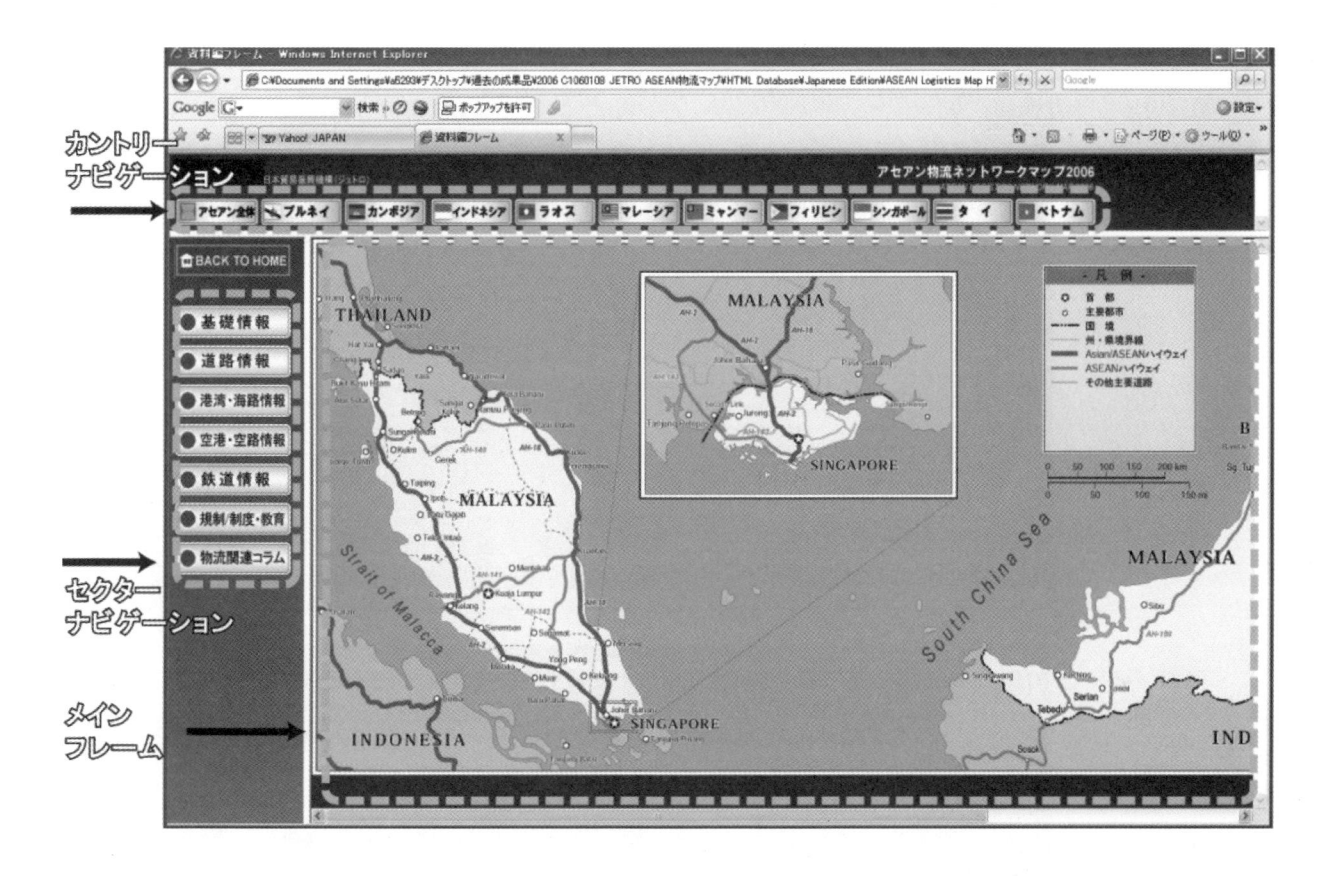

(2)「ルート調査分析結果」の画面レイアウト

「ルート調査分析結果」の画面レイアウトは、「物流情報データベース」と類似した3つのフレーム（1つのメイン・フレームおよび2つのナビゲーション・フレーム）で構成されている。ナビゲーション・フレームは、ルート選択に使用するルート・ナビゲーション（画面上部に表示）と情報の選択に使用する情報・ナビゲーション（画面左側に表示）で構成され。選択された情報は、メイン・フレーム内に表示される。

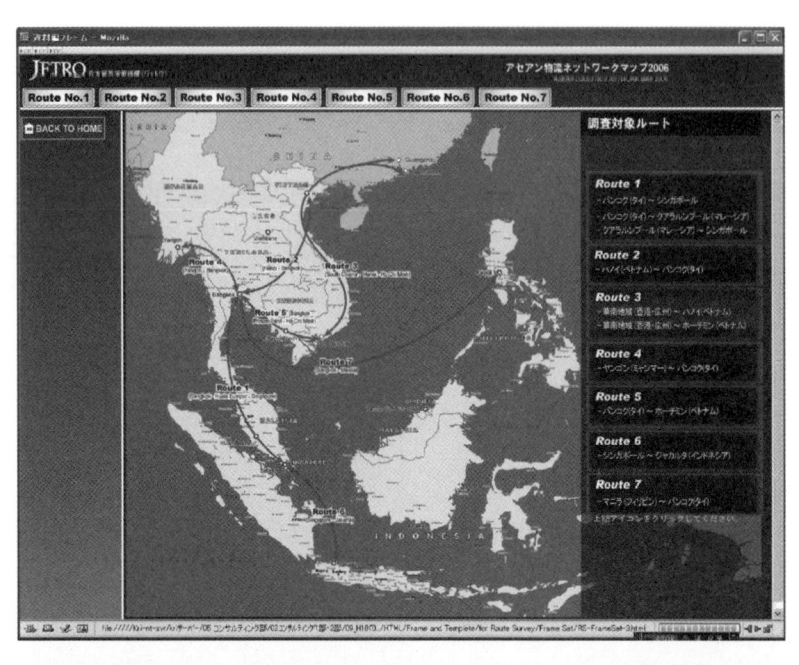

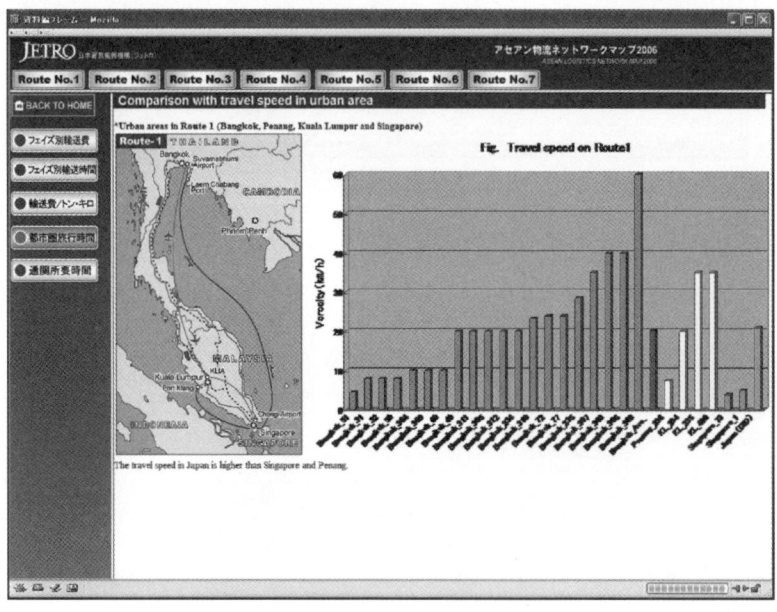

2.「ASEAN物流情報データベース」のコンテンツ

カントリー・ナビゲーションから国を選択すると、当該国の地図と主要経済指標を含む国別情報トップページが表示される（次図参照）。トップページに表示される主要経済指標は、GDP、1人あたりGDP、労働人口、失業率、貧困人口率、GINI係数、インフレ率、主要産業、主要輸出入製品、主要貿易相手国、通貨名称、直近5年分の対ドル為替レートなどを含む。

既に述べたとおり、セクター・ナビゲーション・フレームには、7つのアイコンが配置されており、それぞれのアイコンにマウス・ポインタを重ねた際に表示されるポップアップメニューから関心のある情報を選択できるようになっている。これらの情報を7つのセクターに含まれる情報について、以下にそれぞれ説明する。

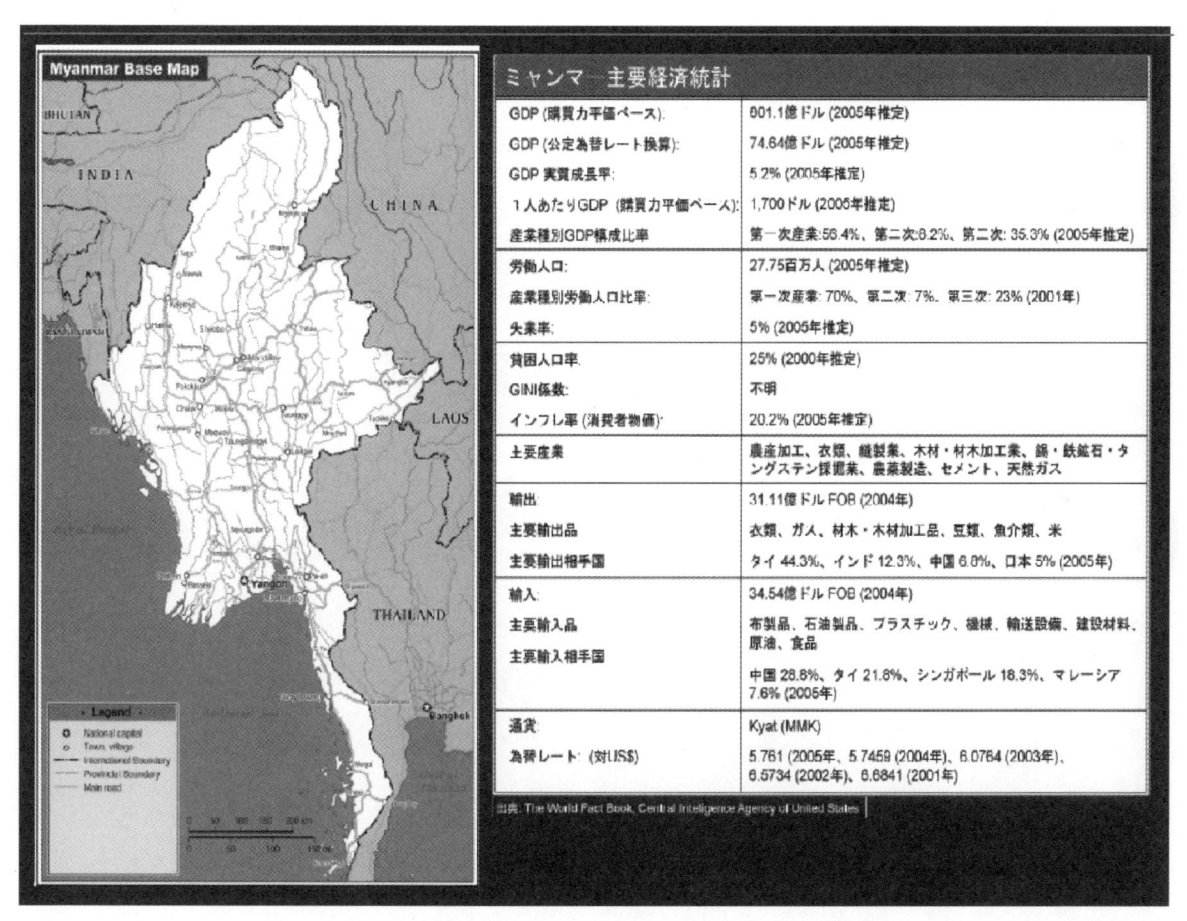

サンプル・イメージ（ミャンマー・トップページ）

2-1：基礎情報

基礎情報のコンテンツおよび主要な情報源は、以下のとおり。

基礎情報のコンテンツ

	コンテンツ	主要情報源
地図情報	1．主要経済指標＋国別基本図 2．人口密度分布 3．危険地域 4．ASEAN域内貿易量 5．工業団地ロケーション 6．国境貿易量（陸路） 7．主要インフラ開発計画	CIA The World Fact Book 2006 各国の人口センサス 外務省海外安全情報 各国の中央統計局 ASEAN-日本センター 各国の中央統計局、税関局 各国の公共事業省、開発計画など
テキスト・表情報	1．国別主要経済指標 2．国別基礎情報比較表 3．ASEAN各国の輸出入量マトリックス 4．主要インフラ開発計画の概要	各表の脚注を参照

（1）基礎情報の地図サンプルイメージ

基礎情報は、各国毎に6～7枚の地図情報が作成されている。そのうち、危険地域の地図については、外務省の海外安全情報（http://www.anzen.mofa.go.jp/）に掲載されている、危険度情報をもとに作成されている。基礎情報に含まれる地図のサンプルは、以下のとおり。

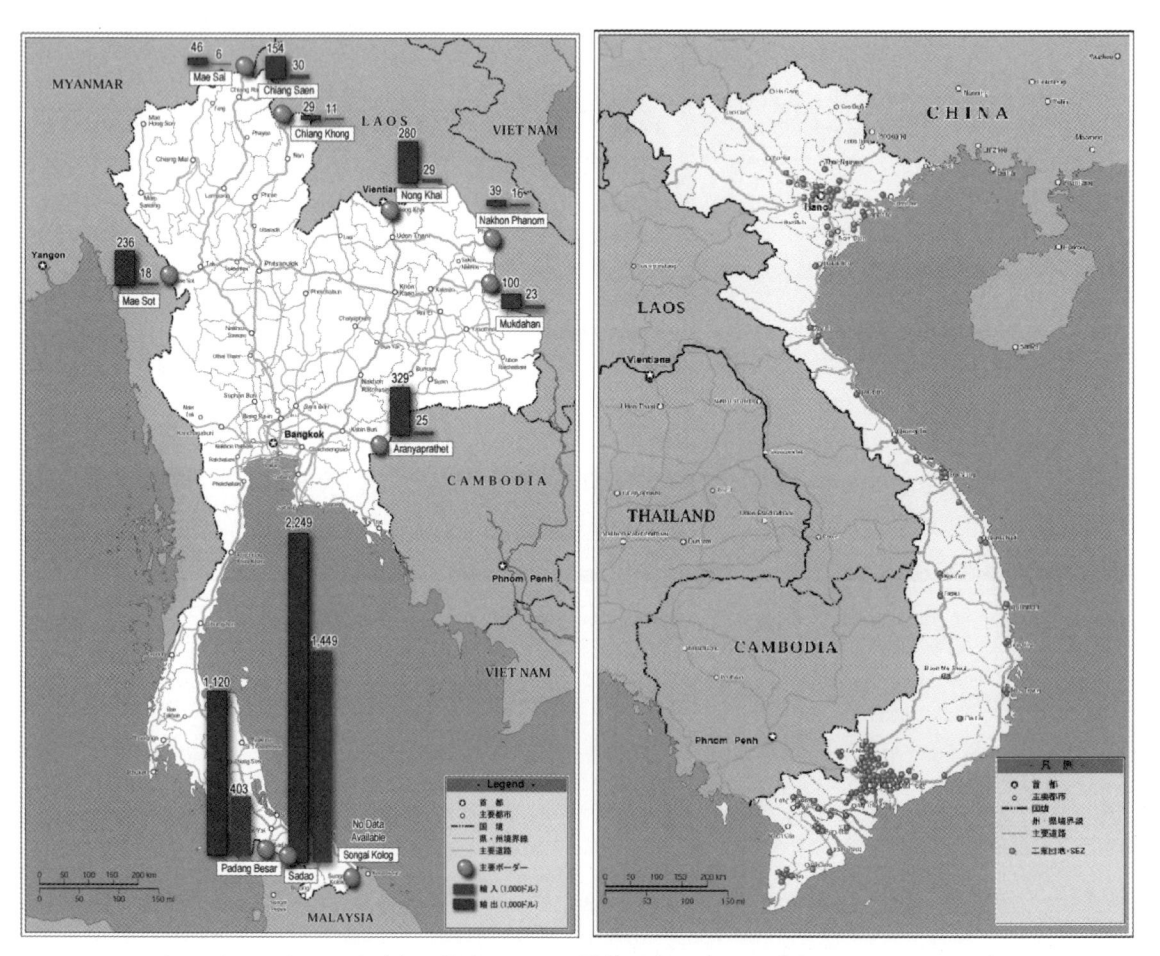

サンプル・イメージ（右：陸路による国境物流量、左：工業団地ロケーション）

第Ⅱ部：資料編

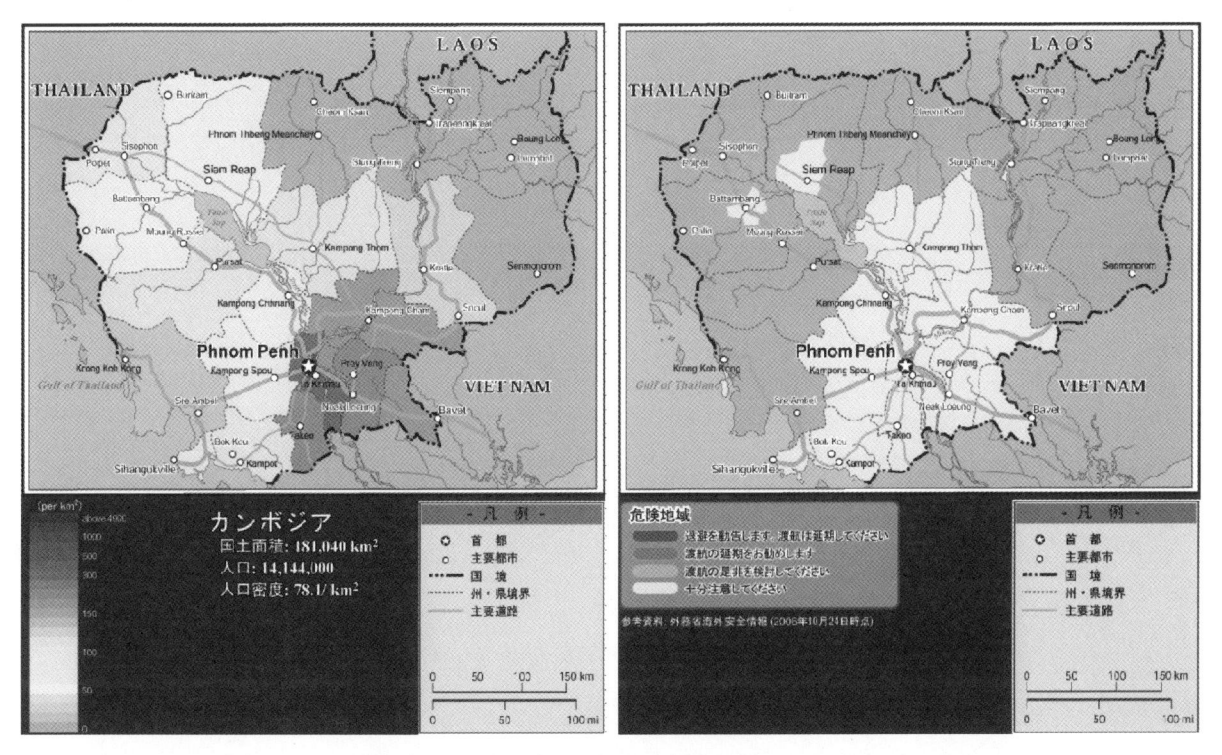

サンプル・イメージ（人口密度、危険地域：カンボジア）

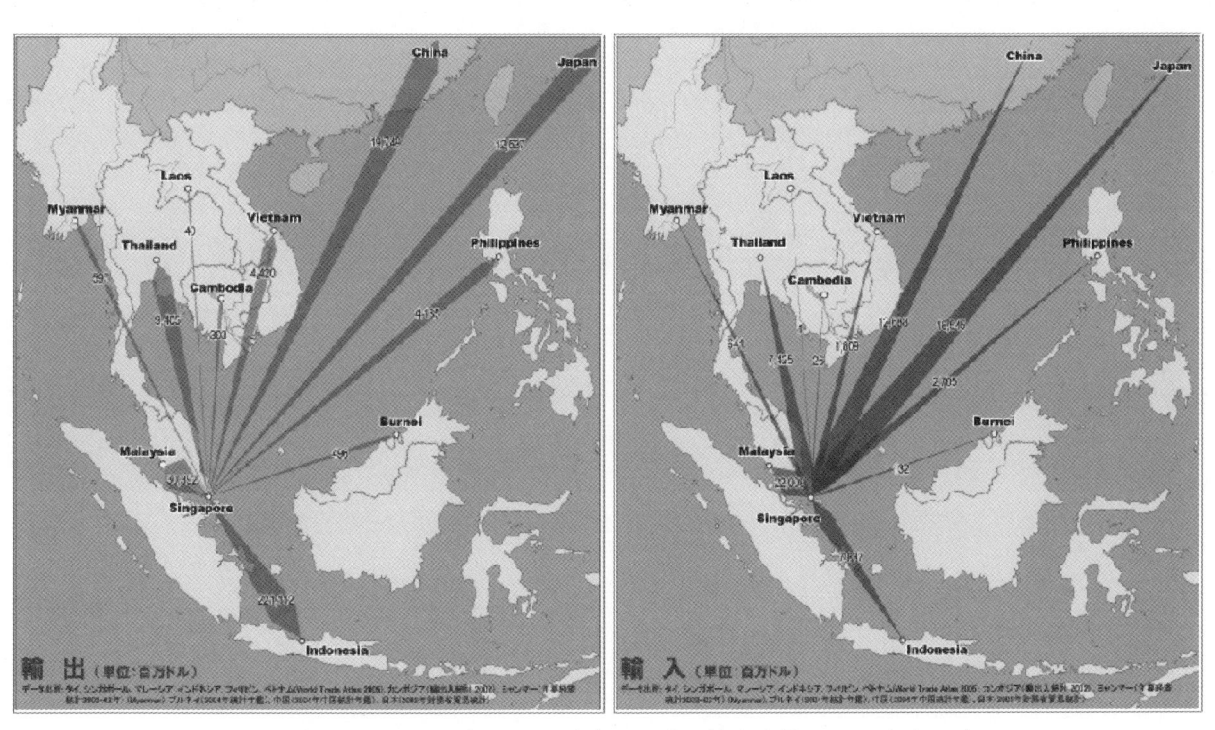

サンプル・イメージ（ASEAN域内における輸出入量：シンガポール）

サンプル・イメージ（ASEAN各国における主要インフラ開発計画）

(2) 国別基礎情報比較表

		タイ	シンガポール	マレーシア	インドネシア	フィリピン	カンボジア	ラオス	ベトナム	ミャンマー	ブルネイ
基礎データ	面積（km²）	514,000	693	332,876	1,919,440	300,000	181,040	236,800	329,560	678,500	5,765
	人口（人）	62,843,000 (2003年)	4,452,732 (2002年)	26,130,000 (2005年)	219,883,000 (2003年)	80,731,000 (2003年)	14,144,000 (2003年)	5,657,000 (2003年)	81,377,000 (2003年)	49,485,000 (2000年)	357,800 (2004年)
	人口密度（人/km²）	122.3	6428.1	78.5	114.6	269.1	78.1	23.9	246.9	72.9	62.1
	都市化率	31%	100%	62%	44%	61%	19%	21%	25%	29%	不明
	GDP（百万ドル）(2005年 名目)	168,774	117,882	130,796	276,004	97,653	5,419	2,735	50,900	5,378	6,399
	1人あたり GDP（ドル）(2005年 名目)	2,577	26,835	5,040	1,259	1,159	375	463	612	97	17,632
	1人あたり GDP（ドルPPP換算）(2004年 名目)	7,488	24,853	9,857	3,134	4,482	1,428	1,896	2,491	1,408	25,243
	輸入総額（百万ドル）(2004年)	93,706	166,097	99,149	50,615	45,109	3,193	713	28,758	1,968	1,447
	輸出総額（百万ドル）(2004年)	94,941	197,334	126,642	72,167	38,728	2,476	363	26,503	2,953	5,139
モード別貨物輸送量	貨物輸送量（1,000トン）	(2003年)		(2005年)	(2004年)			(2005年)	(2004年)	(2003年)	
	道　路	440,018	不明	403,100	不明	不明	不明	2,399	195,996	1,652	不明
	鉄　道	10,521	不明	4,031	17,146	不明	不明	0	8,874	3,442	不明
	内航水運	25,839	不明	0	325,648	不明	不明	621	59,196	4,171	不明
	海　運	22,941	不明	369,400	951,144	不明	不明	0	31,332	440	不明
	航空機	51	不明	1,007	390	不明	不明	0	98	1	不明
	合　計	499,370	不明	777,538	1,294,328	不明	不明	3,020	295,496	9,706	不明
	道　路	88.11%	不明	51.84%	道路を除く	不明	不明	79.44%	66.33%	17.02%	不明
	鉄　道	2.11%	不明	0.52%	1.32%	不明	不明	0.00%	3.00%	35.46%	不明
	内航水運	5.17%	不明	0.00%	25.16%	不明	不明	20.56%	20.03%	42.97%	不明
	海　運	4.59%	不明	47.51%	73.49%	不明	不明	0.00%	10.60%	4.53%	不明
	航空機	0.01%	不明	0.13%	0.03%	不明	不明	0.00%	0.03%	0.01%	不明

（3）ASEAN各国におけるインフラ整備事業・計画のリスト

国名	種別	インフラ事業名	概要	スケジュール
タイ	空港	スワンナプーム国際空港建設	バンコク東方32km。空港面積3,200ha。滑走路4,000m×2、3,700m×2、年間旅客取扱量1億人、年間貨物取扱量は640万トン。2006年9月28日に開港。	開港：2006年9月
	港湾	レムチャバン港拡張	6バースを追加建設。2012年の拡張工事完了後には、年間取扱能力は現在より70％アップ。	完成：2012年
		ソンクラー港拡張	コンテナ混載貨物（break-bulk cargo）およびコンテナ貨物が2010年までにそれぞれ60万5,000トン、134万4,000トン（16万6,000TEU）に増加するとの予測をもとに拡張を計画。	―
		フノン港拡張（第二期）	コンテナ・ヤード拡張、モバイル・クレーン増設。	完成：2007年
	鉄道	ナムトク～スリーパゴダパス間鉄道建設	中西部のナムトクからタイ・ミャンマー国境のスリーパゴダパス（153km）の鉄道建設。KOICA（韓国国際協力団）が、F/Sを実施中で、調査は2006年12月に終了予定。	
		マプタプット港～ラヨン港間鉄道建設	マプタプット港～ラヨン港間の16kmの鉄道路線延伸。	未定
		チャチュンソー～レムチャバン間鉄道複線化	慢性的な混雑に悩まされているラッカバンICDからレムチャバン港へのアクセスを改善するためにチャチュンソー～シラチャ～レムチャバン間78kmの鉄道路線の複線化するもの。運輸省は、PPP（官民パートナーシップ）を活用して事業を実施する意向をもっており、2006年9月には民間企業への公示が行われている。	完成：2009年
ベトナム	道路	ノイバイ空港～カイラン港間高速道路建設	ハノイのノイバイ空港～ハイフォン港の間をむすぶ既存の国道5号線に平行する有料高速道路の建設。	未定
		ハノイ～ハイフォン港間高速道路建設	ハノイ～カイラン港間をむすぶ既存の国道18号線に平行する有料高速道路の建設。2010年着工予定。	完成：2015年
	空港	ホーチミン新空港建設	ホーチミン市の既存国際空港であるタンソンニャット空港に替わる新国際空港の建設。	2015年
	港湾	新サイゴン港カトライ・コンテナターミナル拡張	ホーチミン市のVICT（ベトナム国際コンテナ・ターミナル）の対岸にあるカトライのコンテナ・ターミナル拡張事業。総延長1,187mコンテナバース7カ所の建設および15台のパナマックスクレーンの増設。	完成：2010年
		ハイフォン港リハビリ・拡張	ハイフォン港のリハビリ・拡張事業（フェーズⅡ）は、ベトナムの経済発展につれて増加が見込まれている貨物需要に対応するために港湾の貨物取扱能力も向上させるものである。	実施中 完成年：不明
		カイメップ・チーバイ国際港開発事業	カイメップ港（コンテナ貨物ターミナル2バース、年間取扱量60万TEU）、チーバイ港（一般貨物ターミナル2バース、同130万トン）。総事業費42,864百万円（うち円借款額36,364百万円）。工期は、2004年8月～2011年11月を予定。	完成：2011年
		ヴァン・フォン国際運輸港建設	中部のカインホア省ニャチャンの北60kmに位置するヴァン・フォン湾に大型コンテナ船が寄港可能な年間処理能力240万TEUのコンテナ港の建設。投資額は5億5,000万ドル。第一段階（2005年～2010年）年間50万TEUの容量を有する国際的運輸拠点目指す。	第一段階終了：2010年 最終段階：2020年
	鉄道	ホーチミン～ロクニン間鉄道建設	シンガポールと中国雲南省を結ぶ「東南アジア縦貫鉄道」のうちベトナム内の未完成区間であるホーチミン～ロクニン間鉄道建設することによりベトナム－カンボジア間を連結するもの。韓国のKOICAによってF/S実施済み。	完成：2010年
		ラオカイ～イェンビェン間鉄道複線化	ラオカイ～イェンビェン鉄道の複線化事業等により貨物の輸送能力を約2.5倍に増強。ADBが支援することが決まっており、中国雲南省～ハノイ～カイラン港/ハイフォン港ルートの貨物輸送能力の向上が目的。	完成年：不明
		ハノイ～カイラン港ルートのショートカット路線建設	Yen VienとCo Thanh間の軌道新設（複線）。同区間が完成することにより、ベトナムの中国雲南省側国境のラオカイからベトナム北部の主要港であるカイラン港までの移動時間が短縮される予定。	完成：2008年
		ハノイ～ホーチミン間高速鉄道建設	ホーチミン市およびハノイ間における高速旅客鉄道の建設。完成後は、両都市間の移動時間は9時間になると想定されている（現在は29時間）。	完成：2020年

国名	種別	インフラ事業名	概要	スケジュール
マレーシア	空港	クアラルンプール国際空港長期拡張計画	将来的に、4,000m級滑走路を5本整備。貨物処理能力を現状年間百万トンより、2020年には5～6百万トンに増強する予定。	2020年までの長期計画
	港湾	ポートクラン西港ターミナル拡張	600mのバース延長、60エーカーにわたるコンテナ・ヤード拡張、2基のガントリー・クレーンの増設が進行中。長期的に18バース(総延長3,600m)を整備予定。コンテナ処理能力を現状年間5百万TEUsより、2010年には8.4百万TEUsに増強。	実施中、2010年までの長期計画
		ペナン港北コンテナ・ターミナル拡張	北バタワース・コンテナ・ターミナルの拡張(200m、25haの背後地)。	完成:2007年
		タンジュン・ペレパス港ターミナル拡張	さらに8バースを増設、年間処理能力を1千万TEUsへ拡充、航路も幅250mから420mへ拡幅。	完成:2008年まで
		クアンタン港ターミナル拡張	専用コンテナ・ターミナルと石油化学用桟橋の整備。	不明
	鉄道	ラワン～イポー間鉄道複線化	円借款により、ラワン～イポー間の複線化が進行中、飛躍的に輸送能力が向上される予定。	完成:2008年
	道路	KL-KL国際空港間専用高速道建設	クアラルンプール市街地とクアラルンプール国際空港間を直接繋ぐ42kmの高速道路の建設	完成:2008年まで
		ジョホール東部バイパス道路建設	ジョホールの新設通関施設と半島幹線である南北縦貫高速道路を結ぶ10kmの高速道の建設。	不明
シンガポール	空港	チャンギ国際空港拡張事業	①第3旅客ターミナル新設:追加2,000万の旅客処理容量を付与する。2000年10月着工。 ②第2旅客ターミナル改修:総工費2億4000万ドルを見込む。 ③第1旅客ターミナルビル機能向上:総工費1億8,000万ドルを見込む。2006年事業開始。 ④第3の滑走路、第4旅客ターミナルの構想もあり。	①完成:2008年 ②完成予定:2006年半ば ③完成:2008年 ④計画・構想段階
	港湾	パシール・パンジャン新コンテナ・ターミナル建設	70億ドルを投じ、新コンテナ・ターミナルを建設。全体計画49バース(30年にわたる構想)。2000年3月に正式オープン。一期(8バース)は既に稼動。2009年第2期(19バース)完成予定。	第2期完成:2009年(全4期完成は着工約30年後)
インドネシア	道路	ジャワ北幹線道路渋滞緩和事業	ジャカルタとスラバヤを結ぶジャワ島北部を東西に縦貫する国道、および、その代替道路となる幹線道路の主要混雑地点を立体交差化することにより、物流の改善を図るもの。	完成:2008年
		サマリンダ～バリクパパン間道路・橋梁建設	東カリマンタンのサマリンダ～バリクパパン間を結ぶ2車線道路道路(435km)・橋梁(1.2km)の建設。	未定
		タンジュンプリオク港アクセス道路建設	ジャカルタ外環道路とインドネシア最大の港湾であるタンジュンプリオク港を連結する12kmの高速道路の建設。ジャカルタ首都圏、特にタンジュンプリオク港近辺の交通渋滞の緩和が期待されている。	完成:2008年
	鉄道	ジャワ北幹線鉄道複線化事業(II)	ジャワ南線およびバンドン線と並び三大幹線の一つ、ジャワ北線のうちチカンペック～チレボン間の複線化を行うものであり、本事業により線路容量が増大し、列車の安全性、定時性、速度の向上が図られる。	実施中 完成:不明
		ジャワ南線鉄道複線化事業(II)	クトアルジョ～ジョグジャカルタ間(約64km)の複線化(増線建設、現存線改良)を行うもの。19,368百万円(うち円借款対象額は10,348百万円)。2005年2月より着工。	完成:2009年9月
	港湾	タンジュン・プリオク港緊急リハビリ事業	航路・泊地浚渫、防波堤移設、港内道路整備等。同国最大港湾だが、入港船舶が長時間の沖待ちを余儀なくされるなど、港湾機能の未整備が問題となっていることが背景。実施スケジュールは2004年4月～2011年6月の予定。	完成:2011年
		タンジュン・ペラク港の拡張	スラバヤ近郊のタンジュン・ペラク港の拡張事業(JBIC資料)	不明
		ボジョネガラ港開発第一期	ジャカルタのタンジュン・プリオク港にかわる新しいハブ港湾としてジャカルタの西方約100kmのバンテン州ボジョネガラに新規の深海港を建設するもの	完成:2013年
	空港	新メダン空港建設事業	北スマトラ州。滑走路、エプロン、平行誘導路、離脱誘導路、旅客ターミナル、管制塔、オペレーショナルビルの建設。(円借款2億2,500万米ドル)	完成:不明

国名	種別	インフラ事業名	概要	スケジュール
フィリピン	空港	ニノイ・アキノ空港拡張	第3ターミナルビル整備。	完成済(運用未開始)
		新バコロド空港建設	ネグロス島バコロド市にあるバコロド空港を移転建設。2000m級滑走路(1本)を有し、インターナショナルスタンダードに合致した国際空港並みの設計仕様。	完成:2007年1月
		新イロイロ空港開発事業	パナイ島イロイロ州イロイロ市近郊への延長2,500mの滑走路を有する新空港建設。	完成:2006年12月
	港湾	バタンガス港開発事業II期	マニラの南約110kmのカラバルソン地域に位置する港湾。主な工事の概要は、520万m³の浚渫ならびに410万m³の埋め立てを中心とする450mのコンテナ埠頭の建設、約35.9万m²のコンテナ・ヤード、延床面積4.1千m²のコンテナ・フレイト・ステーション、延長470mの既存雑貨桟橋の改修。	完成:2007年
		スービック港開発事業	米海軍基地の跡地を利用し、クラーク元空軍基地の開発と併せてアジア地域で最高の国際ロジスティックサービスセンターを開発する構想の核を担うインフラ整備。2007年にコンテナバースを2バース、2015年までに追加1バースを整備予定。	完成:2007年7月
	道路	スービック～クラーク高速道路建設事業	ルソン島のスービック～クラーク～ターラックを結ぶ中部ルソン高速道路。	完成:2007年11月
	鉄道	国有鉄道改修・新設	既存路線5カ所の改修および3本の新線建設計画。	完成:不明
カンボジア	空港	プノンペン国際空港拡張	改修移転した旧国際線ターミナルに国内線ターミナルを移転。現在40mの滑走路幅を45mに拡幅。旅客処理能力(現在年間200万人)を500万人に拡張する方針。	完成:2006年
	港湾	シハヌークヴィル緊急拡張事業	コンテナ埠頭の160m延長、ガントリー・クレーンの荷役機械設置など。全体事業費は約50億円(うち円借款43.13億円)。コンテナ埠頭工事期間は2006年3月～2007年11月を予定。	完成:2007年11月
	鉄道	プノンペン～シアヌークビル間鉄道路線緊急復旧	プノンペン～シアヌークビル間、延長284kmの緊急復旧。	完成:2008年
		ポイペット～シソフォン間鉄道路線緊急復旧	シンガポールと中国雲南省を結ぶ「東南アジア縦貫鉄道」のうちカンボジア内の未完成区間であるポイペット(タイ国境)～シソフォン間、延長48km区間の鉄道建設。	実施期間:2004～2008年
		バットドアン～ベトナム国境鉄道路線	バットドアン～コンポンチャム～スヌール～ベトナム国境(ロンニン)、延長255km(アジア鉄道関連整備)。	不明
	道路	国道1号ネクルン橋建設事業	プノンペン～ベトナム国境を連絡する国道1号改良およびメコン架橋。	完成:2010年
		国道5号ポイペット～シソフォン間	国道5号のタイ国境ポイペット～シソフォン間改良。	完成:2008年
		国道7号リハビリテーション事業	クラティエ～ストゥントレン間道路改良。	完成:2007年
ラオス	道路	ビエンチャン1号線整備計画	ビエンチャンの都市内骨格幹線で市中心部とラオスの2大玄関口であるワッタイ国際空港およびタイ国境のメコン河に架かる橋を結ぶ道路。計画(1期)では対象区間(シカイ交差点～タナレン保税倉庫間(約28.9Km))のうち、15.7km分の道路改良および道路排水施設整備を実施する。日本の無償資金協力で実施。	完成:2007年12月
		第2メコン国際橋	インドシナ半島を横断する物流の大動脈である東西回廊の中心に位置しており、沿道のベトナム、ラオス、タイ、ミャンマー各国から経済発展への寄与にも期待。日本の円借款供与(投資額80億円)により、2000年5月着工。	完成:2006年12月
		第3メコン国際橋建設	第3メコン国際橋の建設事業。橋梁は650～700mになる予定で、Nakhon Phanom(タイ)～Thakhek(ラオス)に敷設される予定。建設予定地は、2006年4月に両政府の合意のもと決定されている。同橋梁は、ベトナム・ラオス・タイの3カ国の物流環境を改善させ、ラオス南部で算出する天然資源の輸送にも貢献すると期待されている。	未定
		第4メコン国際橋建設	メコン川を越えてHouei Sai(ラオス側)からChiang Khong(タイ側)までを結ぶ橋梁。タイからラオスの国道3号(250km)を経て中国へ抜けるルートの一部。ADBのTAでサイトは特定されており、資金の50%はタイの無償資金協力で賄われることが決まっている。ラオス政府は、残り50%を中国からの資金提供で賄うことを想定している。	未定

国名	種別	インフラ事業名	概要	スケジュール
ラオス	道路（続き）	国道建設事業	国道3号: Houayxai～Boten、国道8号: B.Lao～Keonua、国道9号: Xano～ラオバオ、国道18号B: Attapeu～B.Hat、国道4号: Xiang～Ngeun～Xaignabouli (87km)、国道2号: Ngeun～Pakbeng、サバナケット橋、Houayxai Bridg.	実施期間：2004～2007年 完成：2007年
	鉄道	フレンドシップブリッジ付近鉄道建設	第1フェーズ：友好橋からDongphosy villageまでの3.5km区間。費用である197百万バーツは、タイ政府からの無償援助30％と低利の借入金70％で賄われる。第2フェーズDongphosy villageからSokkham villageの9km。費用：20百万ドル。完成予定は2009年4月。	完成：2009年4月
ミャンマー	空港	ハンタワディ国際空港建設事業	ヤンゴンから約50マイル東方にあるバゴー近隣に建設中。	不明
	港湾	ティラワ港開発プロジェクト	ヤンゴン港の補完港であるティラワ港の第二ターミナルが建設中。	不明
		イラワジ川コンテナ輸送計画	中央を南北に流れるイラワジ川の上流バモーにコンテナターミナルを建設し、中国雲南省からイラワジ川を経由してヤンゴン港まで輸送し、そこからアンダマン海へ抜けるルートについて、中国政府と資金調達などについて協議中。	未定
	鉄道	タンビザヤ～タイ国境間鉄道建設	タンビザヤ～スリーパゴダ（タイ）区間（260km）の建設、2005年4月に韓国のKOICAがF/Sを実施済み。	未定
		ラシオ～中国国境間鉄道建設	北部ラシオから中国国境までの585kmの鉄道延伸計画。中国側は、大理からミャンマー国境までの建設を行う必要がある。	未定
	道路	タトン～ミヤワディ間道路建設	タトン～タイ側国境のミヤワディまでの道路建設。	未定
		ムセ～バモー間道路建設	中国国境Museからイラワジ川へ通じるバモーまでの道路（100km）。中国の援助で建設中。	不明
		メイクティラ～キャントン間道路拡張	メイクティラ～キャントン間の道路拡張(634km、2車線)、事業費は15.2百万ドル。	未定
		ロイレン～チバウ間道路整備	北部ロイレン～チバウ間の舗装道路建設(253km、2車線)、事業費は46.9百万ドル。	未定
		ダウェイ～タイ国境間道路建設	ダウェイ～タイ国境間の道路建設、タイの民間企業(70％)、ミャンマー政府(30％)の資金負担で建設中。	完成：2008年
ブルネイ	----	----	----	----

（4）ASEAN域内の貿易量

輸出 ＼ 輸入		タイ	シンガポール	マレーシア	インドネシア	フィリピン	カンボジア	ラオス	ベトナム	ミャンマー	ブルネイ	中国	日本
ASEAN加盟国	タイ		7,425	5,676	3,959	2,045	909	765	2,348	697	68	9,104	15,030
	シンガポール	9,405		30,392	22,112	4,185	303	40	4,420	597	496	19,749	12,537
	マレーシア	7,585	22,009		3,322	1,974	109	6	1,160	246	353	9,303	13,181
	インドネシア	2,246	7,837	3,431		1,419	94	2	678	78	39	6,662	18,049
	フィリピン	1,169	2,705	2,451	476		8	1	312	9	9	4,076	7,109
	カンボジア	8	26	23	1	2		3	32	0	0	8	19
	ラオス	225	1	6	0	0	0		95	−	0	114	8
	ベトナム	780	1,809	949	469	829	536	67		12	−	2,961	4,411
	ミャンマー	233	641	293	64	3	−	0	9		−	364	216
	ブルネイ	349	132	71	316	1	0	0	0	0		205	1,910
その他	中国	5,802	12,688	8,086	6,256	4,269	452	101	4,260	938	48		73,509
	日本	22,601	18,545	12,608	9,297	9,117	79	20	3,610	92	105	80,340	

出所：『World Trade Atlas 2005』(タイ、シンガポール、マレーシア、インドネシア、フィリピン、ベトナム)、『カンボジア 2002 年輸出入統計』(カンボジア)、『財務省貿易統計 2005 年』(日本)、『月次主要経済統計 2002-03 年』(ミャンマー)、『ブルネイ統計年鑑 2004 年』(ブルネイ)、『中国統計年鑑 2004 年』(中国)

2-2：道路情報

　道路情報としては、以下の地図情報およびテキスト・表情報が含まれる。地図情報作成のベースとなっているのは、国連アジア太平洋経済社会委員会（ESCAP）の運輸・観光課が作成したアジアン・ハイウェイに関するデータをもとに、道路の区間毎に作成している。

　なお、年平均日交通量（AADT）は、車種別交通量のデータをもとに、乗用車換算（PCU：Passenger Car Unit）した値をベースとして作図を行っている。混雑度は、車線数・地形条件・路面状況などを考慮して算定した道路の交通容量に対するピーク時の推定交通量の比率を示すVCR（Vehicle capacity ratio）をベースに図示を行った。国別道路情報比較表は、道路総延長、道路密度、自動車登録台数、通行車線、主要道路の最大軸重・最大車輌重量、舗装種別・路面状況別・車線数別の道路区間延長などの情報が含まれている。

道路情報のコンテンツ

	コンテンツ	主要情報源
地図情報	1．主要道路ネットワーク図 2．区間毎の車線数 3．区間毎のPCU換算交通量（AADT） 4．区間毎の路面状況 5．区間毎の混雑度（VCR）	国連ESCAP、ASEAN事務局 国連ESCAP運輸・観光課 国連ESCAP運輸・観光課 国連ESCAP運輸・観光課 国連ESCAP運輸・観光課
テキスト・表情報	1．国別道路情報比較表	国連ESCAP、ASEAN事務局

（1）地図情報サンプル・イメージ

　ここでは各国毎に上記の5枚の地図が作製されている（ただし、国内にアジアン・ハイウェイに指定されている道路がないブルネイについては、上記2～5は含まれない）。道路情報の地図のサンプルは以下のとおり。

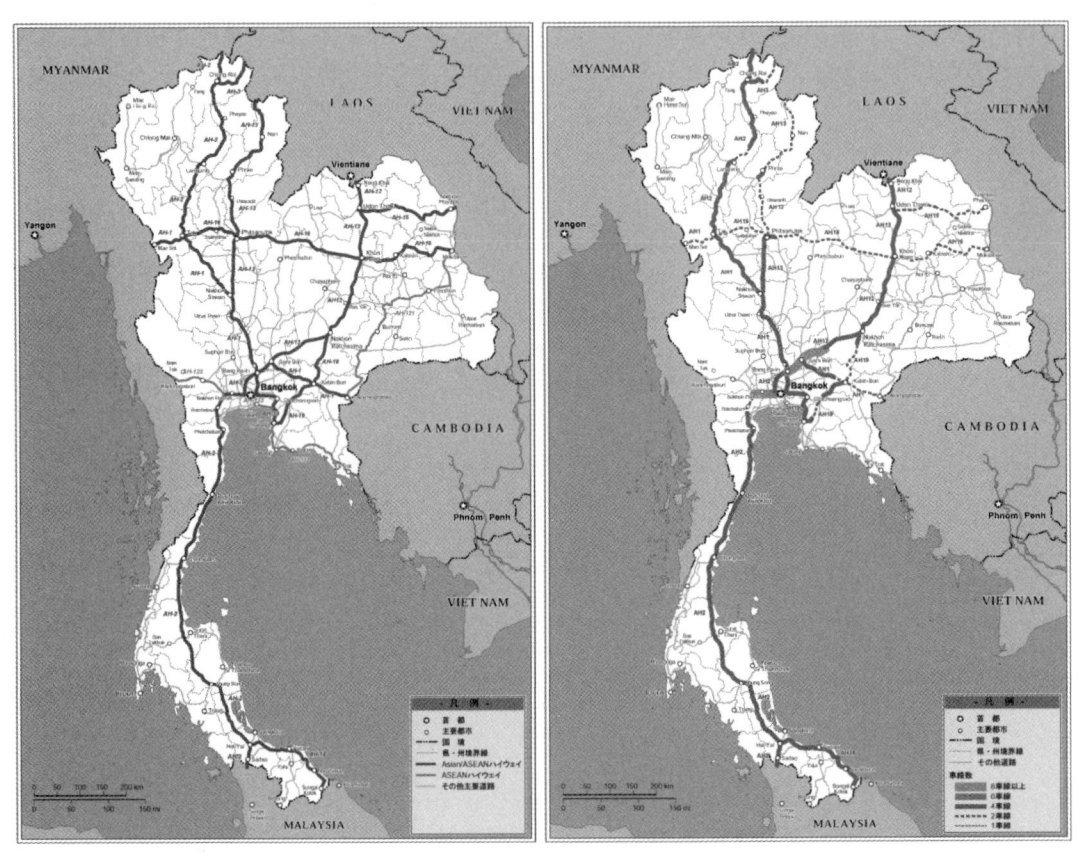

サンプル・イメージ（主要道路ネットワーク）　　　　サンプル・イメージ（車線数）

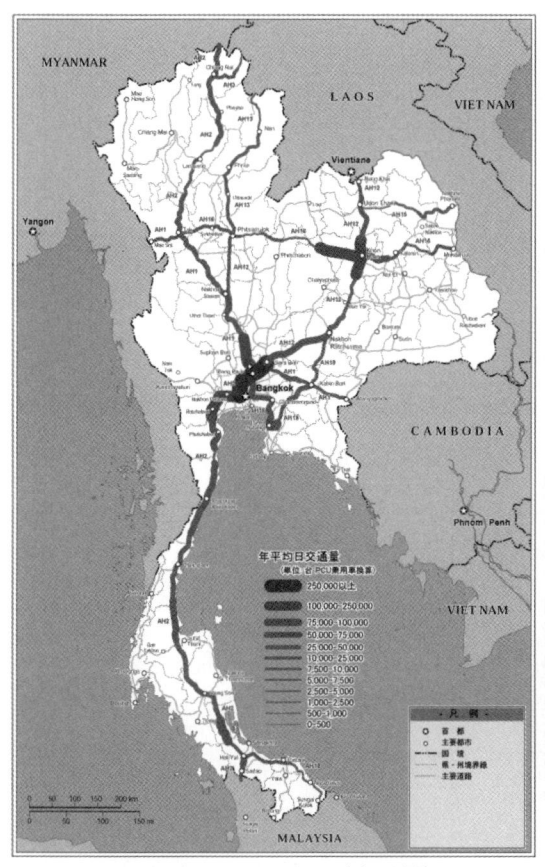

サンプル・イメージ（交通量）　　　　　　サンプル・イメージ（路面状況）

注：
　交通量は、国連 ESCAP から入手した車種別の交通量をもとに、以下の換算係数を用いて乗用車換算している（乗用車＝1.0、ピックアップ＝1.5、バス＝3.0、トラック＝3.0、トレーラー＝4.0、オートバイ＝0.5）

　道路混雑の程度の把握するために算定した VCR は、以下のような大まかな設定に基づいて算定した。

　　VCR＝ PCU ベースの年平均日交通量×ピーク率÷道路の交通容量

　　道路の交通容量＝ベース道路容量×地形補正係数×路面状況補正係数

道路容量：
　1 または 2 車線：2,200 PCU/時/車線
　3 車線以上：2,500 PCU/時間/車線

道路容量補正係数
　地形：平地: 1.0、丘陵地: 0.9、山岳地: 0.8.
　路面タイプ：アジアン・ハイウェイ・クラス I, II, III: 1.0、クラス IV 以下: 0.9

その他：ピーク率＝1.2

路面状況：国連アジア太平洋経済社会委員会（ESCAP）の路面状況データ（Good, Fair, Bad の三段階評価）を Good: 3 Point, Fair: 1 Point, Bad: 0 Point として、区間毎の距離毎の路面状況を加重平均することにより算出した数値をもとに設定。

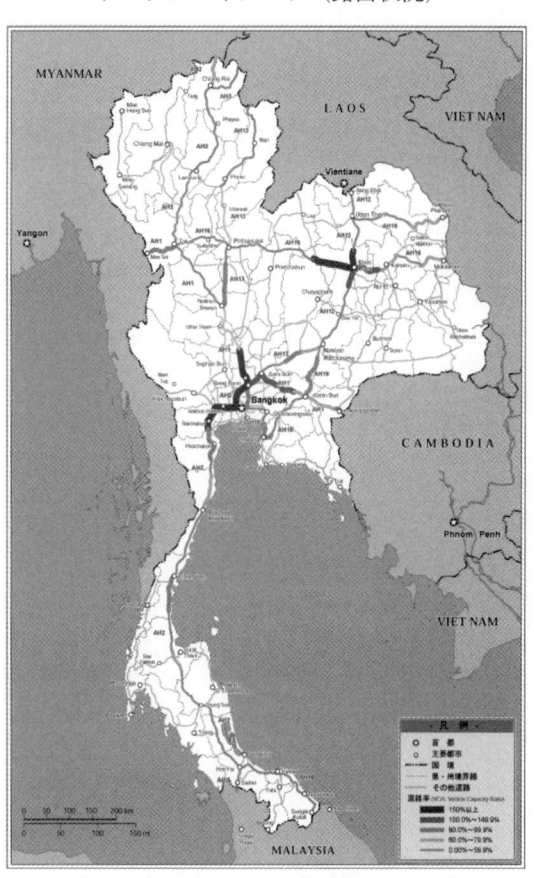

サンプル・イメージ（混雑度：VCR）

(2) 道路情報の分析に使用したデータのサンプル（ベトナム）

AH Route No.	City/Town Name at Start Point	City/Town Name at End Point	Terrain (km)			Number of Lanes (km)					Surface Type (km)						Surface Condition (km)				AADT	PCU	Capacity	VCR	Traffic Volume by Vehicle Type					
			Flat	Hilly	Mountainous	1	2	4	6	8	10/More	AC	CC	PM DB SB	CG Ma Me	G	E	O	Good 3	Fair 1	Bad 0	Score				0.2	Passenger Car	Pick-up	Bus	Truck	Motor-cycle	Others
AH1	Huu Nghi (Border of China)	Lang Son	0	18	0	0	18	0	0	0	0	18	0	0	0	0	0	0	18	0	0	3.00	941	3,522	2,250	0.19	143	0	318	480	585	83
AH1	Lang Son	Bac Giang	106	0	0	0	106	0	0	0	0	106	0	0	0	0	0	0	106	0	0	3.00	1802	6,326	2,250	0.34	342	0	616	844	990	73
AH1	Bac Giang	Bac Ninh	20	0	0	16	4	0	0	0	0	20	0	0	0	0	0	0	20	0	0	3.00	2752	13,432	3,600	0.45	650	0	866	1236	5253	208
AH1	Bac Ninh	Hanoi	31	0	0	0	0	31	0	0	0	31	0	0	0	0	0	0	31	0	0	3.00	13036	88,915	8,000	1.33	7591	0	2500	2945	129951	13
AH1	Hanoi	Phu Ly	59	0	0	0	0	59	0	0	0	59	0	0	0	0	0	0	59	0	0	3.00	3606	16,611	8,000	0.25	1114	126	646	1720	3819	0
AH1	Phu Ly	Ninh Binh	34	0	0	15	19	0	0	0	0	34	0	0	0	0	0	0	34	0	0	3.00	0	0	5,574	0.00	0	0	0	0	0	0
AH1	Ninh Binh	Thanh Hoa	60	0	0	60	0	0	0	0	0	60	0	0	0	0	0	0	60	0	0	3.00	1971	6,603	2,500	0.32	500	59	345	1067	981	0
AH1	Thanh Hoa	Dien Chau	99	0	0	99	0	0	0	0	0	99	0	0	0	0	0	0	99	0	0	3.00	0	0	2,500	0.00	0	0	0	0	0	0
AH1	Dien Chau	Vinh	39	0	0	39	0	0	0	0	0	39	0	0	0	0	0	0	39	0	0	3.00	1957	4,843	2,500	0.23	514	0	466	977	0	0
AH1	Vinh	South of Vinh (Vot)	19	0	0	19	0	0	0	0	0	19	0	0	0	0	0	0	19	0	0	3.00	0	0	2,500	0.00	0	0	0	0	0	0
AH1	South of Vinh (Vot)	Ha Tinh	31	0	0	31	0	0	0	0	0	31	0	0	0	0	0	0	31	0	0	3.00	1348	3,412	2,500	0.16	316	0	272	760	0	0
AH1	Ha Tinh	Dong Hoi	141	0	10	151	0	0	0	0	0	151	0	0	0	0	0	0	151	0	0	3.00	0	0	2,500	0.00	0	0	0	0	0	0
AH1	Dong Hoi	Dong Ha	94	0	0	94	0	0	0	0	0	94	0	0	0	0	0	0	94	0	0	3.00	1021	2,679	2,500	0.13	192	0	308	521	0	0
AH1	Dong Ha	Hue	72	0	0	72	0	0	0	0	0	72	0	0	0	0	0	0	72	0	0	3.00	1884	4,978	2,500	0.24	337	0	493	1054	0	0
AH1	Hue	Da Nang	97	0	10	107	0	0	0	0	0	107	0	0	0	0	0	0	107	0	0	3.00	1385	3,591	2,453	0.18	282	0	268	835	0	0
AH1	Da Nang	West of Hoi An	13	0	0	13	0	0	0	0	0	13	0	0	0	0	0	0	0	13	0	1.00	0	0	2,500	0.00	0	0	0	0	0	0
AH1	West of Hoian	Tam Ky	48	0	0	48	0	0	0	0	0	48	0	0	0	0	0	0	0	48	0	1.00	1988	4,784	2,500	0.23	590	0	703	695	0	0
AH1	Tam Ky	Quang Ngai	63	0	0	63	0	0	0	0	0	63	0	0	0	0	0	0	63	0	0	3.00	0	0	2,500	0.00	0	0	0	0	0	0
AH1	Quang Ngai	An Nhon	157	0	0	157	0	0	0	0	0	157	0	0	0	0	0	0	157	0	0	3.00	1518	3,694	2,500	0.18	430	0	605	483	0	0
AH1	An Nhon	Tuy Hoa	104	0	12	116	0	0	0	0	0	116	0	0	0	0	0	0	116	0	0	3.00	3088	7,860	2,448	0.39	702	0	743	1643	0	0
AH1	Tuy Hoa	Nha Trang	68	0	20	88	0	0	0	0	0	88	0	0	0	0	0	0	88	0	0	3.00	0	0	2,386	0.00	0	0	0	0	0	0
AH1	Nha Trang	Phan Rang	28	0	5	33	0	0	0	0	0	33	0	0	0	0	0	0	33	0	0	3.00	1561	4,293	2,424	0.21	195	0	538	828	0	0
AH1	Phan Rang	Phan Thiet	105	0	0	105	0	0	0	0	0	105	0	0	0	0	0	0	105	0	0	3.00	1177	3,003	2,500	0.14	264	0	447	466	0	0
AH1	Phan Thiet	Song Phan	146	0	0	146	0	0	0	0	0	146	0	0	0	0	0	0	146	0	0	3.00	1504	3,272	2,500	0.16	620	0	487	397	0	0
AH1	Song Phan	Xuan Loc	37	0	0	37	0	0	0	0	0	37	0	0	0	0	0	0	37	0	0	3.00	2726	6,046	2,500	0.29	1066	0	818	842	0	0
AH1	Xuan Loc	Bien Hoa	79	0	0	79	0	0	0	0	0	79	0	0	0	0	0	0	79	0	0	3.00	0	0	2,500	0.00	0	0	0	0	0	0
AH1	Bien Hoa	Ho Chi Minh	50	0	0	50	0	0	0	0	0	50	0	0	0	0	0	0	50	0	0	3.00	3936	7,464	2,500	0.36	2172	0	928	836	0	0
AH1	Bien Hua	Vung Tau	30	0	0	0	30	0	0	0	0	30	0	0	0	0	0	0	30	0	0	3.00	20716	37,932	8,000	0.57	12108	0	5166	3442	0	0
AH1	Ho Chi Minh	Cu Chi	86	0	0	22	64	0	0	0	0	86	0	0	0	0	0	0	86	0	0	3.00	10269	39,130	6,593	0.71	1290	0	3848	5131	21805	0
AH1	Cu Chi	Go Dau Ha	34	0	0	0	0	34	0	0	0	34	0	0	0	0	0	0	34	0	0	3.00	3651	0	12,000	0.00	0	0	0	0	0	0
AH1	Go Dau Ha	Moc Bai (Border of Cambo)	28	0	0	0	0	28	0	0	0	28	0	0	0	0	0	0	28	0	0	3.00	0	0	12,000	0.00	0	0	0	0	0	0
AH14	Hai Phong	Hai Duong	10	0	0	10	0	0	0	0	0	10	0	0	0	0	0	0	0	10	0	1.00	312	0	2,500	0.00	0	0	435	2901	747	0
AH14	Hai Duong	Hanoi	50	0	0	0	0	50	0	0	0	50	0	0	0	0	0	0	50	0	0	3.00	4536	12,589	8,000	0.19	1077	123	843	2879	1445	0
AH14	Hanoi	Phuc Yen	56	0	0	0	6	50	0	0	0	56	0	0	0	0	0	0	56	0	0	3.00	5488	14,303	8,429	0.20	1620	146	1192	2718	3536	105
AH14	Phuc Yen	Viet Tri	47	0	0	47	0	0	0	0	0	47	0	0	0	0	0	0	47	0	0	3.00	4884	17,452	2,500	0.84	974	0	604	2068	1075	147
AH14	Viet Tri	Doan Hung	37	0	0	32	5	0	0	0	0	37	0	0	0	0	0	0	37	0	0	3.00	0	0	3,243	0.00	615	0	0	0	0	0
AH14	Doan Hung	Lao Cai (Border of China)	0	70	0	70	0	0	0	0	0	70	0	0	0	0	0	0	70	0	0	3.00	3287	10,273	2,250	0.55	87	0	84	183	921	9
AH15	South of Vinh (Vot)	Linh Can	0	186	0	186	0	0	0	0	0	186	0	0	0	0	0	0	0	186	0	1.00	354	2,133	1,900	0.13	20	0	8	144	0	0
AH15	Linh Can	Cau Treo (Border of Lao P)	20	0	0	20	0	0	0	0	0	20	0	0	0	0	0	0	0	20	0	1.00	172	476	2,500	0.02	20	0	6	144	0	0
AH16	Dong Ha	Lao Bao (Border of Lao PE)	0	0	65	65	0	0	0	0	0	65	0	0	0	0	0	0	0	65	0	1.00	170	470	950	0.06	21	0	5	64	689	28
			47	22	15	83	1	0	0	0	0	84	0	0	0	0	0	0	1	83	0	1.02	90	1,630	2,407	0.08						

出所：国際連合 ESCAP

(3) 国別の道路基礎情報比較表

		タイ	ラオス	ベトナム	ミャンマー	ブルネイ	シンガポール	マレーシア	インドネシア	フィリピン	カンボジア
基礎データ	道路総延長 (km)	249,243 (2001年)	32,620 (2002年)	221,115 (2004年)	42,300 (2001年)	2,570 (2004年)	3,149 (2002年)	77,695 (2004年)	332,651 (2002年)	202,000 (2000年)	12,323 (2000年)
	国土面積 (km²)	514,000	236,800	329,560	678,500	5,765	693	332,876	1,919,440	300,000	181,040
	道路密度 (m per km²)	484.9	137.8	670.9	62.3	445.8	4,546.0	233.4	173.3	673.3	68.1
	自動車登録台数	25,549,000 (2003年)	96,950 (2000年)	429,163 (2002年)	264,000 (2000年)	239,601 (2004年)	706,956 (2002年)	13,764,837 (2004年)	5,727,657 (2002年)	2,438,320 (2000年)	350,257 (2000年)
	人口 (人)	62,843,000 (2003年)	5,657,000 (2003年)	81,377,000 (2003年)	49,485,000 (2000年)	357,800 (2004年)	4,452,732 (2002年)	26,130,000 (2005年)	219,883,000 (2003年)	80,731,000 (2003年)	14,144,000 (2003年)
	100人あたり自動車登録台数	40.66	1.71	0.53	0.53	66.97	15.88	52.68	2.60	3.02	2.48
	通行車線	左側通行	右側通行	右側通行	右側通行	左側通行	左側通行	左側通行	左側通行	右側通行	右側通行
主要物流ルートの道路状況 (ASIANハイウェイ)	路面状況										
	良好 (%)	78.6%	44.7%	84.1%	46.3%	不明	不明	不明	97.0%	92.5%	85.2%
	普通 (%)	20.0%	29.8%	15.9%	53.7%	不明	不明	不明	3.0%	7.2%	0.0%
	悪い (%)	1.4%	25.5%	0.0%	0.0%	不明	不明	不明	0.0%	0.3%	14.8%
	舗装タイプ										
	アスファルト・コンクリート (%)	82.1%	0.0%	100.0%	4.8%	不明	100.0%	43.1%	95.2%	21.4%	29.8%
	セメント・コンクリート (%)	14.8%	0.0%	0.0%	0.0%	不明	0.0%	10.9%	4.1%	67.1%	0.0%
	浸透式マカダム、2層式アスファルト (%)	3.0%	85.0%	0.0%	78.0%	不明	0.0%	46.0%	0.7%	0.0%	70.2%
	コンパクテッド・グラベル、マカダム (%)	0.0%	0.0%	0.0%	11.5%	不明	0.0%	0.0%	0.0%	0.0%	0.0%
	砂利道 (%)	0.0%	11.7%	2.5%	4.2%	不明	0.0%	0.0%	0.0%	11.5%	0.0%
	未舗装 (%)	0.0%	3.3%	0.0%	1.7%	不明	100.0%	0.0%	0.3%	0.0%	0.0%
	車線数										
	1車線 (%)	0.0%	1.4%	2.4%	51.0%	不明	0.0%	0.0%	0.0%	0.0%	0.0%
	2車線 (%)	36.7%	98.6%	84.4%	43.3%	不明	0.0%	46.0%	83.5%	95.2%	100.0%
	4車線 (%)	58.3%	0.0%	11.7%	3.1%	不明	0.0%	44.7%	14.3%	4.8%	0.0%
	6車線 (%)	1.0%	0.0%	2.5%	2.7%	不明	100.0%	9.3%	1.9%	0.0%	0.0%
	8車線以上 (%)	4.0%	0.0%	0.0%	0.0%	不明	0.0%	0.0%	0.3%	0.0%	0.0%
	最大総車両重量	39.2	32.8	30.0~32.0	38.0	不明	不明	不明	10.0~16.0	不明	40.0
	最大軸重	30.0	不明	21.0~24.0	21.0	不明	30.0	不明	20.0	不明	不明

参考資料: Highway Fact Book、国連ESCAP & ASEAN Highway Fact Book、ASEAN事務局

２－３：港湾・海路情報

港湾・海路情報は、下表の地図情報およびテキスト情報で構成されている。

主要港湾別の施設基礎情報は、バースの数・総延長、水路水深、ターミナル施設面積、CFSエリア面積、ガントリー・クレーン数（岸壁、ヤード別）、港湾へのアクセシビリティ、開港時間、通関営業時間、入港船舶数、貨物取扱量（輸出入・国内別）、コンテナ取扱量（輸出入、積替別）。

港湾情報のコンテンツ

	コンテンツ	主要情報源
地図情報	１．主要港湾ロケーションマップ	各種資料より作成
	２．ASEAN主要港湾間のリードタイム	Containerization International Yearbook 2006、およびインタビュー結果
	３．ASEAN域内のコンテナ移動量	Containerization International Year Book 2006
	４．ASEANおよび東アジア主要港湾のコンテナ（貨物）取扱量	Containerization International Year Book 2006
	５．ASEAN内の主要航路	Containerization International Year Book 2006
テキスト・表情報	１．主要港湾の基礎情報	Containerization International Yearbook 2006、国際輸送ハンドブック
	２．ASEAN主要港湾間のリードタイム	Containerization International Yearbook 2006、およびインタビュー結果
	３．ASEAN域内におけるコンテナ移動量	Containerization International Yearbook 2006
	４．港湾荷役料金など	PDP Australia Pty Ltd/Meyrick and Associates, Cargo News Asia, and MCC Transport Pte Ltd
	５．ASEAN主要港湾間の輸送料金	PDP Australia Pty Ltd/Meyrick and Associates 2005年、『ジェトロセンサー』2006年４月号
	６．主要港湾の個別情報	各港湾のホームページ、パンフレットなど

（1）地図情報サンプル・イメージ

上記の通り、地図情報として、各国毎に3～4枚の地図、ASEAN全体としては5枚の地図がデータベースに含まれている。地図のサンプル・イメージは以下の通り。

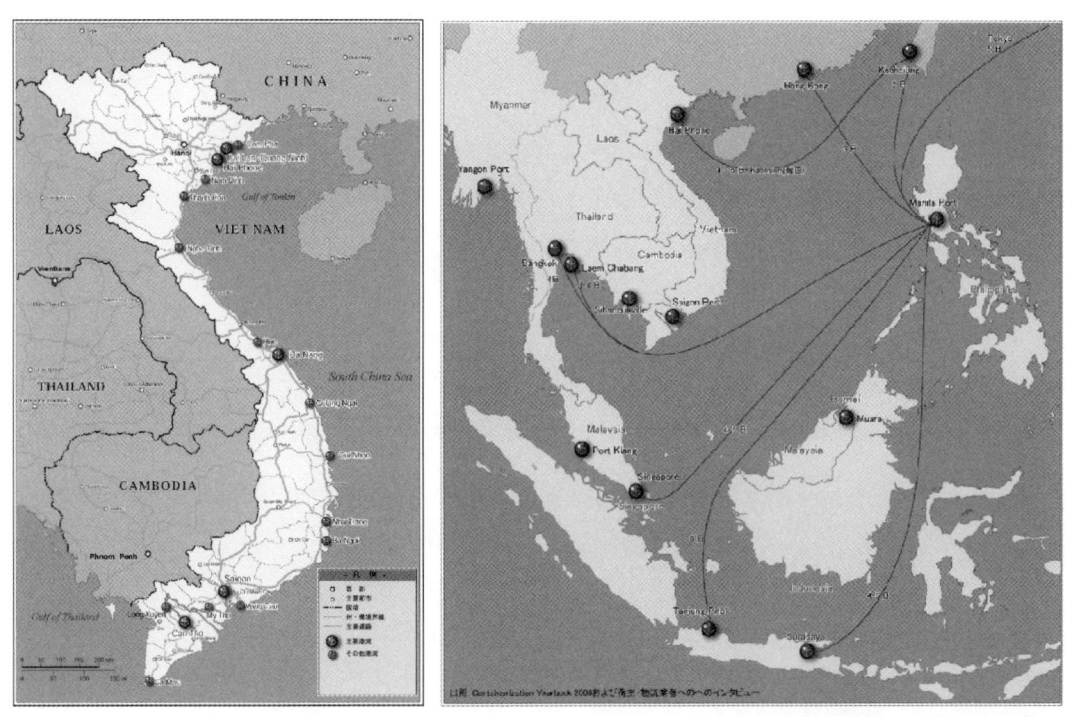

サンプル・イメージ（港湾ロケーション）　　サンプル・イメージ（主要港湾間リードタイム）

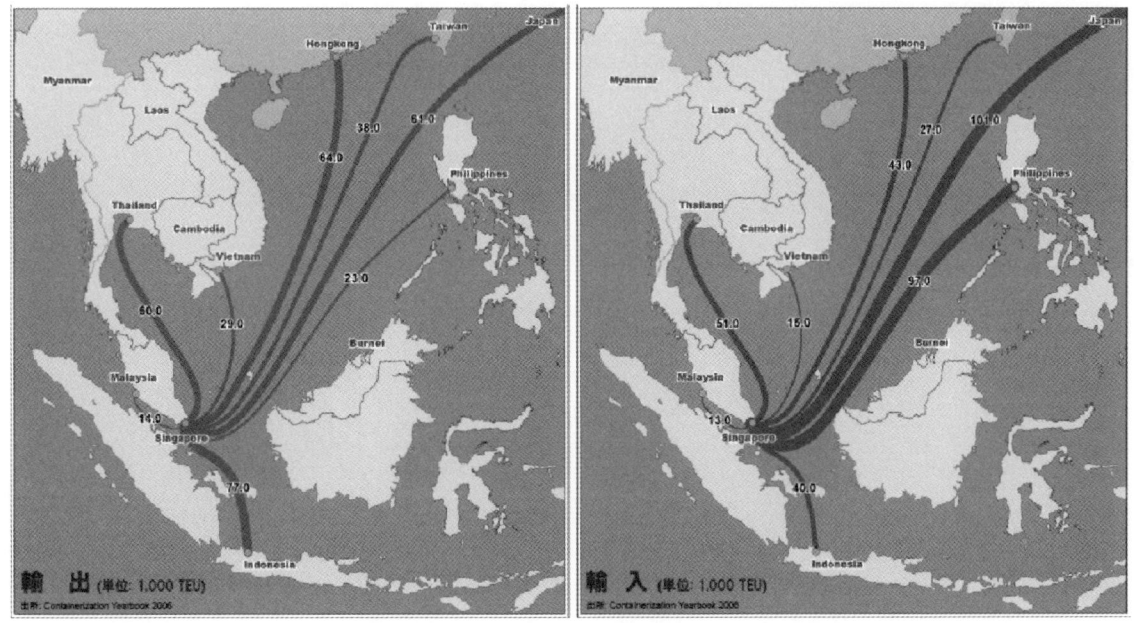

サンプル・イメージ（ASEAN域内＋東アジア諸国のコンテナ移動量：シンガポール）

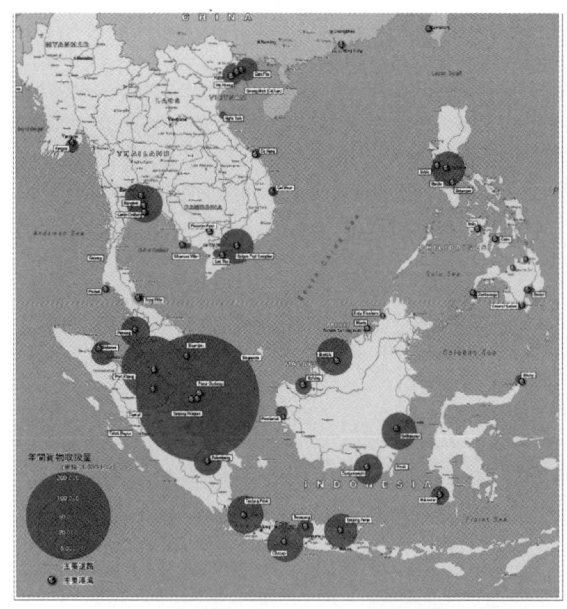

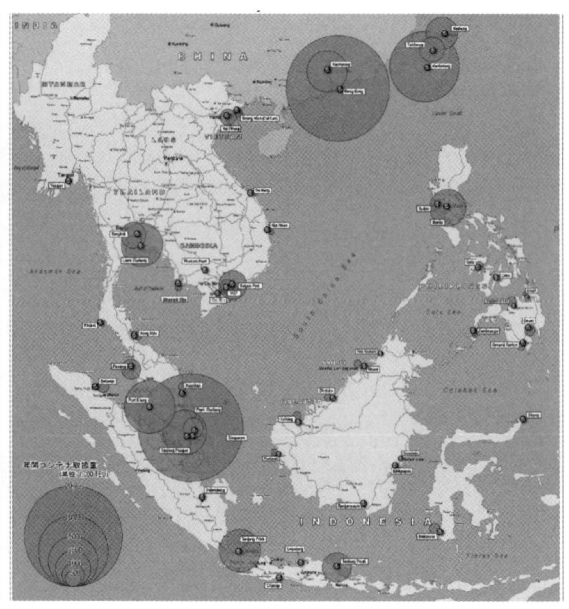

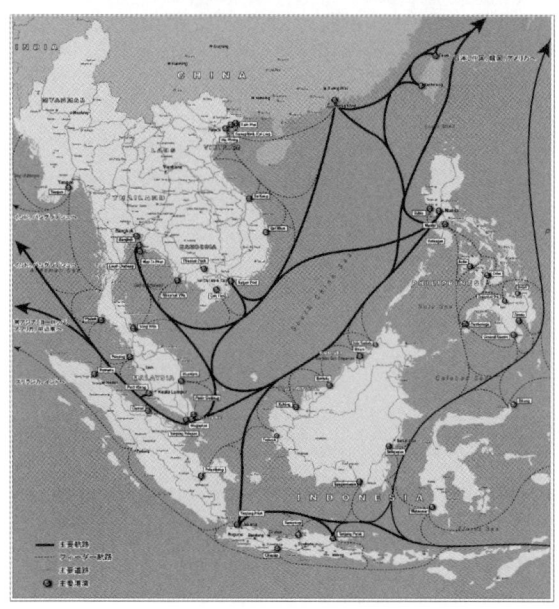

サンプル・イメージ
 上左：貨物取扱量
 上右：コンテナ取扱量
 左　：ASEAN内の主要航路

(2) 主要港湾別の港湾設備比較表（一部のみ）

		タイ			ベトナム					
		Bangkok	Laem Chabang	Ranong	Songkhla	Hai Phone	Sai Gon	New Sai Gon	Cailan (Quang Ninh)	VICT	Da Nang
バース	バース数	84	18	2	3	16	10	7	5	3	10
	うちコンテナ・バース数	0	11	1	3	16	10	7	2	3	不明
	バース総延長 (m)	7,688	6,724	284	510	2,438	704	2,037	926	486	1,657
	コンテナバース総延長 (m)	0	3,959	150	510	2,438	704	2,037	450	486	不明
	水路水深 (m)	4.6〜8.2	10.0〜16.0	8.0	7.5	8.4〜10.5	8.5	11.0〜12.0	5.0〜13.0	10.0	7.0〜11.0
	喫水 (m)	不明	不明	不明	不明	不明	不明	11.0	8.5	9.7	不明
貯蔵施設	ターミナル設備 (m²)	363,168	3,329,265	不明	41,320	127,300	500,000	560,000	不明	200,000	267,456
	CFS: Container Freight Station (m²)	498,063	74,792	不明	6,726	50,892	8,200	22,000	不明	5,700	不明
ガントリークレーン数	ガントリークレーン数（岸壁）	14	26	0	不明	2	2	4	2	4	1
	ガントリークレーン数（ヤード）	34	68	0	不明	4	2	11	4	6	2
その他	開港時間（時間）	24	24	不明	不明	24	24	24	不明	24	24
	通関営業時間（時間）	不明	24	不明	不明	07:30〜22:00	07:30〜22:00	不明	不明	8	不明
稼働状況	貨物取扱量 (1,000トン)	16,031	35,736	4	1,242	10,511	10,744	15,778	3,185	不明	2,256
	輸入 (1,000トン)	8,852	12,717	不明	355	5,370	4,965	7,538	1,059	不明	595
	輸出 (1,000トン)	7,179	23,019	不明	887	1,911	2,549	7,604	975	不明	778
	国内 (1,000トン)	不明	不明	不明	不明	3,230	3,230	636	1,151	不明	882
	コンテナ取扱量 (1,000 TEU)	1,349	3,766	0	125	398	285	1,056	119	377	32
	輸入 (1,000トン)	666	1,869	0	62	不明	不明	不明	不明	不明	不明
	輸出 (1,000トン)	683	1,897	0	63	不明	不明	不明	不明	不明	不明
	積替 (1,000 TEU)	不明	不明	0	不明	不明	不明	不明	不明	不明	不明
	入港船舶数	2,570	6,410	212	478	2,430	1,843	1,636	335	1,025	1,290

出所: Containerization International Yearbook 2006, タイ港湾庁, ベトナム港湾庁, ブルネイ統計年鑑, マレーシア運輸省, フィリピン港湾庁, ミャンマー運輸省, インドネシア統計年鑑

(3) ASEAN域内のコンテナ移動量（2004年データ）

From \ To	日本	韓国	香港	台湾	フィリピン	ベトナム	タイ	マレーシア	シンガポール	インドネシア	合計
日本		145,000	248,000	176,000	94,000	47,000	241,000	130,000	101,000	114,000	1,296,000
韓国	179,000		167,000	60,000	36,000	73,000	56,000	68,000	40,000	84,000	763,000
香港	211,000	73,000		32,000	15,000	29,000	42,000	33,000	43,000	35,000	513,000
台湾	86,000	26,000	126,000		30,000	5,000	23,000	36,000	27,000	27,000	436,000
フィリピン	92,000	16,000	15,000	29,000		3,000	16,000	11,000	97,000	11,000	290,000
ベトナム	58,000	29,000	13,000	27,000	51,000		10,000	17,000	15,000	9,000	229,000
タイ	315,000	57,000	91,000	35,000	47,000	61,000		44,000	51,000	75,000	776,000
マレーシア	112,000	42,000	62,000	26,000	28,000	28,000	32,000		13,000	30,000	373,000
シンガポール	61,000	38,000	64,000	31,000	23,000	29,000	60,000	14,000		77,000	397,000
インドネシア	156,000	60,000	53,000	34,000	30,000	25,000	42,000	57,000	40,000		497,000
合計	1,270,000	486,000	839,000	450,000	354,000	350,000	522,000	410,000	427,000	462,000	5,570,000

出所：Containerization International Year Book 2006

(4) 主要港湾間の輸送料金（20フィートコンテナあたり）

輸入側	輸出側	タイ Bangkok	タイ Leam Chabang	ベトナム Saigon (HCMC)	ベトナム Hai Phone (Hanoi)	シンガポール Singapore	ブルネイ Muara	マレーシア Port Klang	フィリピン Manila	インドネシア Tj. Priok (Jakarta)	カンボジア Phnom Penh	ミャンマー Yangon	（日本） 横浜港	（中国） 香港
タイ	Bangkok		80	350			735		120	250〜260				
	Leam Chabang						735							
ベトナム	Saigon (Ho Chi Minh)	350					835			300〜350	180 (Mekon River)			
	Hai Phone (Hanoi)													
シンガポール	Singapore			140			452		60〜70	200	350〜450			
ブルネイ	Darussalam	985	985	985		635		583	985	985				
マレーシア	Port Klang	400		220			415		120	230				
フィリピン	Manila	360〜480				180〜280	935	360〜480		300〜350	800			180〜240
インドネシア	Tanjung Priok (Jakarta)			240〜280			835				600			
カンボジア	Phnom Penh	350		250 (Mekon River)										
ミャンマー	Yangon													
（日本）	横浜港		1,340 (40 FCL)	1,070 (40 FCL)	1,480 (40 FCL)	940 (40 FCL)		820 (40 FCL)	750〜800 (40 FCL)	1,055 (40 FCL)		1,750 (40 FCL)		600〜650 (40 FCL)
（中国）	香港			500〜600					60					

出所：PDP Australia Pty Ltd/Meyrick and Associates March 2005，『ジェトロセンサー』2006年4月号

（5）ASEAN 各国の港湾荷役料およびその他港湾利用料金

	港湾荷役料金（ドル）				書類作成料（ドル）	コンテナ保管料	コンテナ返却延滞料
	ドライコンテナ		冷蔵コンテナ		（船荷証券一枚あたり）	20 Feet ドライコンテナ	20 Feet ドライコンテナ
	20 フィート	40 フィート	20 フィート	40 フィート			
ブルネイ	117.1	173.7	不明	不明	不明	不明	不明
カンボジア	77.0	110.0	100.0	143.0	16.5	1日～7日：無料 8日以降：3ドル/日	1日～7日：無料 8日以降：3ドル/日
インドネシア	145.0～150.0	225.0～230.0	200.0～210.0	275.0～280.0	30.0	1～10日：無料 11日～15日：20ドル/日 16日以降：40ドル/日	1～10日：無料 11日～15日：20ドル/日 16日以降：40ドル/日
マレーシア	81.3～92.3	121.3～137.8	121.3～136.4	184.7～202.6	22.0	1日～3日：6.9ドル/日 4日～7日：13.8ドル/日 8日以降：20.7ドル/日	1日～7日：無料 8日～10日：4.1ドル/日 11日～13日：8.3ドル/日 14日以降：12.4ドル/日
ミャンマー	不明	不明	不明	不明	不明	不明	不明
フィリピン	45.4	68.7	不明	不明	不明	不明	不明
シンガポール	115.5	171.3	150.3	215.7	31.7	1日～5日：無料 6日～10日：234.7ドル/日 11日以降：463.1ドル/日	1日～5日：無料 6日～10日：95.2ドル/日 11日以降：152.3ドル/日
タイ	68.2	102.3	不明	不明	13.1	不明	不明
ベトナム	57.0	85.0	不明	不明	12.8	1日～5日：無料 6日～9日：6ドル/日 10日以降：12ドル/日	不明
（香港）	232.0	322.3	301.6	444.1	14.8	不明	不明
（日本）	187.3	不明	不明	不明	不明	不明	不明

出所：PDP Australia Pty Ltd/Meyrick and Associates, Cargo News Asia, and MCC Transport Pte Ltd
為替レート：（2006年6月1日時点）1 Ringgit = 0.276ドル、1 SN$ = 0.634ドル、1 Rupiah = 0.000109ドル、1 Yen = 0.00892ドル、
1Baht = 0.0262ドル、1 HK$ = 0.129ドル、1 Dong = 0.0000639ドル
注：ブルネイ2001年データ、その他の国と地域: 2005-2006年データ

（6）主要港湾間のリードタイム

	タイ		ベトナム		インドネシア	フィリピン	ブルネイ	マレーシア	シンガポール	（台湾）	（中国）	（日本）
	Bangkok	Leam Chabang	Hai Phong	Ho Chi Minh	Jakarta	Manila	Muara	Port Klang	Singapore	Kaohsiung	Hongkong	Tokyo
Bangkok		0～1	11 (via SIN)	3	7	4		4	2	4	5～6 (via LC)	9
Leam Chabang	0～1		5～9 (via SGN)	2～3 3～4 (via BKK)	5～8	3～4		3～5	2	5～6	4～5 7 (via GZ)	8～9
Hai Phong	11 (via SIN)	5～9 (via SGN)		3	9～11	4～6 (via KAO)		10 (via SIN)	7	3	2	
Ho Chi Minh	3	2～3 3～4 (via BKK)	3					3～5	2～4	3～4	3～4	6～8
Jakarta	7	5～8	9～11			6		3	2	9 14 (via SIN)	6 8 (via NCL)	4 (via MNL)
Manila	4	3～4	4～6 (via KAO)		6				4～5	2	3	5
Muara									3			
Port Klang	4	3～5	10 (via SIN)	3～5	3				1	10	5～6	8 (via HGK)
Singapore	2	2	7	2～4	2	4～5	3	1		4～5	3～5	7
(Kaohsiung)	4	5～6	3	3～4	9 14 (via SIN)	2		10	4～5		2	3
(Hong Kong)	5～6 (via LC)	4～5 7 (via GZ)	2	3～4	6 8(via NCL)	3		5～6	3～5	2		4～5
(Tokyo)	9	8～9		6～8	11 (via MNL)	5		8 (via HGK)	7	3	4～5	

出所：Containerization International Yearbook 2006, and Interview
コード：LC:レムチャバン、SIN: シンガポール、SGN: サイゴン、BKK: バンコク、KAO: 高雄、NCL: ニューキャッスル、
JKT: ジャカルタ、GZ: 広州、HGK: 香港、MNL: マニラ

（7）主要港湾情報ウィンドウ

●タイ

レムチャバン港 (Laem Chabang Port)

　レムチャバン港は、タイ港湾庁(PAT)が管轄する深海港で、同国最も重要な港湾として位置づけられている。レムチャバン港は、東南アジアでも最も最先端の設備を有する港湾の一つであり、タイおよびインドシナ半島における海外貿易の最重要拠点とされている。

　同港湾が開発される以前は、チャオプラヤ河に位置するバンコク港が主要な港湾として機能していたが、水深が浅いため大型船が入港できない事に加え、設備容量が需要に追いつくことができなかったために、深刻な渋滞に悩まされていた。レムチャバン港は、こうした問題を解決するために開発された港湾で、開港した1991年以降、タイの急速な経済発展に伴う貨物需要の急増に対応すべく拡張を続けている。

　レムチャバン港には、コンテナ船、バルク船、車輌積載船、旅客船を含むさまざまなタイプの船舶に対応することができる 11 のターミナルが整備されている。これらのターミナルのうち、B1 から B5 までの 5 カ所がコンテナ・ターミナルである。なお、レムチャバン港が取り扱う貨物の80%は、コンテナ貨物である。また、A1、A5 は一般貨物ターミナル、A4 はバルク貨物ターミナルである。その他のターミナル(A0、A2、A3)は、現在、建設中となっている。

　経済・貿易の自由化および ASEAN 諸国の経済成長が予見されるなか、レムチャバン港における貨物の取り扱いは今後とも増加することが予測されている。インドシナ半島および東南アジアにおける現在の地位を維持しさらなる発展を達成するために、引き続き設備の拡張が実施されている。

港湾情報		
敷地面積（ha）		1,014
バース数		11
バース延長（m）		2,512
貨物取扱設備		
RMGC	40 トン	13
（レイル・マウンテッド・ガントリー・クレーン）	35 トン	2
モバイル・クレーン	40 トン	1
	50 トン	1
トップ・ローダー	3〜30.5 トン	10
ヤード・ガントリー・クレーン	30〜40 トン	34
リーチストッカー	8〜45 トン	12

詳細: www.laemchabangport.com

バンコク（クーロントイ）港 (Bangkok Port/ Klong Toey Port)

　バンコク港（クーロントイ港）は、1951年に開港して以来、タイの海外へのゲートウエイとして機能してきた。バンコク港は、チャオプラヤ河の河口から26～29 kmの左岸に立地しており、バンコクを起点・終点とする海上輸送のベースとして発展を遂げてきた。

　同港は1950年代以降、世界銀行の融資などを受けて拡張を続け、貨物取扱量は急速に拡大していった。1980年代初頭には、タイの98%の輸入貨物、60%の輸出貨物、40%の沿岸貿易の貨物を取り扱っていたとされている。

　バンコク港は、コンテナ・ヤードの新設、保管設備の拡張、貨物取り扱いサービスの効率化を進めたにも関わらず、1980年代の急速な経済発展とそれに伴う貨物需要の増大に対応することができず、港湾の混雑は深刻化することになった。

　こうした貨物需要の増大に対応するために、タイ政府は1991年、西部臨海地域にレムチャバン港が開港した。バンコク港は、チャオプラヤ河沿いに立地しているため水路が狭く水深が8.5mしかないため10,000トン以上の大型船が入港できないのに対し、深海港であるレムチャバン港はバンコク港に入港できない大型船舶に対応することができる。

　そのため、レムチャバン港が開港して以来、バンコク港における貨物の取扱量は減少の一途をたどっており、近年では、本来の貨物取扱容量に見合った貨物を取扱っている。輸出貨物の取扱量は、比較的安定しているものの、輸入貨物の取扱量は1995年以降40%以上も減少している。

港湾情報		
敷地面積（ha）		376
バース数		84
バース総延長（m）		8,358
貨物取扱設備		
RMGC （レイル・マウンテッド・ガントリー・クレーン）	32.5 トン	14
ヤード・ガントリー・クレーン	30 トン	36
トップ・ローダー	40 トン	35
空コンテナ・ストッカー	6～7 トン	25
セミ・ポータル・クレーン	3～5 トン	
モバイル・クレーン	10 トン	3
	50 トン	7

詳細: http://www.bkp.port.co.th/ie/en/

ソンクラ港 (Songkhla Port)

　ソンクラ港は、タイ・マレーシア国境から北に約100kmのタイ湾沿いに立地している。同港は、1988年に開港して以来、タイ南部における貨物需要に対応している。同港は、商業・通信省港湾局が管轄しているが、実際の運営は民間のオペレーターに委託されている。同港の設備は、タイ南部の地域開発計画に基づいて拡張されることになっており、同地域の工業化および経済発展に寄与することが期待されている。

　現時点におけるソンクラ港の年間貨物取り扱い容量は7万2,000TEUで、ゴム、海産物やその缶詰、コンテナ貨物の輸出に貢献している。また、ソンクラ港は、タイの主要港湾と東南アジア地域のハブ港湾であるシンガポール港のフィーダー港湾としても機能している。

　ソンクラ港は、大型貨物用の荷役設備が不足している事に加え、航路水深が浅いた大型船が入港できないことが大きな問題となっている。そのため、特に貨物の流入が少ない状況となっている。荷主は、空の船舶を寄港させるコストを嫌がってソンクラ港を利用しない傾向があり、タイ南部の船舶および貨物はペナン港へと向かうことが多い。

港湾情報		
敷地面積 (ha)		9.84
バース数		4
バース総延長 (m)		850
貨物取扱設備		
RMGC（レイル・マウンテッド・ガントリー・クレーン）	25 トン	2
モバイル・クレーン	40～50トン	3

詳細: http://www.srirachaport.com

ラノン港 (Ranong Port)

　ラノン港は、ラノン州を流れるクラブリー川の東岸に位置している。航行水路は、長さ28km、幅120mで、干潮時の水深8mとなっている。同港には、多目的ターミナル1カ所とコンテナ・ターミナル1カ所がある。多目的ターミナルは、長さ134m奥行き26mで500グロストン以下の貨物船2隻が同時に停泊することができる。また、コンテナ・ターミナルは、長さ150m、奥行き30mで1万2,000 DWT級のコンテナ船が停泊できる。

　ラノン港は、タイの西岸とベンガル湾に面する国々（スリランカ、インド、バングラデシュ、ミャンマーなど）との貿易促進に寄与することが期待されている。

　タイ港湾庁(PAT)によると、レムチャバン港またはバンコク港からベンガル湾に面したコルカタ、チェンナイ、ラングーン、チッタゴン、コロンボなどの主要港湾に貨物を海上輸送した場合、通常12～25日が必要。一方、ラノン港を利用した場合、輸送時間は4～7日と大幅に短縮することができるとされている。

港湾情報	
総面積 (ha)	1.8
バース数	3
バース総延長 (m)	284

詳細: http://www.srirachaport.com

● マレーシア

クラン港（北港および西港）

　クラン港（北港および西港）は、マレーシアに7つある連邦政府管轄の国際港のうち貨物取り扱い能力と背後地の規模で最大の港湾である。クアラルンプール中心部から約40kmの場所に位置し、シャーアラム等主な工業地域に近く、クラン港は貨物の集積と配送上、マレーシア半島の重要な物流ハブとして機能している。現在、150haのコンテナ・ヤードを配し、コンテナ貨物の取り扱い能力は年間5百万TEUsである。2010年には、コンテナの取り扱い能力を8.4百万TEUsまで増強する予定にある。現在、国際船会社の定期就航を通じて120カ国および500港以上との繋がりがある。

クラン港施設概要

	コンテナバース数	コンテナバース延長	水路深	ターミナル施設面積	岸壁クレーン数	ヤード・ガントリー数
北港	12	2,711 m	15 m	84.6 ha	24	66
西港	9	2,600 m	16 m	64.7 ha	29	63
合計	21	5,311 m	−	149.3 ha	53	129

出所：クラン港湾管理庁、Containerization International Yearbook

　港湾へのアクセスと貨物の集配については、高速道路と鉄道が重要な役割を果たしている。鉄道はペナン、イポー（国内最大の内陸コンテナ・デポがある）、バンコクへの貨物輸送サービスが毎日運行している。海上輸送から空路輸送へのモード間のシームレス輸送についても取り組みが進んでおり、クラン港から空港（KLIA）へと輸送される貨物は港湾で通関・密封手続きされた後、トラックに積まれ、直接予め指定された航空便にてKLIAより仕向地へ輸送される。

　クラン港の2005年度の貨物取り扱い（スループット）量は109,659千トンであった。取り扱い総量のうち、57.5%が積み降し、42.5%が積み込み貨物であり、コンテナ貨物で全体の約80%を占める。コンテナ取り扱い（スループット）量は2005年度で5,544千TEUsを記録し、内訳は輸入で1,343千TEUs、輸出で1,277千TEUs、積み替えで2,924千TEUsである。2005年度のクラン港の寄港数は15,050を数える。現在、22もの国際船会社がポートクランに寄港している。

クラン港における国際貨物の動き（千貨物トン）　　出所：運輸省

国/地域	積み降し		積み込み	
	2005年	2004年	2005年	2004年
ASEAN計	17,179.4	14,712.6	9,668.7	7,416.1
ブルネイ	12.7	16.8	186.4	148.3
タイ	2,205.3	2,070.9	1,048.8	815.2
フィリピン	130.3	86.3	575.9	518.6
インドネシア	5,337.2	3,699.2	2,245.1	1,974.9
ベトナム	1,157.8	1,194.7	1,491.4	1,081.6
カンボジア	0.2	0.0	19.5	11.4
ミャンマー	566.3	682.1	330.1	329.3
シンガポール	7,769.5	6,960.8	3,771.5	2,536.8
ラオス	0.1	1.8	0.0	0.0
その他	45,855.7	44,130.8	36,954.9	33,651.9

　クラン港には貨物配送と倉庫関連施設を持つ2つの自由貿易地区（FCZ）が併設されており、貿易手続き、バルクブレーキング、グレイディング、再包装・ラベリング、積み替え等の物流関連業者による商業活動が許可されている。さらに、クラン港湾管理庁は、物流関連業と製造業（輸出指向生産）双方の活動が可能な新たな自由貿易地区（PKFZ）を最近整備した。クラン港はDagang Netと呼ばれる電子商取引システムに接続されており、輸出入や通関手続きが自動・電子化されている。なお、クラン港では、通関業者の指定制度が存在する。

詳細: http://www.pka.gov.my

ペナン港

　ペナン港は、マレーシア半島の港湾のうち貨物取り扱い能力で3番目の規模を誇る港である。マレーシア半島とペナン島の間に位置し、プライとバタワース等の主な工業地域に隣接し、ペナン港は貨物の集積と配送上、マレーシア半島北部の重要な物流ハブとして機能している。83 ha のコンテナ・ヤードを配し、コンテナ取り扱い能力は年間1百万TEUsである。さらに200 m のバース建設(北バタワース・コンテナ・ターミナル)と25 ha の広さの後背地の開発を計画している。現在、国際船会社の定期就航を通じて世界200港以上との繋がりがある。

ペナン港施設概要

コンテナ バース数	コンテナ バース延長	水路深	ターミナル 施設面積	岸壁 クレーン数	ヤード・ ガントリー数
5	1,031 m	9～12 m	82.8 ha	8	32

出所: ペナン・ポート・コミッション、Containerization International Yearbook

　港湾へのアクセスと貨物の集配については、基幹道路である南北縦貫高速道と鉄道が重要な役割を果たしている。鉄道は北バタワース・コンテナ・ターミナルから2.5 km の引込線が整備され、ポートクランやバンコクへの貨物輸送サービスが毎日運行している。ペナン国際空港へは30分程の所要でアクセスでき、海上輸送から空輸への積み替えにも好都合である。KLIA へのシームレス輸送も現在計画中である。ペナン港の2005年度の貨物取り扱い(スループット)量は23,563千トンであった。取り扱い総量のうち、44.4%が積み降し、45.2%が積み込み貨物、残りは国内貨物である。コンテナ貨物は全体の約59%を占める。コンテナ取扱量は2005年度で795千TEUsを記録し、内訳は輸入で357千TEUs、輸出で373千TEUs、積み替えで66千TEUsである。2005年度のポートクランの寄港数は6,220を数える。

ペナン港における国際コンテナ貨物の動き(千TEUs)

	2000年	2002年	2004年	2005年
輸出	331.8	337.1	403.9	372.6
輸入	304.0	297.0	368.1	357.2
積み替え	－	－	－	65.5
合計	635.8	634.0	772.0	795.3

出所: 運輸省

　ペナン港には56 ha の広さを持ち、貨物配送と倉庫関連施設を持つ自由貿易地区(FCZ)が併設されており、貿易手続き、バルクブレーキング、グレイディング、再包装・ラベリング、積み替え等の物流関連業者による商業活動が許可されている。ペナン港では、通関業者の指定制度が存在する。

詳細: http://www.penangport.gov.my

タンジュン・ペレパス港（PTP）

　タンジュン・ペレパス港（PTP）は比較的新しい港である。マレーシア半島の南西端に位置し、ジョホール・バル等主な工業地域に近く、PTP は戦略的にもマレーシア半島南部のトランスシップ・ハブとして期待されている。コンテナ貨物の取り扱い能力は年間 6 百万 TEUs であり、今後さらに 8 つのバース建設が予定されている。2000年に、三井 OSK が最初の定期便を開始したのを皮切りに、Maersk Sealand と APL-NOL が続いて定期便を就航している。特に、Maersk Sealand は PTP の戦略パートナーとして業務提携を結んでいる。現在、PTP のコンテナ取扱量は、4 百万 TEUs に上り、コンテナ配送と倉庫関連施設を含む 120 ha のコンテナ・ヤードを配している。

タンジュン・ペレパス港施設概要

コンテナバース数	コンテナバース延長	水路深	ターミナル施設面積	岸壁クレーン数	ヤード・ガントリー数
8	2,880 m	15～16 m	120.0 ha	27	67

出所: PTP、Containerization International Yearbook

　港湾へは、基幹道路である南北縦貫高速道へ 5.4 km のアクセス道路が整備されており、ジョホール・バル中心部まで約 45 km に位置し、所要時間は 30 分程度である。PTP は鉄道の引込線も整備されており、クアラルンプールやバンコクまでの貨物輸送アクセスが確保されている。第 2 リンクを経由して、シンガポールやチャンギ国際空港へもわずか 45 分の位置にある。I-port システムのもと、海上輸送より空輸（KLIA）への貨物のシームレス輸送も可能である。

　ペナン港の 2005 年度の貨物取り扱い（スループット）量は 3,163 千トンであった。取り扱い総量のうち、18.1%が積み降し、73.2%が積み込み貨物、残りは国内貨物である。現在のところコンテナ貨物のみの取り扱いである。コンテナ取り扱い（スループット）量は 2005 年度で 4,045千TEUs を記録し、内訳は輸入で 40 千TEUs、輸出で 151千TEUs、大部分は積み替えで 3,853千TEUs と、PTP が戦略的に積み替え港として機能していることがわかる。2005 年度の PTP の寄港数は 3,128 を数える。

タンジュン・ペレパス港における国際コンテナ貨物の動き（千 TEUs）

	2000 年	2002 年	2004 年	2005 年
輸出	29.5	2,615.4	125.6	151.2
輸入	8.0	53.1	42.2	40.4
積み替え	−	−	3,668.2	3,853.2
合計	37.5	2,668.5	3,836.0	4,044.8

出所: 運輸省

　PTP には 400 ha の広さを誇るペレパス・フリー・ゾーンが併設されており、このうち 160 ha が自由貿易地区（FCZ）として貨物コンソリ、配送サービス等物流関連活動用の地区、残り 240 ha が自由工業地区（FIZ）として製造業や加工業活動用の地区として用意されている。

詳細: http://www.ptp.com.my

ジョホール港（パシール・グダン）

パシール・グダンはジョホール港としても知られ、マレーシア半島の南端に位置し、ジョホール・バル等主な工業地域が隣接している。ジョホール港のコンテナ貨物の取り扱い能力は年間1百万TEUsであり、2005年度の取扱量は83.7万TEUsである。コンテナ配送と倉庫関連施設を含む15 haのコンテナ・ヤードを配し、自由貿易地区として認可されている。

ジョホール港施設概要

コンテナバース数	コンテナバース延長	水路深	ターミナル施設面積	岸壁クレーン数	ヤード・ガントリー数
7	1,760 m	15 m	14.5 ha	5	19

出所: ジョホール港湾管理庁、Containerization International Yearbook

港湾へは、基幹道路である南北縦貫高速道へのアクセス道路が整備されており、円滑な貨物の輸送が確保されている。ジョホール港には鉄道を利用したクアラルンプールやバンコクまでの貨物輸送アクセスも確保されている。コーズウェイを経由して、シンガポールやチャンギ国際空港へも1時間以内の位置にある。海上輸送より空輸(KLIA)への貨物のシームレス輸送を実現するI-portシステムの参加も予定されている。

ジョホール港における国際コンテナ貨物の動き（千TEUs）

	2000年	2002年	2004年	2005年
輸出	381.8	407.9	497.2	378.8
輸入	277.4	275.9	308.5	316.5
積み替え	–	–	–	141.5
合計	659.2	683.8	805.7	836.8

出所: 運輸省

ジョホール港の2005年度の貨物取り扱い（スループット）量は28,568千トンであった。取り扱い総量のうち、41.7%が積み降し、44.4%が積み込み貨物、残りは国内貨物である。コンテナ貨物は全体の約35%を占め、ジョホール港はリキッドおよびドライ・バルク貨物中心の港湾として機能している。

コンテナ取り扱い（スループット）量は2005年度で837千TEUsを記録し、内訳は輸入で317千TEUs、輸出で379千TEUs、積み替えで142千TEUsである。2005年度のジョホール港の寄港数は6,438を数える。現在、35もの国際船会社がジョホール港に寄港している。

詳細: http://www.lpj.gov.my

● ベトナム

ハイフォン港（Hai Phone Port）

港湾設備

バース		全体	うちコンテナバース
	バース数	16	16
	バース総延長（m）	2,438	2,438
	航路水深（m）		8.4～10.5
	喫水制限（m）		不明
保管エリア	ターミナル設備（m²）		127,300
	コンテナ・フレイト・ステーション（CFS）（m²）		50,892
荷役設備	岸壁ガントリー・クレーン数		2
	ヤード・ガントリー・クレーン数		4
その他	開港時間（時間）		24時間
	税関取扱時間（時間）		07:30～22:00

運営状況

貨物取扱量（1,000トン）	10,511	コンテナ取扱量（1,000 TEU）	398
輸入（1,000トン）	5,370	輸入（1,000 TEU）	不明
輸出（1,000トン）	1,911	輸出（1,000 TEU）	不明
国内（1,000トン）	3,230	積み替え（1,000 TEU）	不明
入港船舶数			2,430

サイゴン港（Saigon Port）

港湾設備

バース		全体	うちコンテナバース
	バース数	10	10
	バース総延長（m）	704	704
	航路水深（m）		8.5
	喫水制限（m）		不明
保管エリア	ターミナル設備（m²）		500,000
	コンテナ・フレイト・ステーション（CFS）（m²）		8,200
荷役設備	岸壁ガントリー・クレーン数		2
	ヤード・ガントリー・クレーン数		2
その他	開港時間（時間）		24時間
	税関取扱時間（時間）		07:30～22:00

運営状況

貨物取扱量（1,000トン）	10,744	コンテナ取扱量（1,000 TEU）	285
輸入（1,000トン）	4,965	輸入（1,000 TEU）	不明
輸出（1,000トン）	2,549	輸出（1,000 TEU）	不明
国内（1,000トン）	3,230	積み替え（1,000 TEU）	不明
入港船舶数			1,843

サイゴン新港（New Saigon Port）

港湾設備

バース		全体	うちコンテナバース
	バース数	7	7
	バース総延長 (m)	2,037	2,037
	航路水深 (m)		11.0～12.0
	喫水制限 (m)		11.0
保管エリア	ターミナル設備 (m²)		560,000
	コンテナ・フレイト・ステーション (CFS) (m²)		22,000
荷役設備	岸壁ガントリー・クレーン数		4
	ヤード・ガントリー・クレーン数		11
その他	開港時間 （時間）		24 時間
	税関取扱時間 （時間）		不明

運営状況

貨物取扱量 (1,000 トン)	15,778	コンテナ取扱量 (1,000 TEU)	1,056
輸入 (1,000 トン)	7,538	輸入 (1,000 TEU)	不明
輸出 (1,000 トン)	7,604	輸出 (1,000 TEU)	不明
国内 (1,000 トン)	636	積み替え (1,000 TEU)	不明
入港船舶数			1,636

カイラン（クアン・ニン）港（Cailan (Quang Ninh) Port）

港湾設備

バース		全体	うちコンテナバース
	バース数	5	2
	バース総延長 (m)	450	926
	航路水深 (m)		5.0～13.0
	喫水制限 (m)		8.5
保管エリア	ターミナル設備 (m²)		不明
	コンテナ・フレイト・ステーション (CFS) (m²)		不明
荷役設備	岸壁ガントリー・クレーン数		2
	ヤード・ガントリー・クレーン数		4
その他	開港時間 （時間）		不明
	税関取扱時間 （時間）		不明

運営状況

貨物取扱量 (1,000 トン)	3,185	コンテナ取扱量 (1,000 TEU)	119
輸入 (1,000 トン)	1,059	輸入 (1,000 TEU)	不明
輸出 (1,000 トン)	975	輸出 (1,000 TEU)	不明
国内 (1,000 トン)	1,51	積み替え (1,000 TEU)	不明
入港船舶数			355

VICT港（VICT Port）

港湾設備

バース		全体	うちコンテナバース
	バース数	3	3
	バース総延長（m）	486	486
	航路水深（m）		10.0
	喫水制限（m）		9.7
保管エリア	ターミナル設備（m^2）		200,000
	コンテナ・フレイト・ステーション（CFS）（m^2）		5,700
荷役設備	岸壁ガントリー・クレーン数		4
	ヤード・ガントリー・クレーン数		6
その他	開港時間（時間）		24時間
	税関取扱時間（時間）		8

運営状況

貨物取扱量（1,000 トン）	不明	コンテナ取扱量（1,000 TEU）	377
輸入（1,000 トン）	不明	輸入（1,000 TEU）	不明
輸出（1,000 トン）	不明	輸出（1,000 TEU）	不明
国内（1,000 トン）	不明	積み替え（1,000 TEU）	不明
入港船舶数			1,025

ダナン港（Da Nang Port）

港湾設備

バース		全体	うちコンテナバース
	バース数	10	不明
	バース総延長（m）	1,657	不明
	航路水深（m）		7.0～11.0
	喫水制限（m）		不明
保管エリア	ターミナル設備（m^2）		267,456
	コンテナ・フレイト・ステーション（CFS）（m^2）		不明
荷役設備	岸壁ガントリー・クレーン数		1
	ヤード・ガントリー・クレーン数		2
その他	開港時間（時間）		24時間
	税関取扱時間（時間）		不明

運営状況

貨物取扱量（1,000 トン）	2,256	コンテナ取扱量（1,000 TEU）	32
輸入（1,000 トン）	595	輸入（1,000 TEU）	不明
輸出（1,000 トン）	778	輸出（1,000 TEU）	不明
国内（1,000 トン）	882	積み替え（1,000 TEU）	不明
入港船舶数			1,290

● カンボジア

プノンペン港 (Phnom Penh Port)

港湾設備

バース		全体	うちコンテナバース
	バース数	5	3
	バース総延長 (m)	不明	不明
	航路水深 (m)		不明
	喫水制限 (m)		4.3
保管エリア	ターミナル設備 (m²)		不明
	コンテナ・フレイト・ステーション (CFS) (m²)		不明
荷役設備	岸壁ガントリー・クレーン数		0
	ヤード・ガントリー・クレーン数		不明
その他	開港時間 (時間)		不明
	税関取扱時間 (時間)		不明

運営状況

貨物取扱量 (1,000 トン)	不明	コンテナ取扱量 (1,000 TEU)	不明
輸入 (1,000 トン)	不明	輸入 (1,000 TEU)	不明
輸出 (1,000 トン)	不明	輸出 (1,000 TEU)	不明
国内 (1,000 トン)	不明	積み替え (1,000 TEU)	不明
入港船舶数	不明		

シハヌークヴィル港 (Sihanouk Ville Port)

港湾設備

バース		全体	うちコンテナバース
	バース数	13	3
	バース総延長 (m)	1,693	400
	航路水深 (m)		8.3
	喫水制限 (m)		不明
保管エリア	ターミナル設備 (m²)		不明
	コンテナ・フレイト・ステーション (CFS) (m²)		36,000
荷役設備	岸壁ガントリー・クレーン数		4
	ヤード・ガントリー・クレーン数		24
その他	開港時間 (時間)		07:00〜11:30 / 14:00〜17:30
	税関取扱時間 (時間)		不明

運営状況

貨物取扱量 (1,000 トン)	1,381	コンテナ取扱量 (1,000 TEU)	211
輸入 (1,000 トン)	不明	輸入 (1,000 TEU)	106
輸出 (1,000 トン)	不明	輸出 (1,000 TEU)	105
国内 (1,000 トン)	不明	積み替え (1,000 TEU)	0
入港船舶数	1,372		

● シンガポール

シンガポール港 (Singapore Port)

港湾設備

バース		全体	うちコンテナバース
	バース数	60	37
	バース総延長（m）	14,859	6,201
	航路水深（m）		9.5〜15.0
	喫水制限（m）		9.5〜15.0
保管エリア	ターミナル設備（m²）		3,390,000
	コンテナ・フレイト・ステーション（CFS）（m²）		166,000
荷役設備	岸壁ガントリー・クレーン数		120
	ヤード・ガントリー・クレーン数		419
その他	開港時間（時間）		24
	税関取扱時間（時間）		24

運営状況

貨物取扱量（1,000 トン）	423,300	コンテナ取扱量（1,000 TEU）	23,200
輸入（1,000 トン）	不明	輸入（1,000 TEU）	不明
輸出（1,000 トン）	不明	輸出（1,000 TEU）	不明
国内（1,000 トン）	不明	積み替え（1,000 TEU）	不明
入港船舶数	不明		

● フィリピン

マニラ MITC 港 (Manila MITC Port)

港湾設備

バース		全体	うちコンテナバース
	バース数	5	5
	バース総延長（m）	1,300	1,300
	航路水深（m）		12.5〜14.5
	喫水制限（m）		12.5〜14.5
保管エリア	ターミナル設備（m²）		822,200
	コンテナ・フレイト・ステーション（CFS）（m²）		10,208
荷役設備	岸壁ガントリー・クレーン数		10
	ヤード・ガントリー・クレーン数		28
その他	開港時間（時間）		24
	税関取扱時間（時間）		07:00〜19:00

運営状況

貨物取扱量（1,000 トン）	14,398	コンテナ取扱量（1,000 TEU）	1,205
輸入（1,000 トン）	14,392	輸入（1,000 TEU）	不明
輸出（1,000 トン）		輸出（1,000 TEU）	不明
国内（1,000 トン）	5	積み替え（1,000 TEU）	不明
入港船舶数	2,061		

マニラ南港 (Manila South Harbor)

港湾設備

バース		全体	うちコンテナバース
	バース数	28	12
	バース総延長 (m)	3,614	3,082
	航路水深 (m)		8.5〜12.0
	喫水制限 (m)		7.0〜12.0
保管エリア	ターミナル設備 (m²)		850,000
	コンテナ・フレイト・ステーション (CFS) (m²)		22,000
荷役設備	岸壁ガントリー・クレーン数		7
	ヤード・ガントリー・クレーン数		14
その他	開港時間 (時間)		24
	税関取扱時間 (時間)		07:00〜17:00

運営状況

貨物取扱量 (1,000 トン)	14,556	コンテナ取扱量 (1,000 TEU)	828
輸入 (1,000 トン)	6,473	輸入 (1,000 TEU)	不明
輸出 (1,000 トン)		輸出 (1,000 TEU)	不明
国内 (1,000 トン)	8,082	積み替え (1,000 TEU)	不明
入港船舶数	10,135		

マニラ北港 (Manila North Port)

港湾設備

バース		全体	うちコンテナバース
	バース数	50	7
	バース総延長 (m)	4,791	2,256
	航路水深 (m)		8.5〜12.0
	喫水制限 (m)		不明
保管エリア	ターミナル設備 (m²)		317,013
	コンテナ・フレイト・ステーション (CFS) (m²)		10,468
荷役設備	岸壁ガントリー・クレーン数		0
	ヤード・ガントリー・クレーン数		0
その他	開港時間 (時間)		24
	税関取扱時間 (時間)		不明

運営状況

貨物取扱量 (1,000 トン)	16,325	コンテナ取扱量 (1,000 TEU)	666
輸入 (1,000 トン)	1,444	輸入 (1,000 TEU)	不明
輸出 (1,000 トン)		輸出 (1,000 TEU)	不明
国内 (1,000 トン)	14,881	積み替え (1,000 TEU)	不明
入港船舶数	6,292		

スービック港 (Subic Bay Port)

港湾設備

バース		全体	うちコンテナバース
	バース数	3	不明
	バース総延長 (m)	342	不明
	航路水深 (m)		12.6〜12.8
	喫水制限 (m)		不明
保管エリア	ターミナル設備 (m²)		100,000
	コンテナ・フレイト・ステーション (CFS) (m²)		1
荷役設備	岸壁ガントリー・クレーン数		1
	ヤード・ガントリー・クレーン数		0
その他	開港時間 (時間)		24
	税関取扱時間 (時間)		08:00〜17:00

運営状況

貨物取扱量 (1,000 トン)	不明	コンテナ取扱量 (1,000 TEU)	58
輸入 (1,000 トン)	不明	輸入 (1,000 TEU)	不明
輸出 (1,000 トン)	不明	輸出 (1,000 TEU)	不明
国内 (1,000 トン)	不明	積み替え (1,000 TEU)	不明
入港船舶数	不明		

セブ港 (Cebu Port)

港湾設備

バース		全体	うちコンテナバース
	バース数	6	4
	バース総延長 (m)	1,141	690
	航路水深 (m)		8.0〜9.3
	喫水制限 (m)		不明
保管エリア	ターミナル設備 (m²)		不明
	コンテナ・フレイト・ステーション (CFS) (m²)		不明
荷役設備	岸壁ガントリー・クレーン数		不明
	ヤード・ガントリー・クレーン数		不明
その他	開港時間 (時間)		不明
	税関取扱時間 (時間)		不明

運営状況

貨物取扱量 (1,000 トン)	不明	コンテナ取扱量 (1,000 TEU)	不明
輸入 (1,000 トン)	不明	輸入 (1,000 TEU)	不明
輸出 (1,000 トン)	不明	輸出 (1,000 TEU)	不明
国内 (1,000 トン)	不明	積み替え (1,000 TEU)	不明
入港船舶数	不明		

バタンガス港 (Batangas Port)

港湾設備

バース		全体	うちコンテナバース
	バース数	2	2: multi
	バース総延長 (m)	240	0
	航路水深 (m)		10.0
	喫水制限 (m)		不明
保管エリア	ターミナル設備 (m²)		200,000
	コンテナ・フレイト・ステーション (CFS) (m²)		不明
荷役設備	岸壁ガントリー・クレーン数		不明
	ヤード・ガントリー・クレーン数		1
その他	開港時間 (時間)		24
	税関取扱時間 (時間)		不明

運営状況

貨物取扱量 (1,000 トン)	20,659	コンテナ取扱量 (1,000 TEU)	8
輸入 (1,000 トン)	12,750	輸入 (1,000 TEU)	不明
輸出 (1,000 トン)		輸出 (1,000 TEU)	不明
国内 (1,000 トン)	7,909	積み替え (1,000 TEU)	不明
入港船舶数	35,747		

● インドネシア

タンジュン・ペラク港 (Tanjung Perak Port)

港湾設備

バース		全体	うちコンテナバース
	バース数	15	11
	バース総延長 (m)	9,695	2,370
	航路水深 (m)		3.0〜10.5
	喫水制限 (m)		3.0〜10.5
保管エリア	ターミナル設備 (m²)		1,100,000
	コンテナ・フレイト・ステーション (CFS) (m²)		44,400
荷役設備	岸壁ガントリー・クレーン数		16
	ヤード・ガントリー・クレーン数		38
その他	開港時間 (時間)		24 時間
	税関取扱時間 (時間)		不明

運営状況

貨物取扱量 (1,000 トン)	30,983	コンテナ取扱量 (1,000 TEU)	1,695
輸入 (1,000 トン)	1,445	輸入 (1,000 TEU)	不明
輸出 (1,000 トン)	6,829	輸出 (1,000 TEU)	不明
国内 (1,000 トン)	22,709	積み替え (1,000 TEU)	不明
入港船舶数			14,022

ベラワン港 (Belawan Port)

港湾設備

バース		全体	うちコンテナバース
	バース数	5	2
	バース総延長 (m)	3,144	850
	航路水深 (m)		6.0〜10.0
	喫水制限 (m)		不明
保管エリア	ターミナル設備 (m²)		139,727
	コンテナ・フレイト・ステーション (CFS) (m²)		10,400
荷役設備	岸壁ガントリー・クレーン数		3
	ヤード・ガントリー・クレーン数		7
その他	開港時間 (時間)		24 時間
	税関取扱時間 (時間)		不明

運営状況

貨物取扱量 (1,000 トン)	14,494	コンテナ取扱量 (1,000 TEU)	283
輸入 (1,000 トン)	2,152	輸入 (1,000 TEU)	不明
輸出 (1,000 トン)	4,251	輸出 (1,000 TEU)	不明
国内 (1,000 トン)	8,091	積み替え (1,000 TEU)	不明
入港船舶数			4,574

マカッサル港 (Makassar Port)

港湾設備

バース		全体	うちコンテナバース
	バース数	3	1
	バース総延長 (m)	3,100	850
	航路水深 (m)		12.0
	喫水制限 (m)		不明
保管エリア	ターミナル設備 (m²)		114,416
	コンテナ・フレイト・ステーション (CFS) (m²)		5,250
荷役設備	岸壁ガントリー・クレーン数		5
	ヤード・ガントリー・クレーン数		8
その他	開港時間 (時間)		24 時間
	税関取扱時間 (時間)		07:30〜16:00

運営状況

貨物取扱量 (1,000 トン)	9,050	コンテナ取扱量 (1,000 TEU)	228
輸入 (1,000 トン)	700	輸入 (1,000 TEU)	114
輸出 (1,000 トン)	1,250	輸出 (1,000 TEU)	114
国内 (1,000 トン)	7,100	積み替え (1,000 TEU)	不明
入港船舶数			不明

タンジュン・エマス港 (Tanjung Emas/ Semarang Port)

港湾設備

バース			全体	うちコンテナバース
	バース数		不明	不明
	バース総延長 (m)		3,233	345
	航路水深 (m)			3.5～10.0
	喫水制限 (m)			不明
保管エリア	ターミナル設備 (m²)			112,648
	コンテナ・フレイト・ステーション (CFS) (m²)			53,636
荷役設備	岸壁ガントリー・クレーン数			不明
	ヤード・ガントリー・クレーン数			不明
その他	開港時間 (時間)			不明
	税関取扱時間 (時間)			不明

運営状況

貨物取扱量 (1,000 トン)	7,649	コンテナ取扱量 (1,000 TEU)	不明
輸入 (1,000 トン)	904	輸入 (1,000 TEU)	不明
輸出 (1,000 トン)	245	輸出 (1,000 TEU)	不明
国内 (1,000 トン)	6,500	積み替え (1,000 TEU)	不明
入港船舶数			6,046

2-4：空港・空路情報

データベース内の空港・空路情報は、下表に示すような地図情報・テキスト情報が含まれている。

空港・空路情報のコンテンツ

	コンテンツ	主要情報源
地図情報	1．主要空港ロケーション図 2．主要空港間のリードタイム 3．主要空港間のフライト運行頻度	現地調査時に収集した各種資料 OAG Worldwide Flight Guide 2006年10月 OAG Worldwide Flight Guide 2006年10月
テキスト情報	1．主要空港別の施設情報比較表 2．主要空港間のリードタイム 3．ASEAN各国の主要港湾の概要（港湾別）	World Aero Dataおよび現地調査時に収集した各種資料 OAG Worldwide Flight Guide 2006年10月 各港湾のホームページ・パンフレットなど

主要空港別の施設情報比較表は、最寄りの都市名、都市までの距離、滑走路本数・長さ・幅員、開港時間、通関営業時間、貨物取扱量（輸出入・国内別）、発着数（国内・国際別）などを含む。

（1）地図情報サンプル・イメージ

空港・空路情報として作成した地図のサンプルは、以下に示すとおり（ここで表示した図は、英語版のもの）。

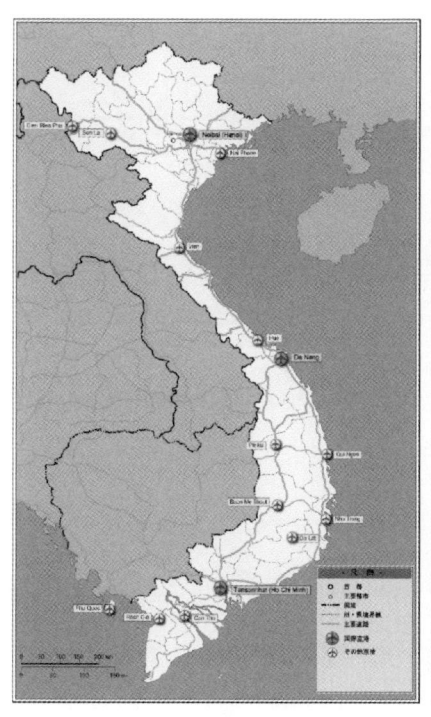

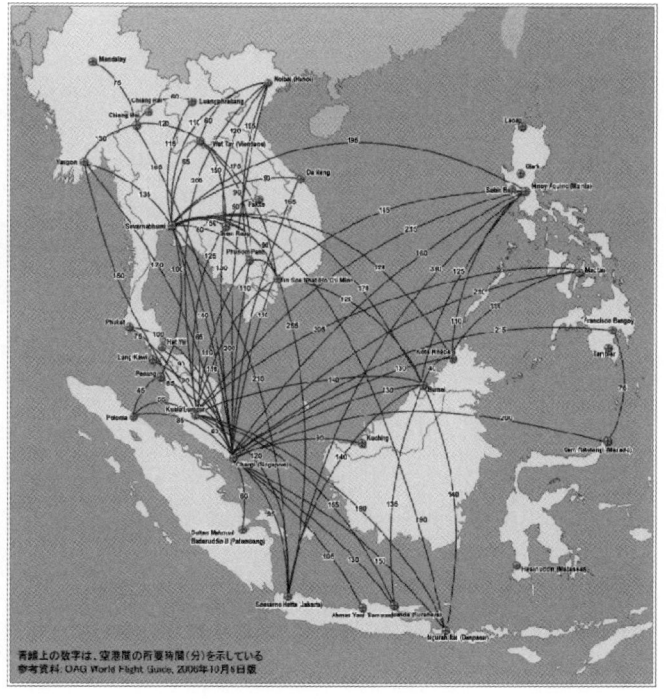

サンプル・イメージ（主要空港ロケーション）　　ASEAN主要空港間のリードタイム

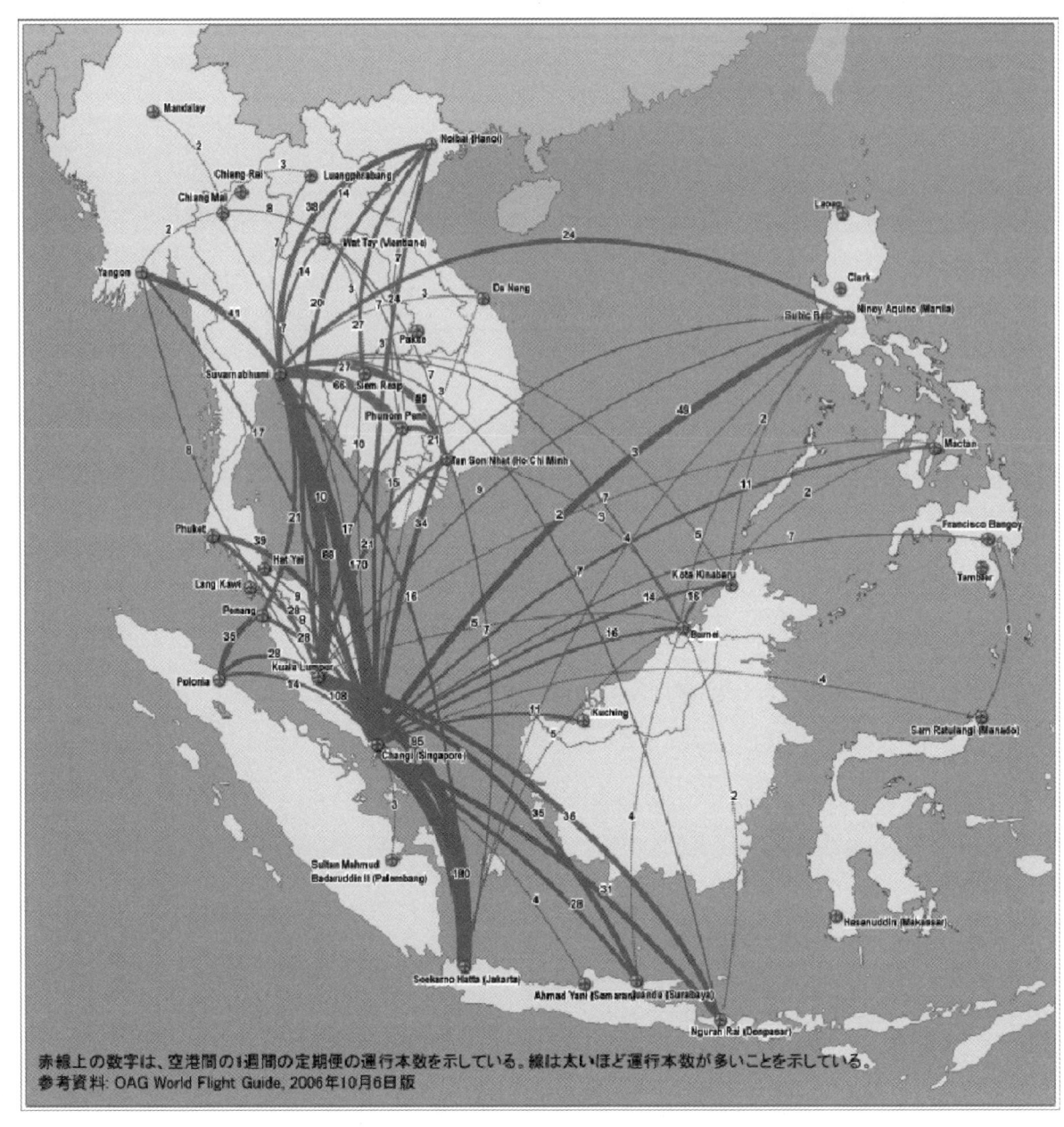

サンプル・イメージ（ASEAN域内の国際便運行頻度）

(2) 主要空港施設比較表（一部のみ）

		タイ			ベトナム			ラオス	マレーシア		カンボジア	
		Donmuang	Suvarnabhumi	Chaing Mai	Tan Son Nhat	Noibai	Da Nang	Wat Tay	Kuala Lumpur International	Penang Intl	Phnom Penh	Siem Reap
最寄り都市	都市名	Bangkok	Bangkok	Chaing Mai	Ho Chi Minh	Hanoi	Da Nang	Vientiane	Kuala lumpur	Penang	Phnom Penh	Siem Reap
	都市からの距離 (km)	22 km	24 km	4 km	不明	35 km	不明	2 km	50 km	18 km	不明	不明
滑走路	滑走路1 長さ/幅 (m)	3,700 / 60	4,000 / 60	3,100 / 45	3,800 / 45	3,800 / 45	3,048 / 45	3,000 / 45	4,124 / 60	3,352 / 46	3,000 / 40	2,550 / 45
	滑走路2 長さ/幅 (m)	3,500 / 45	3,700 / 60	-	3,048 / 45	3,800 / 45	3,048 / 45	-	4,056 / 60	-	-	-
	滑走路3 長さ/幅 (m)	-	-	-	-	-	-	-	-	-	-	-
営業時間	開港時間（時間）	24	24	06:00〜23:30	24	24	24	07:00〜19:00	24	24	06:00〜21:30	06:00〜20:00
	税関業務時間（時間）	-	不明	-	24	24	24	不明	24	24	不明	不明
稼働状況	年間貨物取扱量（トン）	1,212,847	2006年9月開港	25,363	192,781	92,636	6,318	806,588	653,654	221,971	不明	nil
	国際（トン）	1,153,935		1,440	131,044	34,732	235	不明	589,799	179,007	不明	nil
	輸 入（トン）	426,641		101	不明	不明	不明	不明	279,648	57,253	7,457	nil
	輸 出（トン）	644,745		406	不明	不明	不明	不明	310,151	93,416	11,496	nil
	積み替え（トン）	82,549		933	不明	不明	6,283	不明	-	28,338	不明	nil
	国 内	58,912		23,923	61,737	57,904	-	-	63,855	42,965	不明	nil
	航空機発着数	267,955		23,142	不明	不明	不明	8,425	181,341	31,173	不明	不明
	国際便	177,194		5,130	不明	不明	不明	不明	103,675	15,116	不明	不明
	国内便	90,761		18,012	不明	不明	不明	不明	77,666	16,057	不明	不明

出典：ワールド・エアロデータ、タイ空港庁、ベトナム空港庁、マレーシア空港庁、ベトナム空港庁、マレーシア運輸省、ブルネイ統計年鑑、カンボジア運輸省、フィリピン運輸省、ミャンマー運輸省、インドネシア中央統計局

(3) 主要空港情報ウィンドウ

●タイ

ドンムアン国際空港 / 旧バンコク国際空港 (Don Muang Airport)

　ドンムアン国際空港（旧バンコク国際空港）は、バンコク市街地の北24kmに位置する国際空港である。新空港であるスワンナプーム国際空港が完成するまでは、タイの国際旅客および国際貨物のほとんどを取り扱っていた。

　2005年には、80以上の航空会社が就航し、26万7,955便の航空機によって3,899万人の旅客が空港を利用した。

　4カ所の貨物ターミナルの総面積は、11万3,808m^2、年間貨物取扱容量は91万2,835トンとなっている。2005年に実際に取り扱った貨物は、設備容量を超える121万2,847トン（うち95％が国際貨物）で、空港の貨物取り扱い能力は完全に飽和した状態であった。現在、すべての貨物機能は、新しく完成したスワンナプーム国際空港に移管されている。

詳細: http://www.airportthai.co.th/airportnew/bia/html/index.html

チェンマイ国際空港 (Chiang Mai International Airport)

　チェンマイ国際空港は、チェンマイ市街地の南西約4kmに立地しており、自然・文化などの観光資源にめぐまれたタイ北部のゲートウェイとなっている。同空港は、年間を通じて多くの旅行客が利用し、北部地域の地域振興に貢献している。現在、12の航空会社が就航しており、2005年には2万3,142の航空便が発着し301万4,104人の旅客が同空港を利用している。

　また、同年における貨物取扱量は、2万5,363トンであった。そのうち国際貨物は、全体のわずか2％（1,440トン）を占めるに過ぎない。空港へのアクセスは、チェンマイ-ホッド高速道路を利用することができる。

詳細: http://www.airportthai.co.th/airportnew/chmai/html/index.html

スワンナプーム国際空港 / バンコク国際空港 (Suvarnabhumi International Airport)

　スワンナプーム国際空港は、ドンムアン空港に替わるバンコクの新しい国際空港である。空港の操業は、度重なる延期が発生した後、2006年9月15日から一部貨物の取り扱いなどが開始され、同年の9月28日には全面的に操業を開始することとなった。

　新空港は、バンコク市街から東に25km離れたSamut Prakan県Bang Phli district区に立地している。新空港は、世界で最も高いコントロールタワー(132.2m)、一つの建物としては、香港国際空港に次いで世界で2番目に大きなターミナルを有する世界でも有数の規模を誇る国際空港である。ターミナルは、国際・国内の双方に対応し、一つのターミナルのなかに別々のコンコースが配置されている。

　同空港には、平行する2本の滑走路（幅60m、長さ4,000mおよび3,700m）と2本の誘導路を有していることから航空機の同時発着を行うことができる他、一時間に76機の離発着が可能である。また、120の駐機場があり、そのうち5つは最新鋭の大型旅客便であるエアバスA380にも対応している。現在完成している設備は、年間4,500万人の旅客と300万トンの貨物に対応することができる。

　貨物・郵便を取り扱う施設としては、国際貨物ターミナル (90,000 m^2)、国内貨物ターミナル (10,600 m^2)、郵便センター (1,600 m^2) があり、営業、総務、管理部門はオペレーション・センター(OPC)に入っている。

　長期計画によると、空港は将来的には、4本の滑走路に隣接する2つのメインターミナル、2つのサテライトビルで構成され、年間1億人の旅客、640万トンの貨物を取り扱うことができるようになる計画となっている。現在進められている第二期拡張工事では、現在のメインターミナルの南側にサテライトビルを建設しており、完成は2010年頃と言われている。

詳細: http://www.thaiair.info/sbia/index.htm

● マレーシア

クアラルンプール国際空港（KLIA）

　クアラルンプール国際空港(KLIA)は、マレーシアに5つある国際空港のうち利用客・貨物取り扱い能力で最大の空港である。クアラルンプール中心部から約50kmの場所に位置し、シャーアラム等主な工業団地へのアクセスも良好である。年間1百万トン以上の貨物取り扱い能力を持ち、2020年には取り扱い能力を5～6百万トンまで増強する予定である。

　KLIAには、208エーカーに拡がる貨物積み替え・配送ハブとしての機能を持つ自由貿易地区(FCZ)が併設されており、マレーシア空港会社が積荷確認や貿易促進業務等の運営管理を行っている。

　KLIAはDagang Netと呼ばれる電子商取引システムに接続されており、輸出入や通関手続きが自動・電子化されている。貨物の各種手続きを迅速化するために、税関を含む関係機関事務所がワンストップセンターに集約されている。なお、KLIAでは通関業者の指定制度はない。

　KLIAの2005年度の貨物取扱量は、国際貨物で58万9,798.6トン、国内貨物で6万3,855.2トンであった。国際貨物のうち、47.4％が積み降し、52.6％が積み込み貨物であった。2005年度のKLIAの発着便数は18万1,341便(ほとんどが定期便)であり、そのうち57.2％が国際便である。定期貨物便は週に約90便を数える。

KLIAにおける国際貨物の動き(トン)

国/地域	積み降し		積み込み	
	2005	2004	2005	2004
ASEAN	53,332.6	53,530.8	58,521.1	60,906.8
ブルネイ	109.1	267.3	1,470.9	2,533.3
タイ	11,017.9	13,515.4	13,144.9	14,758.2
フィリピン	9,317.8	9,903.3	6,872.8	8,787.2
インドネシア	9,467.2	8,588.7	8,444.6	6,882.0
ベトナム	1,949.6	1,069.8	1,805.2	1,594.1
カンボジア	421.4	617.3	487.2	481.2
ミャンマー	174.7	233.5	376.3	295.7
シンガポール	20,874.9	19,325.6	25,789.5	25,583.4
ラオス	-	-	-	-
中国	77,540.8	66,733.7	41,277.4	55,759.8
日本	25,630.9	26,769.0	31,934.3	33,345.4
その他	190,010.5	183,572.1	220,719.9	224,337.7

出所: 2005年マレーシア空港統計

　貨物ターミナルの運営管理はマスカーゴ社(マレーシア航空の貨物部門)とクアラルンプール空港サービス会社が行っている。マスカーゴ社は、B747貨物専用機を8機保有し、KLIAより香港、大阪、上海、東京、アムステルダム、フランクフルト、ドバイ、バンコク、シドニー、マンチェスター、バーセルへの定期貨物便を運航している。また、乗客便を通じて6大陸100カ国以上へ貨物輸送を提供しており、国内空港間のトラック輸送サービスも提供している。さらに、異なるモード間の統合輸送にも積極的であり、港湾(クラン港)からKLIA貨物ターミナルへのシームレス輸送サービスを提供している。これは、I-portシステムと呼ばれ、海路から空路へと輸送される貨物は港湾で通関・密封手続きされた後、マスカーゴ社のトラックに積まれ、予め指定された航空便に直接届けられ、KLIAより仕向地へ輸送される。

詳細: http://fcz.klia.com.my

ペナン国際空港（PIA）

　クアラルンプール国際空港に次いで、ペナン国際空港（PIA）は貨物・利用客取り扱い能力で国内2番目の規模である。ペナン島中心部から18kmしか離れておらず、プライやバタワース等の主な工業地域からのアクセスも良好である。2000年に貨物ターミナルが新設され、現在の貨物取り扱い能力は年間36万トンである。2005年度は2.8百万以上の利用客、22.2万トンの貨物を扱っている。

　PIAの2005年度の貨物取扱量は、国際貨物で15万669.0トン、国内貨物で4万2,964.5トン、積み替え貨物が2万8,337.9トンであった。国際貨物のうち（積み替えを除く）、32.0%が積み降し、68.0%が積み込み貨物であった。2005年度のPIAの発着便数は31,173便（ほとんどが定期便）であり、そのうち49.8%が国際便である。PIAを発着する定期貨物便は週に10便以下と限られている。うち、3便は日本向けであり、ASEAN向けの定期貨物便はない。

PIAにおける国際貨物（スループット）の動き（トン）

合計	ASEAN	北東アジア	西アジア	欧州その他
150,669.0	58,610.2	84,525.3	1,657.4	5,876.1
100.0%	38.9%	56.1%	1.1%	3.9%

出所: 2005年マレーシア空港統計

　貨物ターミナルの運営管理はFedEx、DHL、クアラルンプール空港サービス会社が行っている。KLIA同様に、14.3エーカーの広さを持つ自由貿易地区（FCZ）が併設されており、運営管理はマレーシア航空が行っている。FCZはカーゴ・センター、保税倉庫ブロック、航空会社事務所、輸入倉庫等で構成され、新たに50エーカーのカーゴ・コンプレックス2施設がFCZの認可を受けている。

　最近までFCZ内の貨物通関手続きは電子化されていなかった。国際的な通関手続きやセキュリティ水準を実現することを目的に、FCZのオペレータであるマレーシア航空が電子申告システムを整備する等、ITインフラとセキュリティ対策への投資を進めている。電子申告システムは、2005年7月より運用が開始されている。

詳細: http://fczmalaysia.com

●ベトナム

ノイバイ国際空港（Noibai International Airport）

　ベトナムの首都ハノイ近郊に立地するノイバイ空港は年間600万人を処理することが可能である。計画中期段階(2010年)にはこれが1,200万人まで可能となり、将来(2020年)には2,000万人まで拡大する。ノイバイ空港は最大5,000万人までの処理能力の可能性があり、現在の空港の南に平行滑走路を作る余裕もある。

　空港の発展は第二旅客ターミナルの開設に焦点が当てられる、とのことだ。第二旅客ターミナルは4階建て、90,000 m^{2}となる予定である。第二旅客ターミナルは良質なサービス、スムーズな顧客の流れ、さらなる拡大の余地、安全性への配慮がなされるデザインとなっており、商業的な成功は約束されている、とみなされている。

　第二旅客ターミナルはハノイ建都1000周年にあたる2010年の10月に完成し、現在の旅客ターミナルは国内線用となる予定である。

タンソンニャット国際空港（Tansonnhat International Airport）

　タンソンニャット国際空港は、ベトナム南部・ホーチミン市郊外にある国際空港。IATAコードは、SGNであり、ホーチミンの旧名サイゴンが由来である。ホーチミン市街中心部より8kmの位置にある。かつてはサイゴン国際空港とも呼ばれた。

　国際航空需要の増加を受けて、2006年末の完成に向けて、新国際線のターミナルが日本のODAにより建設中である。4階建ての新ターミナルは、10万平方メートルの面積で8つの搭乗橋を備え、年間800万から1000万人の旅客に対応する予定。新ターミナル完成後は、現在のターミナルは国内線専用となる。

詳細: http://www.saigonairport.com/sgairport_about.html

ダナン空港 (Da Nang Airport)

空港設備

最寄り都市		ダナン	−
滑走路	No.	長さ (m)	幅 (m)
	1	3,048	45
	2	3,048	45
その他	開港時間 (時間)		24 時間
	税関取扱時間 (時間)		24 時間

運営・稼働状況

貨物取扱量 (1,000 トン)	6,318	うち国際貨物取扱量 (1,000 トン)	35
		輸入 (1,000 トン)	不明
		輸出 (1,000 トン)	不明
		積み替え (1,000 トン)	不明
		うち国内貨物取扱量 (1,000 トン)	6,283
航空機発着数	不明	国際便数	不明
		国内便数	不明

● ラオス

ワッタイ国際空港 (Wattay International Airport)

ワッタイ国際空港は、首都であるビエンチャンの中心からわずか 3km の地点に立地している。空港の施設は、老朽化した小規模な国内ターミナルと、1998 年に日本の無償援助を受けて改築された国際ターミナルとで構成されている。

その他、最近では、タイ政府の低利融資を活用した、①滑走路の補強工事、②誘導路の拡張および補強工事、③駐機場の堤体のかさ上げと補強工事が実施されている。

空港の国際ターミナルの運営および貨物の取扱は、ラオス政府と日本の民間企業のジョイントベンチャーである"Lao-Japan Airport Terminal Services Co., Ltd"が実施している。

● ブルネイ

ブルネイ国際空港 (Brunei International Airport)

空港設備

最寄り都市		バンダール・セリ・ベガワン	8 km
滑走路	No.	長さ (m)	幅 (m)
	1	3,658	46
その他	開港時間 (時間)		24 時間
	税関取扱時間 (時間)		24 時間

運営・稼働状況

貨物取扱量 (1,000 トン)	24,760	うち国際貨物取扱量 (1,000 トン)	24,760
		輸入 (1,000 トン)	15,032
		輸出 (1,000 トン)	9,626
		積み替え (1,000 トン)	102
		うち国内貨物取扱量 (1,000 トン)	−
航空機発着数	11,567	国際便数	11,567
		国内便数	−

● インドネシア

ジュアンダ(スラバヤ)国際空港 (Juanda International Airport)

空港設備

最寄り都市		スラバヤ	20 km
滑走路	No.	長さ (m)	幅 (m)
	1	3,000	45
その他	開港時間 (時間)		06:00〜24:00
	税関取扱時間 (時間)		不明

運営・稼働状況

貨物取扱量 (1,000 トン)	63,955	うち国際貨物取扱量 (1,000 トン)	12,691
		輸入 (1,000 トン)	5,679
		輸出 (1,000 トン)	7,012
		積み替え (1,000 トン)	−
		うち国内貨物取扱量 (1,000 トン)	51,264
航空機発着数	241,846	国際便数	3,539
		国内便数	45,208

● ミャンマー

ヤンゴン国際空港 (Yangon International Airport)

空港設備

最寄り都市		ヤンゴン	17 km
滑走路	No.	長さ (m)	幅 (m)
	1	2,470	61
その他	開港時間 (時間)		24 時間
	税関取扱時間 (時間)		不明

運営・稼働状況

貨物取扱量 (1,000 トン)	不明	うち国際貨物取扱量 (1,000 トン)	不明
		輸入 (1,000 トン)	不明
		輸出 (1,000 トン)	不明
		積み替え (1,000 トン)	不明
		うち国内貨物取扱量 (1,000 トン)	不明
航空機発着数	不明	国際便数	3,746
		国内便数	不明

2-5：鉄道関連情報

鉄道関連情報には、下表のような地図情報・テキスト情報が含まれている。

	Contents of Information	Main 出典： of Information
地図情報	1．鉄道ネットワーク	-各国の鉄道省、運輸省、鉄道公社にて収集したデータ
テキスト情報	1．国別鉄道情報比較表	-海外鉄道技術協会、各国の鉄道省、運輸省、鉄道公社にて収集したデータ

　国別の鉄道情報比較表は、路線総延長、路線密度、最大軸重、貨物輸送量（トンベース、トンキロベース）、国全体の貨物輸送に占める鉄道輸送の比率、列車最高速度（旅客、貨物別）、電化路線キロ数、ゲージ種別路線キロ数、単線・複線キロ数。

(1) 地図情報サンプル・イメージ

　鉄道がないブルネイ・シンガポールを除く8カ国およびASEAN全体について鉄道ネットワーク図が作成されている。地図情報のサンプルは以下に示すとおり（図は、英語版のもの）。

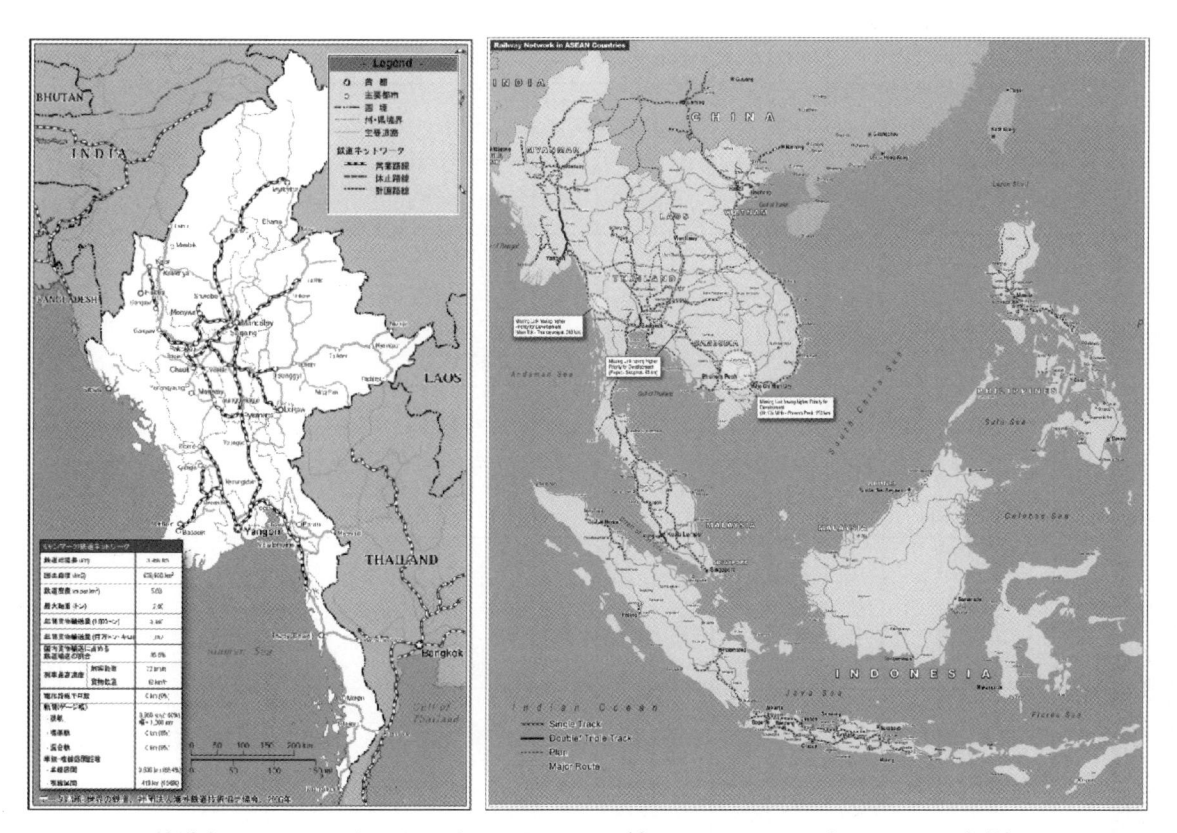

鉄道ネットワーク地図サンプル・イメージ（左：ミャンマー、右：ASEAN全体）

(2) 国別鉄道施設情報比較表

		タイ	シンガポール	マレーシア	インドネシア	フィリピン	カンボジア	ラオス	ベトナム	ミャンマー	ブルネイ
鉄道総延長 (km)		4,044 km	20 km	1,949 km	7,985 km	486 km	650 km	3.5 km	2,600 km	3,955 km	鉄道なし
国土面積 (km²)		514,000 km²	693 km²	332,876 km²	1,919,440 km²	300,000 km²	181,040 km²	236,800 km²	329,560 km²	678,500 km²	-
鉄道密度 (m per km²)		7.87	28.87	5.86	4.16	1.62	3.59	0.01	7.89	5.83	-
最大軸重 (トン)		20.00	-	20.00	不明	15.00	北線：13 南線：20	-	14.00	12.00	-
年間貨物輸送量 (1,000トン)		9,830	-	4,031	17,146	1.8	557	-	6,940	3,440	-
年間貨物輸送量 (百万トン・キロ)		3,400	-	1,178	4,475	0.6	160	-	2,300	1,157	-
国内貨物輸送に占める鉄道輸送の割合		2.1%	0.0%	0.5%	2.2%	不明	不明	0.0%	67.3%	35.5%	-
列車最高速度	旅客鉄道	120km/h	-	90km/h	105km/h	70km/h	35 km/h	-	90km/h (1,000mm) 60km/h (1,435mm)	72 km/h	-
	貨物鉄道	80km/h	-	72km/h	80km/h	40km/h		-	70km/h (1,000mm) 50km/h (1,435mm)	42 km/h	-
電化路線キロ数 (km)		0 km (0%)	0 km (0%)	150 km (7.7%)	138 km (1.7%)	0 km (0%)	0 km (0%)	0 km (0%)	0 km (0%)	0 km (0%)	-
軌間 (ゲージ幅)	狭軌	4,044 km (100%) 幅=1,000 mm	20 km (100%) 幅=1,000 mm	1,949 km (100%) 幅=1,000 mm	7,985 km (100%) 幅=1,067 mm	486 km (100%) 幅=1,067 mm	650 km (100%) 幅=1,000 mm	3.5 km (100%) 幅=1,000 mm	2,169 km (83.4%) 幅=1,000 mm	3,955 km (100%) 幅=1,000 mm	-
	標準軌	0 km (0%)	0 km (0%)	0 km (0%)	0 km (0%)	0 km (0%)	0 km (0%)	0 km (0%)	178 km (6.8%) Width=1,435 mm	0 km (0%)	-
	混合軌	0 km (0%)	0 km (0%)	0 km (0%)	0 km (0%)	0 km (0%)	0 km (0%)	0 km (0%)	253 km (9.7%) Width=1,000+1,435	0 km (0%)	-
単線・複線区間距離	単線区間	3,940 km (97.4%)	0 km (0.0%)	1,844 km (94.6%)	7,711 km (96.6%)	458km (94.2%)	650 km (100%)	3.5 km (100%)	2,600 km (100%)	3,535 km (89.4%)	-
	複線区間	104 km (2.6%)	0 km (0.0%)	105 km (5.4%)	274 km (3.4%)	28 km (5.8%)	0 km (0%)	0 km (0%)	0 km (0%)	418 km (10.6%)	-

出所：海外鉄道技術協会など

第Ⅱ部：資料編

2-6：物流関係のソフトインフラ情報

物流関係のソフトインフラ情報は、以下のようなテキスト情報・項目を含んでいる。

1) 通関手続き（申告時期、輸出入手続き書類、輸出税、輸入税、関税後払い制度、事前申告制度、簡易手続き、主要税関ロケーション、標準通関所要時間、執務時間外通関手数料）
2) 電子化の状況（通関手続きのEDI導入状況、バーコード使用状況）
3) 法制度・規制（特別交通規制エリア、物流関係の法規・規格、物流事業への許認可規制）
4) 物流教育情報（物流およびSCMに関する教育コース、物流教育を行っている主要大学）
5) その他物流関連情報（物流関連資格制度、主要物流業者、主要物流コンサルタント、SCMスコアカード分類）

(1)ソフトインフラに関するASEAN情報「通関手続き-1」

	タイ	シンガポール	マレーシア	インドネシア	フィリピン	カンボジア	ラオス	ベトナム	ミャンマー	ブルネイ
申告時期	・通関審査と貨物検査の2段階 ・書類審査は貨物到着を要件としていない ・書類審査の後に貨物検査が行われる 輸入： ・書類審査と貨物検査の2段階 ・書類審査は貨物到着、搬入を要件としていないので、書類審査・搬入前でも、申告可能 ・書類審査・関税納付の後に貨物検査が行われる（ただしEDIでの申告の場合は、貨物到着・搬入後）	輸出： ・事後届出 ・船積後7日以内にコンピューターを通じて輸出情報を入力 ・出力した届出書を税関宛てに送付 輸入： ・貨物の到着前後いつでも申告できる許可書の有効期間は許可日から14日間である。	輸出： 輸出通関の開始は通関保税地域搬入後が原則 輸入： 輸入通関の開始は、貨物の輸入保税地搬入後が原則	輸出： 貨物の発送（空港）に輸入する前に輸出申告書の可が必要。 保税工場・地域（KB）からの場合は、工場在中税関（KB）にて税関審査を完了の上、申告書を通じて工場税関にコンテナ／貨物でシールされる。 輸入： 輸入申告は、本船入港前でも可。但し申告書類というには輸出の対象が乗船か前かで税関の申告受理は実質的に貨物搬出し確認後には行われる。	輸出： 申告の時期については法律による規定がない。貨物の搬入締切日（CY入港の半日前、CFSは入港の1日か2日前）までに税関審査を完了し、貨物に搬入すれば良い。 輸入： ・輸入申告の時期は、税関は何回しており、先立ても銀行での輸入許可証を取得する必要がある。	N.A.	N.A.	輸出： 税関に対して登録した場所で通関する（保税地とは異なる。パン詰め・搬出前に書類で輸出申告前に必要。 輸入： 船社マニューフェストによる陸揚げ確認が済んだ時点で申告することができる。特例品のみ入港前に書類が可能。	N.A.	N.A.
輸出手続き書類	・インボイス ・輸出許可証（特定日） ・通関カード（写し） ・品目説明書 ・THOR TOH1（50万バーツル以上の場合）	成山堂書店（調査時点：2005年2月 成山堂書店（調査時点：2004年10月）	・船荷運送証券（写し） ・インボイス ・コンサイナーインボイス ・輸出申告書 ・輸出許可証 ・原産地証明 ・Pre-shipment Inspection Clean Report of Findings	・輸出許可証 ・インボイス ・パッキング・リスト ・輸出申告書など	・通関申告書 ・インボイス ・パッキング・リスト ・輸出許可証（該当する場合） ・原産地証明（該当する場合）など	・輸出申告書（3ヶ） ・貨物管理書類（3枚） ・インボイス（2枚） ・キャリア・アドバイスシート（2枚） ・輸出許可証（関係政府機関より発行されるか場合） ・原産地証明	・輸出申告書（原本2枚） ・売買契約及び記証的価額を示す一のものへ（写し1枚） ・インボイス（原本1枚） ・船荷運送証券（原本1枚） 追加的な要件： パッキング・リスト（多量のは写し各1枚） ・原産地証明（該当する場合）：原本1枚 ・輸出許可証・発行依頼書 登録コード：ドット・com/us/international/irc/にて作成	・インボイス原本 ・輸出申告書 ・インボイス（CUSDEC-2） ・輸出許可証 ・ショッピングインストラクション ・商品サンプル ・信用状又は一般送金免除証明 ・ペイメントアドバイス（合む電信振込みか政府番号） ・パッキング・リスト その他関係機関より求められる書類や許可証	・輸出申告書 ・輸出許可証 ・インボイス 特定の輸出品には、関係政府機関のライセンス、許可証が必要

出所：石原伸志貿易物流実務マニュアル

出所：各国税関局、JETROウェブサイト、ASEAN事務局より得た情報。「ASEAN各国における関税・通関制度の実態と問題点」（JETRO、2005年）。FedEx International Resource Centre (http://www.fedex.com/us/international/irc/)にて作成

203

(1) ソフト・インフラに関するASEAN情報「通関手続き-2」

	タイ	シンガポール	マレーシア	インドネシア	フィリピン	カンボジア	ラオス	ベトナム	ミャンマー	ブルネイ
輸入手続き書類	- 輸入申告書 - インボイス - パッキングリスト（写し） - 船荷運送証券（写し） - カスタムカード（輸入ライセンス） - 貨物説明書（型録等） - THOR TOR2（50万バーツ以上の場合）	- インボイス - 船荷運送証券（写し）、税関がかかる場合 - パッキングリスト 通関データはTrade Netによって処理される。	- 船荷運送証券（写し） - インボイス - 輸入申告書 - 価値申告 - 該当する場合は以下、銀行保証 - 信用状 - 関税免除許可証 - パッキングリスト - 外国為替管理書類 - 原産地証明 - 貨物積替除去申請許可証	- 船荷運送証券（写し） - インボイス - 輸入申告書（PIB） - 輸入許可証（必要な場合） - 原産地証明（貿易優遇措置対象、及び要物等の場合） - 検疫証明（ベストコーモン残留の報告が義務化された地域からの品目の場合） - 植物検疫証明（全種物、種子類に対して） - パッキングリスト	- 進行管理票 - 輸入申告書（中央銀行に提出しての） - 関税預託領収書 - 関税等支払証明、輸入関税消費税申告書 - 関税、貨物関係証明書（他証券関係証明） - 原産地証明 - パッキングリスト - 船荷運送証券（写し）	- 通関申告書 - インボイス - パッキングリスト - 船荷運送証券（写し） - その他必要に応じて	- 輸入申告書（3セット） - 貨物管理書類（3枚） - インボイス（2枚） - キャリアーアドバイス（2枚） - 関係政府機関以上発行された許可証（2枚） - 原産地証明（2枚）	- 輸入申告書（原本2枚） - 売買契約書及び法的価額を示す同等のもの（写し1枚） - インボイス（原本1枚） - 船荷運送証券（写し1枚） 追加必要書類： - パッキングリスト（多品目を含む貨物に対して） - デリバリーオーダー - その他必要に応じて 発行依頼書類： - 原産地証明：原本1枚	- 輸入申告書 - 船荷運送証券 - 輸入申告書 - 売買契約書 - 輸入許可証（CUSDEC-1） - インボイス - パッキングリスト - デリバリーオーダー - 輸入許可証 その他、輸入品により政府関係機関より求められる書類や許可証。	- 輸入許可証（税関管理局より取得） - インボイス原本 - 輸入申告書（4枚） - デリバリーオーダー - パッキングリスト - 外国為替管理書類 - 原産地証明、保険証書等税関職員より求められるその他の書類 特定の輸入品には、関係政府機関のライセンスや許可証が必要。

出所：各国税関局、JETROウェブサイト、ASEAN事務局より得た情報、「ASEAN各国における関税・通関制度の実態と問題点」（JETRO、2005年）、FedEx International Resource Centre (http://www.fedex.com/us/international/irc) にて作成

	タイ	シンガポール	マレーシア	インドネシア	フィリピン	カンボジア	ラオス	ベトナム	ミャンマー	ブルネイ
輸出税	原皮、原木等には輸出税がかかる。	無し	天然資源（石油、ゴム）、生き物（馬等）には輸出税が課されるものがある。	N.A.	無し	N.A.	N.A.	N.A.	N.A.	N.A.

出所：石原伸志貿易物流実務マニュアル2005年2月 成山堂書店（調査時点：2004年10月）

	タイ	シンガポール	マレーシア	インドネシア	フィリピン	カンボジア	ラオス	ベトナム	ミャンマー	ブルネイ
課税基準、納税手続き	CIF - 輸入申告と同時に納税申告を行う。 - 関税等の納付が輸入許可の要件となっている。	CIF - 輸入申告と同時に納税をしなければならない、税関から許可を受けていれる銀行口座から引き落としをすることもできる。	CIF - 輸入申告と同時に納税申告を行う。 - 関税等の納付（又は納税延長手続き終了）が輸入許可の要件となっている。	N.A.	CIF 輸入貨物代金がUS$500（ただし引越貨物の場合はUS$10000以内）を超える場合、輸入者はL/C開設と同時に当該貨物等の関税等に相当する額を中央銀行等に預託し、納税の証明が輸入許可の要件となっている。	N.A.	N.A.	N.A.	N.A.	N.A.

出所：石原伸志貿易物流実務マニュアル2005年2月 成山堂書店（調査時点：2004年10月）

	タイ	シンガポール	マレーシア	インドネシア	フィリピン	カンボジア	ラオス	ベトナム	ミャンマー	ブルネイ
関税後払い制度	無し	無し	無し	N.A.	無し	N.A.	N.A.	N.A.	N.A.	N.A.

出所：石原伸志貿易物流実務マニュアル2005年2月 成山堂書店（調査時点：2004年10月）

	タイ	シンガポール	マレーシア	インドネシア	フィリピン	カンボジア	ラオス	ベトナム	ミャンマー	ブルネイ
事前申告制度	無し	無し	貨物の到着前のいつからも申告できるが、許可の有効期限は14日間である。	海上交通の場合は、貨物到着前の事前申告（予備申告）の反映取扱い可能。	N.A.	通関の迅速化のために、1)到着前申告、2)到着と同時の引取、3)宣誓書による貨物を取扱している等による方式が採用されているが、現行では限定された輸入業者にしか認められない。	N.A.	N.A.	N.A.	N.A.

出所：石原伸志貿易物流実務マニュアル2005年2月 成山堂書店（調査時点：2004年10月）

	タイ	シンガポール	マレーシア	インドネシア	フィリピン	カンボジア	ラオス	ベトナム	ミャンマー	ブルネイ
簡易手続き	輸出：無し 輸入：航空貨物に関し、課税価格が20万バーツ未満のものには簡易申告ができるが、最終的には税関の査定による。	輸出：無し 輸入：無し	輸出：無し 輸入：無し	N.A.	輸出：無し 輸入： - CIF価格でUS$500以下が対象となる。 - 優良輸入業者に限り税関承認によって適用される。	N.A.	N.A.	N.A.	N.A.	N.A.

出所：石原伸志貿易物流実務マニュアル2005年2月 成山堂書店（調査時点：2004年10月）

第Ⅱ部：資料編

(1) ソフトインフラに関する ASEAN 情報「通関手続き-3」

	タイ	シンガポール	マレーシア	インドネシア	フィリピン	カンボジア	ラオス	ベトナム	ミャンマー	ブルネイ
主要税関所在	バンコク港税関、バンコク国際空港税関、貨物許可港税関、レムチャバン港税関、及び9ヵ所の地方税関、地方税関以下の通り。 1) 地方税関 1（バンコク・タイ中部を管轄、その下に9ヵ所の税関の配置されている） 2) 地方税関 2（Nong Khai 県：タイ東北部を管轄、その下に9ヵ所の税関の配置されている） 3) 地方税関 3（Chiangmai 県）：タイ北部を管轄、その下に9ヵ所の税関の配置されている 4) 地方税関 4（Songkhla 県）：タイ南部を管轄、その下に16ヵ所の税関の配置されている	輸出入、貨幣許可は全てTradeNetを通じてオンラインで実施、シンガポール及びその他地域の税関にて実施される。 入国管理局（ICA）の検査官が港湾・空港でのフリー貿易区及び陸路の検問所から国内に入る貨物の検査を行う。 港湾検問所：10ヵ所の関税の配置されている。 航空貨物検問所：シンガポール空港物流パーク内問所、チャンギ航空貨物センター、小包郵便郵センター 陸路チェックポイント：Tuas チェックポイント、Woodlands チェックポイント、Woodlands 鉄道チェックポイント	半島側全体で58の税関が配置され、うち48が内陸、10が国境にある。国境地区では、タイ側に4ヵ所、シンガポール側に3ヵ所の税関が設置されている。	全国に107ヵ所の税関事務所（Kantor Pelayanan Bea Cukai; KPBC)がある。	地域税関事務所の各地域を管轄し、関税、税、その他課徴金を徴収し、主に輸出入貨物の鑑督を行う。関税事務所は、以下に設置されている。サンフェルナンド（ラ・ウニオン）、マニラ港、マニラ国際コンテナ港、ニノイ・アキノ国際空港、バタンガス港、セブ港、イロイロ港、タクロバン港、スリガオ港、カガヤン・デ・オロ港、サンボアンガ港、ダバオ港、ズエージェン港、クラーク国際空港	2005年時点で中央レベルで13ヵ所の関税事務所、プノンペン市に4ヵ所の関税事務所、県レベルで19ヵ所の支所と66ヵ所のチェックポイントがある。	全国に18ヵ所の地方税関事務所がある。地方税関事務所が置かれているのは、Attapeu, Bokeo, Bolikhamsay, Champassack, Huaphanh, Khammuane, Luang Namtha, Luang Prabang, Oudomxay, Phongsaly, Saravanne, Savannakhet, Sekong, Vientiane 市, Vientiane 県, Xayaboury, Xaysomboune 特別区、及び Xieng Khouang である。	全国に33ヵ所の地方税関がある。	N.A. 歳入財務省内税関局が管轄、輸出入通関を担当	N.A. 財務省内王立税関局が管轄。
	出所：各国税関局									
標準通関所要時間	輸出： ・EDIシステムを通じて申請する場合、半日程度を要する。 ・書類審査から貨物検査を終了するまで半日から1日を要する。 輸入： ・EDIシステムを通じて輸入許可を取得するのに1～3時間を要する。 ・書類審査、関税支払い、貨物検査に1～3日を要する。	輸出： 1日以内。 輸出許可発行に要する時間はTrade Netによる申請後約10分程度。 輸入： 1日以内。 輸入許可発行に要する時間はTrade Netによる申請後約10分程度。	輸出： 1～2日程度 輸入： 1～3日程度	輸出： 輸出書類チェックは比較的短時間で終了する。 輸入： 一般貨物の場合、3～5日程度、保税工場への保税の場合は、1～2日程度	輸出： 輸出通関には通常は2～3日を要する。 輸入： 一般貨物の場合、申請から概略許可まで4日。PEZA メンバーの場合、2～3日。	輸出： 書類審査で約1週間程度、貨物検査で1～2日程度。 輸入： 書類審査から関税確定までに1週間程度を要することが多く、許可取得までに数週間を要するケースも想定。	ベトナムとはシングル・ウィンドウ化されており、申告・20分で通関可能。タイとも同様のシングル・ウィンドウが実現する予定。 輸入： 輸出と同じ。	輸出： 1日で書類審査完了、貨物検査も含めて申告～許可まで2日程度。 輸入： 即日で許可を取得できることもあるが、税関の事務状況に応じて所要日数は異なる。通常は、半日～2日程度。	輸出： 書類審査は1日で完了。貨物検査も含めて申告から輸出許可まで2日程度。 書類審査2日程度と貨物検査1日程度を合わせて、申告から輸入許可まで最短で3日程度。	N.A.
	出所：石原伸志貿易物流実務マニュアル 2004年10月、各国税関局より得た情報にて作成									
執務時間外通関手数料	時間外は事前申し込みによる臨時開庁ができて手数料は以下の通り。 月曜から金曜 16:30-18:00 空港 200 ペソ 港湾 300 18:30-24:00 港湾 250 ペソ 空港 150 ペソ 24:00-06:00 港湾 400 ペソ 土・日曜 08:30-16:30 港湾 300 ペソ 空港 200 ペソ 他の時間は月曜から金曜と同じ 税関の執務時間は、月曜から金曜の間は 08:30-12:00, 13:00-16:30	税関は事実上の24時間体制。日を含め24時間申請料は以下の通り。 月曜平日 08:30-16:30の分 ・税関は24時間体制、Budget Dayを除き、日、祭日も毎日開庁しているしかし、TIB、カルネ、他法令貨物等の特殊貨物は08:00から16:15の間のみ受付	設定無し。	設定無し。	税関の執務時間は、月曜から金曜の08:00-17:00に行われ、土、日、祭日は閉庁。	N.A.	N.A.	N.A.	N.A.	N.A.
	出所：石原伸志貿易物流実務マニュアル 2005年2月 成山堂書店（調査時点：2004年10月）									

(1) ソフト・インフラに関する ASEAN 情報「通関手続き-4」

	タイ	シンガポール	マレーシア	インドネシア	フィリピン	カンボジア	ラオス	ベトナム	ミャンマー	ブルネイ
原産地証明制度	商業省外国貿易局が特恵貿易部が、ASEAN共通有効特恵関税スキームの下で求められる原産地証明(フォームD)の発給を担当している。HSコードが84類~97類の製品についてはコース審査が実施され、発給は2003年12月からEDI化による申請・発給が実施され、2005年1月からは比較審査時にはEDI申請が導入された。貿易局が担当。原産地証明書にかかわる手続きは、a)適格審査、b)出荷ごとの証明審査の2段階に分けられる。	シンガポール税関が、ASEAN原産地証明(フォームD)の発給を担当。原産地証明、工場登録、コース審査手続など、輸出業者はEDIシステムを利用してフォームDの申請を行う。即日時点で申請完了し、コース審査は2~3日以内で終了する。シンガポール税関は、以下の6機関に対して一般原産地証明の発給を委託している(未発給分除く)。・シンガポール中華商工会議所 ・シンガポール印度人商工会議所 ・シンガポール国際商工会議所 ・シンガポール・マレー商工会議所 ・シンガポール製造業者連盟	通産省貿易支援局が、ASEAN原産地証明(フォームD)の発給を行う。各州の商業省コース審査はEDIシステム化されている。原産地証明書の発給は申請日より7営業日以内。但しオンライン申請の場合は2~3日程度に短縮。	商業省外国貿易部が、ASEAN原産地特恵貿易部のフォームDの発給を担当、各州商業省の地方支部でもフォームDの発給を行う。書類による申請のみ以外コース審査が申請後7日間以内に終了し、発給される。インドネシア原産地証明の発給機関以下の4機関である。・PT Kawasan Berikat Nusantara(国有保税区運営会社) ・Sabang自由貿易区 ・商工事務所(州・市ベース) ・Indonesian Tobacco Institute(Medan, Surabaya及びJember)	関税局(BOC)がASEAN原産地証明の発給を担当、コース審査は関係企業が週末以外に行うため書類提出時にも実施、コース審査手続き終了後、関税局が発給する。必要に応じて、申請即日で発給可能。フォームDの発給を行う。フィリピン商工会議所(PCCI)が原産地証明を発行する(http://portal.philippinechamber.com)	原産地証明、商業送り状、航空輸出許可証の発行時にはコース審査の発行以下の書類:・関係企業による輸出申請書 ・行政部により発給されたサービス供給先の情報、鉱工業・エネルギー省により発行された加工証明書 ・一般検査報告書 ・当該企業が発給する検査報告書 ・当該企業が作成するパッキングリスト ・輸入業者との売買契約書	全ラオス商工会議所(LNCCI)が無差別特恵スキームの下で輸出のコース審査以下の書類を発給する。EUのGSPスキームで要求されるForm Aは、商務省(Foreign Trade Department)に与える。	貿易省輸出入管理局がASEAN原産地証明(フォームD)の発給を行う。ASEAN特恵スキームで輸出に必要な検査会社が指定した検査会社による検査を行って要求される書類を発行する必要があり、申請・所有期間が概ね1日~1週間程度、個々の船積みに際しての上記の発給期間は2時間程度である。原産地証明書及び地方商業局の発給機関は、・商業省及び地方商業局の地方事業所 ・ベトナム工商会議所 ・工業団地、輸出加工区管理委員会 ・製造企業	税関その他4機関以外が原産地証明の発行責任を持つ。・商業省:優遇措置の対象輸出品目 ・工業省:繊維・衣類製品の輸出 ・関係機関:公共経済機関による優遇措置の非対象輸出品目 ・UMFCCI:繊維・アパレル製品以外の優遇措置が必要輸出手続きによる優遇措置非対象輸出品	N.A.

出所:「ASEANのFTAと原産地証明書」(日本貿易振興機構、2005年)、石原伸志「自由貿易物流実務マニュアル」2005年2月 成山堂書店 (調査時点:2004年10月)、各国貿易関係当局及び商工会議所より得た情報にて作成

(2) ソフト・インフラに関する ASEAN 情報「電子化状況」

	タイ	シンガポール	マレーシア	インドネシア	フィリピン	カンボジア	ラオス	ベトナム	ミャンマー	ブルネイ
通関手続き電子化状況	輸出: 貨物の通関手続きEDI化については99年7月から実施 輸入: 貨物の通関手続きEDI化については99年9月から実施	輸出: Trade Netにて処理される。輸入: ・船荷証券やインボイスなどのペーパー書類も出来ないTrade Netを利用して申告時間の短縮が可能。関係書類はすべて代用店、税関、関連業者の各々の使用にコンピューターネットワーク化されており、迅速に通関業務にも処理される。	通関及び貿易手続きは全て自動で処理化されている。輸入申告のみEANUCC System)が、5都市の8ヶ所分のみ、Dagang Net(貿易EDIと港湾EDIの組合せ)で処理可能である。ターミナルハンドリング料金は、電子決済が可能となっている。	通関手続きのEDI化は1997年から実施されている。現在、EDIシステムが稼働しており、PT. EDI Indonesiaが、貿易手続きのEDIサービスを実施している。	輸出: 2002年6月現在、全業務化は実施されていない、例外的にはニノイ・アキノ空港ではEDIシステムが導入されている。輸入: 輸入申告にEDIが導入されている。	貿易手続き、港湾関連手続きにEDIは未だ導入されていない。世銀支援により、電子通関システムによる自動化などシングルウィンドウ化を計画している。	貿易手続き、港湾関連手続きにEDIは未だ導入されていない。電子政府プロジェクトの一環として実施を目指している。	現在、ハイフォン港にてEDIが試験的に導入されており、サイゴン港にてもEDIは未だ導入されていない。世銀の融資を受けて2010年までに通関システムを構築する予定。	貿易手続き、港湾関連手続きにてEDIは未だ導入されていない。現存のCCIS(Customs Control Information System)は内国システムである。2005年第三四半期から3年にかけてインターネットによる輸入手続きを申告、2009年までに港湾商業省と民間事業者をオンラインで接続するE-Muara港計画も推進中。	
バーコード使用状況	EAN International(FTI)はEANバーコード利用の監督とタイ国内での主導的役割を与えられている。1993年にFTI監督下にGS1 Thailand(元EAN Thailand Institute)が設立。Global Location Numbers (GLN)は142のメンバー、335の流通業者、5,984のGS1 Thailandメンバーの計6,476社が採用している(AFACT資料)。	GS1 Singapore Council(GS1 Singapore)は、国際標準化方式(EANUCC System)を採用する業務を主として実施、管理を担当するとともに、Singapore Trade Development Boardに1987年に指定された非営利の協議会である。GS1 Singaporeは、EDI標準化、コンビニ決済と銀行決済の業務を自動化などEDIの利用を促進し、コンビニ決済、銀行決済用の商品コードの自動配送などの効率的なツールである。バーコードは、外食大手の小売店やスーパーマーケットにも利用されている。	バーコードは約8~9割のハイパーマーケット業者から積極的に利用、小売段階での導入は未だ低い。EANマレーシアにて、バーコードの利用促進が図られている。	EANインドネシアのEDI化は1992年に設立され、現在、2,600社のメンバーを有する。インドネシア全国の70%はバーコードを利用、バーコードのPOSシステムは、全小売業者の15~20%の利用可能。	GS1 Philippines (元Philippine Article Numbering Council: PANC)がGS1国際標準に認定されたフィリピン唯一のGS1 System監督機関である。4,000の登録会員企業を持つ。4つの大手流通業者、Shoemart, Rustan's, Ever, Shopwise (1,312の納入業者を有する)に限定されている。従って、各所の流通業者の通信手段はファックスと電話である。	非営利機関であるGS1 Cambodia InternationalがGS1 CambodiaをGS1アジアにおける管理を主導的役割を担当する機関として指定されている。GS1 Cambodiaは、カンボジア商業委員会のもとで2003年に設立された。GS1 Cambodiaカンボジアにおけるコード・GS1バーコード通信の利用促進のため製造業者、小売業者、消費者を繋ぐ役割を果たしている。	ラオスには、GS1機関は無い。	ベトナム商品識別コード一機関(Vietnam Article Numbering and Barcoding Organization-EAN-VN)が標準局ベトナム標準品質センターVSQCの下に1995年設立された。EAN-VNは、GS1 Vietnamとして認定されている。EAN-VNは、国内128千社以上の会員企業を有する、ベトナムに数千件の流通コードを与え、他国と同様にスーパーマーケットへ販売されている。	ミャンマーでは、City Martを含め小売業者のみが、9行の標準バーコードを利用している。	GS1機関は無い。

出所:アジア地域物流改善研究調査会((社)日本ロジスティクスシステム協会、2003年)、ASEAN各国におけるアジア(PFID)の活用可能性調査(経済産業省、2006年)、各国GS1関連機関から得た情報、各国税関、港湾局、EDI運営会社より得た情報にて作成

(3) ソフト・インフラに関するASEAN情報「法規制情報」

	タイ	シンガポール	マレーシア	インドネシア	フィリピン	カンボジア	ラオス	ベトナム	ミャンマー	ブルネイ
物流関連の法規・規格	最大積載重量、タイヤ6輪以下の場合12t、タイヤ10輪の場合21t、セミトレーラーの場合37.4t、フルトレーラーの場合39.4tである。以下のタイの工業規格(TIS)が定められている。貨物コンテナ：記号表示(TIS 587-2528)、木製平パレット(TIS 588-2528)、放送貨物、記号表示(TIS 589-2528)。	海上コンテナの最大重量は40フィートコンテナで26t、20フィートコンテナで21tである。	問題としては、貨物紛失、紛失した場合の運送業者の責任があいまいな点である。総事輌重量規制は、コンテナ車で35t、ドラックで25tである。	積載重量5t以上の車両はジャカルタ地区の走行を禁止されている。ジャカルタにおける高さ制限は4.8t、横幅制限は3.2mである。	積載重量は、個々の車両に与えられる許可によって規定されている。海上コンテナの最大総重量は、20フィートコンテナで24t、40フィートコンテナで30tである。	3t以上の車両はプノンペン市内の走行を禁止されている。しかしながら、警察署及び関連当局の許可を得れば走行可能となる。最大総積載重量は、海上コンテナで35t、ドラックで25tである。	N.A.	最大総積載重量は、20フィートコンテナ25t、40フィートコンテナで38t、2軸ドラックで18t、3軸ドラックで24tである。	最大積載重量は、36tで、高さ制限は5.2mである。	N.A.
物流事業への許認可規制	タイ(国外人事業法(1999年))では、国内陸上、航空運輸業(国内事業者を含む)はリスト1(国家安全保障に係わる、また文化、伝統、地場工芸、天然資源、環境に影響を及ぼす業種)に含まれている。リスト2に掲げられた業種、関連省庁及び外国企業委員会の承認を得て外国人事業許可証を申請のる場合は事業ができる。タイ資本が外国人資本40%以上であれば、外国人はリスト2に掲げられた業種においてもタイ事業ができる。	運輸事業、物流事業は、外国投資制限リストに含まれておらず、外国企業の参入には制限はない。	2003年以降、物流サービス業への参入規制などの規制緩和が進んでいる。通関業者は財務省より許可を受けるが必要があり、業務を行う連携内のフォワーダー協会に加盟することが条件となる。一般的に外資出資比率は30%まで。但し、現地との連携(ブミプトラ)資本を提携相手とする場合は49%まで引き上げ。	運輸省の許可が必要。対外国投資比率：国内海運、鉄道運営、バスターミナル、港湾での倉庫業、外資持分比率が95%以上。下記の規制業種：・港湾建設及び運営業、道路、鉄道・外資計画所有が49%以上：定期及び不定期の航空運送業・小規模及び中規模の船上輸送業小規模河川・湖での輸送業者の荷物処理、船舶荷役サービス、タグボート、曳船フィーダー、貨物小売業・一般旅客サービス、小規模倉庫、料品の保留、定期船の運営・村落間の海上輸送、川・湖での輸送、30t以下の船舶による輸送	外国投資の規制対象業種・禁止業種に含まれない。(2005年1月1日付け発効の第6次外国投資ネガティブリスト)但し、フィリピン所管委員会の認証が必要。	許認可は必要としない。外国投資の規制業種・禁止業種にも含まれない。カンボジア国投資法の修正に基づき鉄道運送を除く陸上、道路、航空による公企業サービス及び倉庫業は投資インセンティブの対象とはならない。	条件付き外国投資許可分野：1) 陸上輸送、鉄道輸送、その他不定期旅客陸上輸送、道路輸送、ブランド輸送2) 海上及び沿岸輸送、内陸水運3) 補助支援店舗運営事業、貨物取扱、貯蔵及び倉庫業、輸送支援輸送業、輸送代理店事業	事業協力契約または合弁企業に限られる業種：海、空、鉄道、並びに海上輸送、公共車客運送、港湾、空港の建設(BOT、BTO、BY方式条件を除く)。事業協力契約に限られる業種：国際/国内航空配送サービスの運営。国際物流、輸送事業、外国企業が合弁の場合、出資比率は49%までを限度に、国内物流、輸送業協会への加盟が必要となる。	運輸・通信事業は、外国投資が認められている経済活動(MIC通知書 No.1/89)に含まれる。	業種による明示及び参入制限などはない。外国企業の登記については、関係省庁の許認可が必要である。
特別な交通規制エリア	バンコクではタイヤ6輪以上のトレーラー及びトレーラートラックは16:00～20:00の時間帯の走行は禁止されている。最大積載量は、タイヤ6輪以下の場合12t、タイヤ10輪の場合21t、セミトレーラーの場合37.4t、フルトレーラーの場合39.4tである。	海上コンテナの最大重量は40フィートコンテナで26t、20フィートコンテナで21tである。警察車両の先導を受ける場合には、最大重量を超える貨物を輸送できる。ダウンタウンの19:00以降の走行は許可される。	KLの一部地域では、7:30～9:00と16:00～19:00の間の3t以上の商業車輌の進入は禁止されている。	積載量5t以上の車両はジャカルタ地区の走行を禁止されている。ジャカルタにおける高さ制限は4.8t、横幅制限は3.2mである。	マニラ市及びマニラ首都圏では、平日早朝及び夜間の6輪以上の商業車の走行が禁止されている。最大積載量は、個々の車両に与えられる許可によって規定されている。海上コンテナの総最大積載量は、20フィートコンテナで24t、40フィートコンテナで30tである。	3t以上の車両はプノンペン市内での走行が禁止されている。しかしながら、警察署及び関連当局の許可を得れば走行可能となる。最大総積載重量は、海上コンテナで35t、ドラックで25tである。	N.A.	ハノイ市の交通規制は以下のとおりである。-総積載量1.25t以下：6:30～8:30及び16:30～20:00の時間帯の走行禁止。-総積載量1.25t～2.50t以上：6:00～20:00の時間帯の走行禁止。-総積載量2.50t以上：6:00～21:00の時間帯の走行禁止。ホーチミン市、ダナン市の交通規制もハノイ市に類似している。総重量規制は、20フィートコンテナ25t、40フィートコンテナ38t、2軸ドラック18t、3軸ドラック24tである。	特別な交通規制は無い。総車重規制は、36tで、高さ制限は5.2mである。	N.A.

出所：各国投資関連法規、アジア地域物流構造改善研究調査(社)日本ロジスティクスシステム協会、2003年)、各国フォワーダー協会より得た情報、その他各国ヒアリング資料などにより作成

(4) ソフト・インフラに関するASEAN情報「物流教育」

	タイ	シンガポール	マレーシア	インドネシア	フィリピン	カンボジア	ラオス	ベトナム	ミャンマー	ブルネイ
物流・SCMトレーニング	タイ国際フレートフォワーダー事業協会は国際輸送・業学校(International Transport & Business School: ITBS)を運営している。タイ購買・サプライチェーンマネジメント協会(PSCMTh)は、会員企業及び一般向けに各種セミナー、企業内研修プログラムを提供している。タイ・ロジスティクス・生産性協会(Thai Logistics and Production Society: TLAPS)は、ロジスティクス分野の専門家、研究者の組織であり、各種の訓練や現地視察を実施している。Chartered Institute of Logistics & Transport (タイ支部)は、ロジスティクス、輸送分野での総合的な認証プログラムを提供している。	シンガポール・ロジスティクス協会は、ロジスティクスとフォワーダー職業訓練コースを提供している。Chartered Institute of Transport と Logistics Training and Consultancy 社はロジスティクス分野で専門コースや認証プログラムを実施している。SAAA貨物サービス社(SCS)は、IATAから公認訓練機関の認定を受けている。訓練プログラムは、後にシンガポール航空貨物代理店協会(SAAA)からSCSに移管されている。	物流・SCMトレーニングへのアクセスは、民間、公共機関含め問題ないが、著名なトレーニング機関は、Malaysian Institute of Purchasing and Material Management (MIPMM)、Federation of Malaysian Manufactures (FMM)、Federation of Malaysia Freight Forwarders (FMFF)である。MIPMMはSCMに関するディプロマやマスターコースを提供し、FMFFは物流管理コースを提供している。	非常に限られているが、散発的に実施されている。PPM Institute of Management、インドネシア・ロジスティクス協会(ALI)、商工会議所が訓練・セミナーを提供している。訓練・セミナーは通常、大学との共同で行われる。インドネシアフォワーダー協会(GAFEKSI)も貨物輸送分野での訓練コースを提供している。	非常に限られており、散発的に実施されている。フィリピン・サプライチェーンマネジメント研究所(PISM)及びフィリピン船主協会(PSB)が、SCM及びロジスティクス管理に関するセミナー認証プログラムを提供している。	N.A.	N.A.	N.A.	N.A.	N.A.
物流教育を提供する大学・大学院	Thammasat 大学のThammasat Business School は、国際ビジネス、ロジスティクス及び輸送管理学科を有している。モンクット王工科大学(King Mongkut's University of Technology Thonburi: KMUTT)は、Graduate School of Management and Innovation にロジスティクス管理コースを有している。	シンガポール海事大学(Singapore Maritime Academy)、Ngee Ann 技術専門学校、Temasek 技術専門学校、Nanyang 工科大学、及び新設でアジア地域でのロジスティクス分野の教育・研究を行うアジア・ロジスティクスインスティチュートでの高等教育がなされている。アジア・ロジスティクスインスティチュートは、米国ジョージア工科大学の協力を得てシンガポール国立大学が運営するシンガポール資材管理研究所(SIMM)は、ロジスティクス管理分野でディプロマ、学士、修士コースを有している。	限定されている。University Institute of Technology Mara (UITM)、Sepang Institute of Technology (SIT)が物流管理、SCMの分野での修士コースを有している。海事関連機関も海運輸送教育に焦点を当てたコースを提供している。	バンドン工科大学(ITB)、Widyatama 大学、Diponegoro 大学が、ロジスティクス管理、SCMの分野での修士コースを有している。Gaja Mada 大学は、ロジスティクス管理、SCM分野での修士コースの開始を計画している。	De La Salle 大学(DLSU)はロジスティクス及び資材管理分野での学士コースを有している。De La Salle単科大学のBenilde's School of Professional and Continuing Education は、SCMに関する大学院レベルのディプロマ・プログラムを有している。フィリピン工科大学(Technological Institute of the Philippines)は、ロジスティクス管理を専攻する商学学士コースを有している。	N.A.	N.A.	N.A.	N.A.	N.A.

出所：各国フォワーダー協会、物流・サプライチェーンマネジメント関連の業界・研究機関より得た情報、各国主要大学機関より得た情報にて作成

(5) ソフト・インフラに関するASEAN情報「その他の物流に関する情報」

	タイ	シンガポール	マレーシア	インドネシア	フィリピン	カンボジア	ラオス	ベトナム	ミャンマー	ブルネイ
物流関連資格制度	タイ購買・サプライチェーンマネジメント協会 (PSCMT) が訓練・試験センターを設立している。PSCMTは、認証コースを提供している。認証購買監督者 (CPS)、認証購買知識 (CPK) がある。2000年、タイは初めて国際購買・サプライチェーンマネジメント (IPSCM) の様々なレベル (IPSCM認証、IPSCMディプロマの認証のための訓練を実施した。	シンガポール資材管理研究所 (SIMM) は、国際的な資格である生産・在庫管理認証 (CPIM)、認証購買管理者 (CPM) のレビューコースを提供している。認証購買監督者 (CPM) の地域試験センターとして認定されている。	Chartered Institute of Logistics and Transport が、物流・輸送業務業者に対するプロフェッショナル資格認定サービスを提供している。UTMがその評価機関として指定されている。	N.A.	フィリピン・サプライチェーンシ研究所 (PISM) 認証認定購買管理者 (CPM) のレビュープログラムを提供している。PISMは、CPM認証の申請を受け付け、認定を受けている大学には、Adamson大学、Ateneo De Manila大学、De La Salle大学、Mapua工業大学、Philippines 科学技術大学、East 大学、Philippines 大学、Santo Tomas 大学がある。	N.A.	N.A.	N.A.	N.A.	N.A.
主要物流企業	タイ国際フレイトフォワーダース協会 (TIFFA) の会員企業は163社ある。タイ航空貨物輸送業者協会 (TAFA) の会員企業は134社で、このうち66社は IATA業者であり、68社は非IATA業者である。	シンガポール・ロジスティクス協会は、2006年10月時点で350の会員を有する。	同国の物流業界は、外資系企業がより付加価値の高い輸送業務に従事しており、現地企業はローワーエンド市場でのサービスや流通業務に従事している。	290社が貨物運送会社としリストされている。(A-Z Worldwide Airfreight Directory)	フィリピン航空貨物輸送業者協会 (AFPI) は150社の会員企業を有する。会員企業のリストはAFPIのウェブサイト (http://www.afpi.org.ph) に掲載されている。	貨物輸送業者は189社リストされている。(Cambodia Yellow Page)	主要業者の一つはLao Freight Forwarderであり、同社は国有国内トラック輸送会社として1977年に設立され、1989年時点では国内輸送、梱包、乙仲業務全般を行う唯一の国有企業であった。現在、同社はこれら7社が貨物輸送会社と乙仲としてリストされている。(A-Z Worldwide Airfreight Directory)	現在、ベトナムには800社以上の乙仲が存在する。(Vietnam Freight Forwarder Association)、同社のうち18%は国有企業、70%は民有企業、10%は外資企業、2%は外国物流会社である。251社が貨物輸送会社と乙仲、7社が貨物荷役業務としてリストされている。Transimex Saigonが乙仲業務でトップリーディング企業である。(A-Z Worldwide Airfreight Directory)	フォワーダー・輸送代理店として18企業が、70%は自有企業がリストされている (A-Z Worldwide Airfreight Directory)	同国フォワーダー協会 (BRUFA) には38会員企業が登録している。フォワーダー輸送代理店、貨物ハンドリング業者として1企業がリストされている。(A-Z Worldwide Airfreight Directory)

出所：各国物流・サプライチェーンマネジメント関連の業界・研究機関より得た情報、各国フォワーダー協会より得た情報、A-Z Worldwide Airfreight Directory (http://www.azfreight.com)、Cambodia Yellow Page、Promoting Efficient and Competitive Intra-ASEAN Shipping Services - Lao PDR Country Report (March 2005) にて作成

2-7：物流関連コラム
(1) タイ

レムチャバン港～ラッカバン ICD 間のコンテナ輸送について

タイの東部臨海地域に位置する、タイ随一の国際港湾であるレムチャバン港は、コンテナ貨物需要の急激な増大に対応すべく段階的に拡張を行っている。タイとASEAN諸国、日本、中国、オーストラリア、ニュージーランド、インドなどとの自由貿易協定（Free Trade Agreement/ FTA）の締結によって、貨物需要は今後とも急速に伸びてゆくものと想定される。

レムチャバン港のコンテナ取扱量は2001年には231万TEUであったが、その後5年間の間に1.6倍に増加し、2005年には377万TEUに到達している。また、タイ港湾庁(PAT)の需要予測によると、2006年には400万TEU、2009年には500万TEUの大台を突破すると見られている。

ラッカバンICD（内陸コンテナ倉庫）は、レムチャバン港に荷揚げされるコンテナ貨物および同港を通じて輸出されるコンテナ貨物をバンコクとの間で輸送する際の重要な中継基地の役割を果たしている。2002年におけるラッカバンICDとレムチャバン港間のコンテナ輸送は、74%がトラック、残り26%は列車によって実施されている。その後、タイ経済の急速な経済発展により、コンテナ貨物の輸送需要は急速に増大したものの、道路による輸送は混雑の問題により既に飽和状態にあったことに加え、過積載トラックによる道路舗装の劣化という問題を引き起こしていた。その結果、鉄道による輸送は2002年の25.7万から2005年には39.3万TEUへと徐々に増加することになった。2005年には、ラッカバンICDとレムチャバン港の間を輸送されるコンテナの32%は鉄道によって輸送されるようになっている(2002年に比べ、鉄道への依存度は4%ポイント増加)。

ラッカバン ICD とレムチャバン港の輸送量の推移

	2002 年	2003 年	2004 年	2005 年
レムチャバン港におけるコンテナ取扱量 (1,000 TEUs)	2,657	3,047	3,529	3,766
ラッカバン ICD におけるコンテナ取扱量 (1,000 TEUs)	993	1,083	1,218	1,235
うち鉄道輸送 (1,000 TEUs)	257	287	340	393
うち道路輸送 (1,000 TEUs)	736	796	878	842
鉄道：道路による輸送比率	30：70	26：74	27：73	32：68

出所: タイ国鉄、タイ港湾庁

2006年8月現在、一日24～28本の列車がラッカバンICDとレムチャバン港の間を運行している。同区間のうちラッカバンとチャチューンサオ間30kmについては、鉄道の複線化が既に実施されているものの、チャチューンサオ～レムチャバン港間の78 kmは単線のままとなっている。タイ国鉄(SRT)は、レムチャバン港の第二期拡張工事およびコンテナ貨物の輸送需要の急速な伸びに対応するため、チャチューンサオ～シラチャ～レムチャバン港間の複線化にかかる民間投資を公募している。タイ国鉄は、2009年末までには複線化工事を完了させる計画をもっている。

また、ラッカバンICD自体も既に満杯に近い状態になっていることから、同ICDを所有しているタイ国鉄は、2000年にコンサルタントに委託して既存のICDを拡張する案とラッカバンの北方約50kmのOngkharakに新規にICDを建設する案の双方の妥当性を検証している。同調査をうけて、タイ国鉄は将来的には、新しいICDを建設するのではなく、ラッカバンICD拡張することを決定している。

(2) マレーシア

インター・モーダル・コネクションの推進、I-port イニシャティブ

クアラルンプール国際空港（KLIA）のターミナル・オペレーターであるマスカーゴ社は、クラン港からKLIAにあるマスカーゴ社のカーゴ・センターへのシームレス輸送を実現する目的で、I-port（"港湾のなかの空港"）サービスと呼ばれるインター・モーダル・コネクションを推進している。クラン港には、空輸向け貨物専用のエア・ゾーンが設置され、海上運送と空輸の連携強化がはかられている。

クアラルンプールの持つ優位性（アジアの主要物流ルート上に位置し、物流面でのコスト競争力を持つ）を利用し、クラン港とKLIAのASEAN諸国に対する海上輸送・空輸の重要なロードセンターとしての機能強化が狙いと言われている。I-port サービスは追加の通関手続きや書類作成を必要とせず、港湾からの空輸向け輸送貨物はすべて税関で密閉され、マスカーゴ社の定期トラック便（現在は一日に2便）に積まれた後、そのままKLIAを経由して海外の仕向地へ空輸される。

```
┌──────────────────────────────┐
│ マスカーゴ社エアゾーン（XPQ）の代理店 │
│         による貨物の輸送予約          │
│         （クラン港の代理店）          │
└──────────────┬───────────────┘
               ↓
┌──────────────────────────────┐
│     貨物のユニタイズとトラックへの積載     │
│          （マスカーゴ社）            │
└──────────────┬───────────────┘
               ↓
┌──────────────────────────────┐
│         通関と密閉用の              │
│     運送証券／マニフェストの発行        │
│       （マスカーゴ社／税関）          │
└──────────────┬───────────────┘
               ↓
┌──────────────────────────────┐
│    貨物トラックのKLIA到着、開封、       │
│   マスカーゴ社貨物ターミナルへの積み卸し   │
│        （税関／マスカーゴ社）         │
└──────────────┬───────────────┘
               ↓
┌──────────────────────────────┐
│         KLIAより仕向地への           │
│         空輸による貨物出発           │
│          （マスカーゴ社）            │
└──────────────────────────────┘
```

希望仕向地への貨物便やスペースは、マスカーゴ社のエアゾーン・オフィス（XPQと呼ばれ、北港のコンテナ・ターミナルにある）の輸送代理店またはオンラインを経由して事前予約が可能である（クラン港からKLIAへの貨物取り扱いの流れは左図を参照）。

2005年には、マスカーゴ社はI-portサービスにて40万9,330トンもの国際貨物輸送（スループット量）を扱っており、KLIA自体（65万3,654トン）やペナン空港（22万1,971トン）での国際貨物輸送取り扱い実績と比べても、遜色のない運営・取り扱い実績を誇っている。今後も貨物量はさらに増加するものと期待されている。

現在、I-port サービスは、タンジュン・ペレパス港（PTP）、クアンタン港へも取り扱い範囲を広げており、PTPとKLIA間の専用トラック輸送は一日1便運行されている。将来的には、I-portサービスはペナン港やジョホール港へも広げられる予定である。

出所と詳細: http://www.maskargo.com

鉄道貨物輸送の現状とインター・モーダル・コネクション

　マレーシア鉄道会社（KTMB）は、車輌を除くすべての貨物を対象にランド・ブリッジ・サービス（LBS）によるタイ・バンコクへの国境間貨物輸送サービスを提供している。LBS では、現在週あたり 32 便（往復にて16便）を運行しており、一便あたり54 TEUs（週あたり換算だと、1,500TEUs）を輸送可能である。クラン北港からは、鉄道輸送でバンコクのラクラバンまで76時間、バンサまで72時間を所要し、道路輸送より迅速な輸送が提供でき、トラックによるクアラルンプールからバンコクへの貨物輸送コストを1とすると、鉄道輸送はおよそ 0.85 程度と安価である。貨物は、半島部の主要各港、内陸のコンテナ・デポ（ICD）にて鉄道に積載可能である。

　タイ南部のトラックからの積み替え輸送貨物に対応した鉄道輸送サービスもあり、一日7回程度運行されている。タイ南部からのコンテナ貨物の輸送需要は月あたり1万4,000TEUsに上り、そのうち90%はゴム関連製品であり、5%は缶詰／農産加工製品と言われている。KTMBのコンテナ・サービスを通じて、需要全体の約半分（7,000TEUs）がマレーシアに輸入され、その78%が輸出を目的にペナン港へ輸送、残りはクラン港等へ輸送される。

　タイ南部の港湾施設や道路事情はまだまだ改善が必要な状況であり、道路での国境間輸送を行う場合は貨物の積み替えが必要となることから、マレーシア鉄道によるタイ南部からマレーシアへの輸送需要は高いと思われる。しかし、逆方向は、比較的に空コンテナが多く、積載される場合は多くは鋼片や半製品とのことである。

　鉄道輸送の場合、通関手続きには約 2 時間を要し、積み替えも必要ない。最大の課題は、タイ鉄道会社側のディーゼル機関車の不足である。国境では積み替えは必要ない代わりに、機関車を交代させる必要があるが、タイ側の機関車不足が運行便の増加を困難にしている。なお、KTMB では自国のコンテナ・ターミナル施設のレイアウトが古く、取り扱い能力も限られているとも指摘しており、ターミナル施設の運営を改善し、取り扱い能力を増強することが重要と認識している。2008年には、クアラルンプール近郊のラワンからイポーまでの区間が複線化され、輸送能力が飛躍的に増加される。

出所と詳細: http://ktmb.com.my

陸路によるマレーシアとタイ間の国境間輸送

現在、タイとの国境には4つの主要税関ポイントがあるが、いわゆるシングル・ストップ・サービスは導入されていない。シングル・ウィンドウ(貨物検査や関係機関への輸出入許認可の一本化)の設置も関係機関が多岐(25機関とも言われる)にわたることから難しいとされている。タイからマレーシアへの輸送(車輌・電子・機械部品および製品)量が、その逆を7対3の割合で超過する状況にある。一方向の空輸送がトラック貨物輸送のコストを押し上げている要因の一つである。

国境周辺地域では、サダオ(トラック向け)、パダン・ベサール(鉄道とトラック向け)やブキッ・カユ・ヒタム(トラック向け)にコンテナ・デポ(ICD)が整備されているものの、貨物の積み替えが必要となることから、国境間輸送のボトルネックとなっている。貨物の積み替えと言っても、その方法には、①プライム・ムーバーの取り替え、②トレーラー間のコンテナ移動、および③コンテナ内の貨物の積み替えと三通りの方法があるが、最も簡便な方法であるプライム・ムーバーの取り替えは、コンテナ輸送業の許認可を受けた業者(以前は5業者のみであったが、近年の規制緩和により現在では90業者まで増やされている。しかしほとんどが現地業者である)にのみ許可されている。許認可を持たないコンテナ輸送業者を指定する場合は、面倒かつ時間のかかる積み替え方法を採る必要がある。

さらに、国境周辺で積み替えに必要なスペースと機材を確保している業者を使う必要がある。結果的に、日系物流企業では自社車輌を利用せず、国境輸送業務を外注する例が多く、Door to Doorの一貫輸送が難しい状況にある。同一貨物車輌での輸送を実現するには、両国の道路法規の調和化、参入規制の撤廃が必要である。

一般的にバンコク~クアラルンプール間の陸路輸送で延べ3日間、両国通関に約6~8時間所要する(理想的には2時間程度で済むと言われている)。免税許可証の申請も手間のかかる作業となっている。国境での貨物検査はサンプル検査が基本で、過去の通関記録に問題が無い場合や輸出加工区等で検査が済んでいる場合は、検査無しで通関できる。

国境周辺の交通渋滞も課題である。特に、タイ側から進入する際の通関待ち、安全上の貨物と運転手の点検が要因である。マレーシア側の交通事情はおおむね良好であるが、北部の国境州は道路脇が水田で、降雨時に路面が冠水する区間もある。タイとの国境は、午後9時位から翌朝まで閉鎖(税関自体は24時間開設)されるが、輸送業者は開門時間に合わせて出発するので支障はない。

なお、マレーシア税関に認定されたCustoms Golden Client(多国籍企業を中心に全10社程度)に対しては、国境での税関手続きはすべて自動電子化され、円滑な通関手続きが約束されている。マレーシアからの輸出の場合、申告書類は輸送車輌の国境到着1日前にマレーシア側税関に送付される。クアラルンプール近郊シャー・アラムの工業地域を夜に出発、翌朝国境へ到着、さらに翌日早朝にバンコクへ到着、その後2時間程度で指定工場に部品が到着という流れで、2日間弱を所要する。

出所:税関局、日系物流事業者からのヒアリング

通関業者指定制度

　マレーシアでは、通関業者(ブローカー)の指定制度が存在し、各税関に対して荷主が複数の通関業者の登録(例えばクラン港税関では 3 社)を求めている。当該荷主から通関業者として税関に登録されていない輸送業者が業務を請け負った場合は、既存登録業者を介さなければ通関手続きを行えない。現地通関業者(輸送業者)保護の意味合いが強く、日系物流企業では一貫輸送(トータル・サポート)ができず、Door to door 輸送の場合問題が生じ、業者間での書類やりとりが発生するなどとの問題点が提起されている。

　近年、国境や港湾の税関では指定制度の適用を厳格化している。指定する通関業者数は港湾により一定していないが、大口荷主の場合は指定通関業者数が拡大して認められている。通関業者数の限定は、各税関の管理上必要な措置と考えられているが、通関業者の指定制度に対する民間の意見を受け、例えばペナン港での指定業者数を荷主当たり 2 業者に限定していたのを、3 者以上の登録を認めるなど段階的に規制を緩和している。

出所: 税関局、日系物流事業者からのヒアリング

クラン港背後地の開発(Port Klang Free Zone)

　クラン港管理庁が事業主体となって、従来の物流関連業者による貿易促進機能に限定された Free Commercial Zone を進化させ、輸出志向型の製造業も入居でき製造活動も行える Port Klang Free Zone(PKFZ)を西港背後地に開発し、今年度末に運用が開始される。PKFZには、近く South Klang Valley Highway(SKVH)が接続される予定でクアラルンプールおよび郊外の工業地域からのアクセスも申し分ない。PKFZでの通関・輸出入許可申請はペーパーレスが実現される。

出所: http://www.pkfz.com

（3）ベトナム

東西経済回廊の開発と中央ベトナムにおける投資促進

東西経済回廊は、アジア開発銀行(ADB)がサポートしている拡大メコン地域(GMS)プログラムにおいて提唱されたものである。GMSプログラムで提唱されている経済回廊には、① ベトナム、ラオス、タイ、ミャンマーをつなぐ東西経済回廊、② 中国雲南省、ラオス、タイを連結する南北経済回廊、③ タイ、カンボジア、ベトナムをむすぶ第2東西回廊がある。

ベトナムは、東西回廊および第2東西回廊によって全天候型の高規格道路によって隣国のラオス、カンボジアと結ばれるだけでなく、道路はさらに先のタイ、ミャンマーへとつながっていくことになる。これらの経済回廊プログラムは、単に道路・橋梁で構成されるインフラプロジェクトに限定されるものではなく、貿易の効率化、投資促進にかかる各国間の枠組みの構築と技術協力を含んでいる。

東西経済回廊に関しては、2006年12月に開通した第2メコン国際橋が完成した結果、ミャンマー国内の一部区間を除く主要インフラプロジェクトが完了した。第2メコン国際橋は、日本のODA資金を活用して建設された橋梁で、メコン川を挟んで隣接するラオスのサバナケットとタイのムクダハンをつなぐものである。同橋梁が完成した事によってタイ、ラオス、ベトナムは、物理的のみならず経済的にも統合されることが期待されている。また、ミャンマーにおける事業が完了すると、インドシナ半島の東西が連結され、域内における物流コストが低減することになると思われる。

ベトナム国内の大手物流業者GEMADEPTのマネージャー・バンバン氏へのインタビューによると、5年前に現在の東西回廊に沿ってベトナムのフエからラオスのサバナケットに車で移動するには、まる1日が必要であったという。しかし、道路の拡張・改良および橋梁の建設が行われると、トラックのドライバーは、フエで朝食をとり、サバナケットで昼飯、さらにタイのコーンケンで遅い夕食を食べることができるようになるだろうと期待している。また、同氏は、ベトナムのラオバオとラオスのダンサバン間の国境における関税手続きの簡素化(Single Stop Inspection)にかかるパイロットプロジェクトによって、通関時間を大幅に短縮されたことについても大きな効果があると述べている。

交通インフラおよび制度面の改善によってもたらされる移動時間の短縮と物流コストの低廉化は、東西回廊の東端となるベトナム中部の投資環境を劇的に改善することが期待されている。ベトナムのラオバオ国境付近には、既に経済特別区が設立されており、60を超える企業が敷地内に入居している。さらに、ラオスのセポン鉱山で算出される銅は、東西経済回廊によってベトナムのダナン港に輸送されたのち輸出されている。

(4) カンボジア

外国企業誘致の受け入れ態勢について

　我が国民間企業のカンボジアへの進出は、ASEAN周辺国に比較し少なく、カンボジア国および周辺国において需要の高い自動2輪車の製造業を中心に数えるほどの企業が立地しているのみである。日系企業進出が進展しない理由はさまざまであると考えられるが、近年までの政情不安、工業系企業の立地に欠かせない工業系地場産業および有能な現地労働者不足、経済性の高い国際物流路の未確立が主な理由と考えられる。

　一方、カンボジア政府は近年外国企業誘致に積極的であり、特別経済区（Special Economic Zone）の整備や外資企業への税制・認可に関するさまざまな優遇措置を講じている。その背景には、WTOに加盟し対アメリカ輸出割当解除を受けるベトナムへのカンボジア進出企業流出の懸念、ベトナム～ラオス～タイを連絡する東西経済回廊の開通によりネックであった輸送コスト問題を緩和し、低賃金労働力を持つラオス企業の台頭の脅威がある。上記のように現時点ではカンボジアへの外資企業進出は有利な状況にあると判断できるが、主に中国や韓国資本の企業からなる主幹産業の縫製業において生じたさまざまな労使問題により存在感を示すようになっている労働組合の取り扱い問題等の点には留意する必要がある。

　なお、カンボジア国における外資企業に対する優遇措置等について、投資分野については電気通信セクター、天然資源の開発等が規制されており、新規産業、ハイテク産業、輸出志向型産業、観光産業、農産業および加工産業、環境保護、インフラ・エネルギー分野等が奨励分野とされている。税制については、法人税は利益が出るまでの期間免除され、その後3年間についても免除となり、業種によっては2～5年間の免除期間が追加となる、利益の再投資は特別減価償却措置が与えられる、輸入される資本財および原材料の免税または減税、輸出関税を100%免除、許認可の申請の簡素化が図られる、となっている。

(5) シンガポール

シンガポールの貿易・物流のための統合国家 IT プラットフォーム

国際水準の物流ハブとしての競争力を維持するためにシンガポールは、貿易関連情報のフローを管理するITシステムの統合に焦点を合わせている。シンガポールでは、In シンガポール, such IT systems as TradeNetTM、PortNetTM、Jurong Port Online、Marinet、Cargo Community Network のような IT システムが貿易・流通部門に対してオンライン・サービスを提供してきた。

国家のシングル・ウィンドウ貿易申告システムである TradeNet™は、貿易関連手続きを合理化するために EDI システムを導入して 1989 年 1 月に開始された。2004 年度には TradeNetTM は 902 万 5,955 件の輸出入許可(輸入申告 489 万 7,385 件、輸出申告 404 万 3,331 件、積替申告8万 5,239 件)を処理した。シンガポール関税局によると許可の 90%以上は10分未満の時間でスピーディに処理されている。TradeNetTM の導入によって貿易申告・許可証の発給に要する時間は大幅に削減された。導入以前には許可証の取得には2〜7日を要していた。WTO 資料によると、2,400 社以上の貿易業者、海運業者、フレイト・フォワーダー、航空貨物代理店等が TradeNetTM に接続している。

TradeNetTM は港湾 EDI システムである PortNetTM にオンラインで接続されている。PortNetTM は 1984年に開始され、1999年にインターネット・ベースに移行した。PortNetTMはシンガポールの海運関連部門に港湾情報を提供している。PortNetTM が提供するサービスには、オンラインでのバース使用申請、ヤード・クレーン予約、パイロット、タグ・ボートや給水船の指図、コンテナ取り扱い状況、貨物状況、コンテナ位置、発注状況のデータ提供、途切れない書類の流れ(電子荷渡し指図、コンテナ保管・荷渡し指図、トラック運送作業リスト・下請および政府許可申請)、港湾利用者の港湾に対する支払いに関する金融 EDI、貨物フローの円滑化等がある。

現在、シンガポールは、新たな貿易と物流のための国家ITプラットフォームであるTradeXchangeTMを促進している。国際的な貿易ハブの地位を巡る競争が激化するなか、シンガポールは貿易システムの効率性と感応性を高める必要に迫られている。現行のシステムでは利用者は、貿易手続きを完了させるまでに異なったシステムにアクセスする必要がある。TradeXchangeTM は、TradeNetTM、Cargo Community Network、Jurong Port Online、MPA の Marinet、PortNetTM、その他の商用システムにリンクされる。

シンガポール関税局の2004/05年度の年次報告書のなかで、シンガポール関税局は、国内の貿易・物流産業がリアルタイムで情報を交換・運用できる最も安全で信頼できるITハブを提供するTradeXchange™の実施のために他の政府機関と協力していると述べている。CrimsonLogic 社は、シンガポール政府から TradeXchange™の開発・運用のため 10 年間の契約を受注している。CrimsonLogic 社によると TradeXchangeTM の利用者はシングル・インターフェイスで種々のシステムにアクセスでき、必要な情報を入力すれば一時に関係者に送付することができるように設計される。TradeXchangeTM は 2007 年 10 月にサービスを開始する計画である。TradeXchange™は 10 年間ですべての産業で 7,500 万ドルのコスト削減に貢献すると見積もられている。

参考資料: シンガポール Customs, TradeNet™, PSA, PortNet™, TradeXchange™

Tuas 第2リンクおよびシンガポール―ジョホール・コーズウェイ

シンガポール－マレーシア間を結ぶ2つの道路がある。シンガポール－ジョホール・コーズウェイとTuas 第2リンクである。シンガポール側では、これらの道路に対して2つの税関チェックポイントがある。シンガポール－ジョホール・コーズウェイが Woodlands チェックポイント、Tuas 第2リンクは Tuas チェックポイントである。

シンガポール－ジョホール・コーズウェイは4年間の建設期間を経て 1924 年に完成された。シンガポール－ジョホール・コーズウェイ は全長 1,056 メートルである。同道路は、第2リンクが開通するまでは両国を結ぶ唯一の道路として両国間の輸送に貢献してきた。同道路には両国間の鉄道および給水パイプライン設備も設置されている。増加する交通量とそれまでの税関チェックポイントの汚れに対応するため、新 Woodlands チェックポイントが 1999 年7月にオープンした。新チェックポイントは、サッカー競技場 31 個分に相当する埋立地に建設された。1970 年代前半に Woodlands 道路と Woodlands 中央道路の結節点に建設された旧税関チェックポイントは閉鎖された。

Tuas 第2リンクは、ジョホール海峡に架けられた橋であり、Tuas と Tanjung Kupang（マレーシアのジョホール州南部）間を結んでいる。Tuas 第2リンクは 1998 年 4 月 18 日に公式にオープンした。第2リンクは 19.6 ヘクタールの埋立地に建設され、全長 1,920 メートルである。同道路は、2010 年までの通行需要に対応することを想定している。

旧コーズウェイ橋の架け替えが、マハティール政権時代の 1996 年にマレーシア政府によって計画された。コーズウェイ橋建設計画はジョホールを港湾、空港、高速道路を結ぶ地域物流センターとして発展させることを目的とする Gerbang Selatan Bersepadu（統合南部ゲートウェイ）プロジェクトの一部として位置付けられた。GSB プロジェクトは、税関、入国検査・検疫所（CIQ）施設の Bukit Chagar にあるジョホールバル駅への移転、コーズウェイ橋の一部の架け替えを含んでいる。道路橋と鉄道橋の建設作業は 2003 年 8 月に開始された。1.4km の橋の建設が予定された。

2000 年代に入って、旧コーズウェイ橋の架け替えは両国間の政治問題となった。2000 年にシンガポール政府は、マレーシア政府の直線橋を建設するという提案を巨大なプロジェクト・コストを理由に拒絶した。これに対してマハティール首相は、マレーシア側で橋の半分を建設するという「曲がった半分の橋」と知られる計画を着想した。両国間の交渉は意見の一致を見ないまま長引いた。交渉が複雑化したことから 2006 年 4 月 2 日にマハティール首相の後継者であるマレーシアのアブドラ首相は、コーズウェイ橋架け替え計画を放棄する旨の発表を行った。マレーシアの通信社 Bernama は、この決定の背景にはシンガポール政府がシンガポールのジェット戦闘機のマレーシアの空港の利用およびシンガポールへの砂の供給を要求したこと、そしてこの要求がマレーシア国民の批判を招いたことにあると説明している。

出所：シンガポール関税局、Linkdua、Gerbang Selatan Bersepadu

(6) フィリピン

マニラ都市圏道路網における交通規制と物流交通

マニラ首都圏では、車両の増加や交通インフラ整備の遅れに伴う交通渋滞の発生が慢性的となっており、深刻な問題となっている。道路整備量は交通需要に対し不足しているとともに、道路整備計画の実施も事業予算の不足や社会環境問題等の理由により遅延しているものが多く、不十分な道路維持管理、交通管理施設の整備・運用の不備や取り締まりの欠如等が深刻な事態に拍車をかけている。

マニラ首都圏では、交通渋滞対策として中心部への乗り入れ車両に対するナンバープレート規制、EDSA等主要幹線道路におけるトラックの運行規制、リバーシブルレーンの実施、ジプニー営業規制、地区内における時間帯別一方通行規制の実施などがマニラ首都圏開発庁(MMDA)により策定実施されている。

ナンバープレート規制は、ナンバープレートの末尾番号により、曜日ごとに午前7時～午後7時まで車両の利用を制限するものであり、月曜日: 1と2、火曜日: 3と4、水曜日: 5と6、木曜日: 7と8、金曜日: 9と0が規制の対象となっている。トラック通行規制は、EDSA通りで 6:00～21:00、主要10ルートで 6:00～9:00、17:00～21:00(土、日・祝日を除く)となっている。これらの規制は、物流で主に利用される大型トラックおよびトレーラーの主目的地であるマニラ港への日中のアクセスを制限するものであり、輸送業者にとっては非効率な業務を強いられる結果となっている。いずれにしても、自家用車主体の現在の交通モード構成と交通管理による対策だけでは限界があり、大量公共交通機関の早急な整備拡充が望まれる。

マニラ港と主要工業地帯を連絡する物流路の整備状況

マニラ首都圏ではラグナ地区にあるラグナ工業団地等を中心にマニラ南部に日系企業が集積しており、国際貨物の輸出入は主にマニラ港が利用されている。マニラ南部地区からマニラ港までの国内輸送は主にSouth-Luzon Expressway および Metro Manila Skyway を利用することとなるが、South-Luzon Expresswayでは老朽化が進み改修工事が予定されるアラバン橋により大型車両の通行が規制されているうえ、改修時期や改修時の迂回路計画が明確でない為、工事の際に大規模交通渋滞が発生する可能性があり企業活動に支障をきたす可能性が大きいことが懸念される。

また、輸送時の振動に注意が必要となる精密機器等の輸送においても、舗装の維持管理が不十分である為、梱包や輸送車両最新の注意を払わなければならず、輸送コストがかさむ状況となっている。これらの問題は道路管理者の事業遂行能力および維持管理能力に起因するものであるが、その主な原因は予算不足であり、今後の財源確保方策策定・実施および組織および能力の改善が急務である。

（7）インドネシア

ボジョネガラ港開発プロジェクト

ジャカルタの西約100kmに立地するボジョネガラ港の開発は、タンジュンプリオク港を補完する新しいハブ港を建設する目的で1991年に着手された。巨大な投資コストと90年代後半の金融危機を理由に開発は中断された（Keppres No.39/ 1997）。2002年に大統領によってプロジェクトは復活された。メガワティ大統領が臨席するなかボジョネガラ国際港の建設は2003年12月に開始された。

JICA調査「ジャカルタ大首都圏港湾開発計画調査」（2003年）で2008年頃には飽和状態に達すると予測されるタンジュンプリオク港を補完する国際港としての役割がボジョネガラ港に期待される。ボジョネガラ港はインドネシア最大の港となり、タンジュンプリオク港の混雑を緩和し、国際船の寄港を増やし、シンガポール港やマレーシアの港湾への依存度を減らすと期待される。ボジョネガラ港は、年間112万TEUの処理能力を有し、大型コンテナ船の寄港が可能である。

ボジョネガラ港開発は、国有港湾運営会社 Pelindo II 社によって進められている。開発計画は、フェーズ1（2003〜2009年）、フェーズ2（2010〜2014年）、フェーズ3（2016〜2025年）の3つのフェーズに分けられる。計画によるとフェーズ1では、多目的コンテナ・ターミナルが建設される。フェーズ2では、コンテナ・ターミナル、フェリー・ターミナル、コンテナ・ヤードが建設される。フェーズ1の最後ではPelindo IIは、300メートルのコンテナ・ドック、15ヘクタールのコンテナ・ヤード、5,000平方メートルの貨物倉庫、3ヘクタールの貨物ヤードが完成することを見込んでいる。コンテナ・クレーン2機、ガントリー・クレーン（RTG）6機などの設備も有する。フェーズ2ではターミナルや設備がさらに追加され、貨物ヤードも拡張される。フェーズ3では、コンテナ・一般貨物ターミナルが拡張され、専門埠頭も建設される。

プロジェクトの総コストは1.9兆ルピア（2億400万ドル）に達すると予測される。プロジェクト・コストの75%は外国資金で、残りはPELIDO II社によって賄う計画である。ジャカルタ・ポスト紙によるとインドネシア政府は、国際協力銀行とソフト・ローンの供与に関して交渉中である。

参考資料：運輸省、PELINDO II、ジャカルタ・ポスト紙

インドネシアの物流コスト

　高物流コストは、しばしば、インドネシアの産業競争力を阻害する主要な要因の一つであると指摘される。貿易分野では、港湾の荷揚・荷卸、通関の非効率、低品質のインフラが大きな問題となっている。

　2005年に実施されたインドネシア大学経済社会研究所と国際協力銀行の共同研究は、インドネシアの輸出産業の物流コストの分析を行った。同調査は、ジャカルタ地域、スラバヤ地域、メダン地域、マカッサル地域に立地する食品・飲料産業、繊維産業、電子産業、自動車産業の75社を対象とした。

　調査結果をみると、総物流コスト(調達物流、社内物流、製品物流の合計)は総生産コストの14.08%を占めた。一方、米国では8.37%、日本では4.88%、タイでは22%を占めている。調達物流コストは、総生産コストの7.22%、社内物流コストは同2.82%、製品物流コストは同4.04%を占める。産業別では、食品・飲料産業の調達物流コストは総生産コストの7.38%(国内調達3.95%、輸入調達3.43%)、繊維産業は同7.09%(同3.28%、同3.81%)、電子産業は同7.16%(同3.95%、同3.21%)、自動車産業は同7.25%(同1.81%、同5.44%)となっている。自動車産業では輸入調達の比率が顕著に高くなっている。繊維産業では主に中距離のサプライヤーから調達されている。食品・飲料産業では主に近距離のサプライヤーから調達されており、調達頻度は高い。

　右表に上記の調査で示されたフォワーダーの取扱費用の内訳を示した。ターミナル取扱費用(THC)とトラッキング費用が輸出に関連する外部物流費用の約70%を占めている。インドネシアのターミナル取扱費用は、2005年11月に大幅に引き下げられた。しかし、他のASEAN諸国と比べるとインドネシアのターミナル取扱費用は高い。FCL20フィート・ドライ・コンテナの場合、タンジュンプリオク港のターミナル取扱費用は95ドルであるが、タイは71ドル、マレーシアは81ドル、シンガポールは11ドル、フィリピンは86ドルである。インドネシアのトラッキング費用はタイ、マレーシアと比べて遜色ない水準にある。しかしながら、タンジュンプリオク港と工業団地間の陸上輸送は不十分な道路容量、道路管理状況の悪さ、老朽化したトラックの利用などの理由から非効率になっている。

	20' FCL	
	Rs.	%
Documentation of Customs Declaration (PEB)	25,000	1%
Customs EDI	100,000	4%
PNBP	60,000	2%
Trucking	700,000	25%
Terminal Handling Charge	1,350,000	48%
Doc Fee	360,000	13%
Lifton/off	75,000	3%
Handling Charge	35,000	1%
Service Charge	100,000	4%
Total	2,805,000	100%

フォワーダー取扱費用の内訳(2005年)
出所: JBIC

参考資料: 国際協力銀行資料

(8) ラオス

ラオスとタイ・ベトナムにおけるトラック乗り入れに関する相互協定

ラオスとベトナムの二国間協定

　ラオス向けの貨物のベトナムにおける荷揚げはダナン港、ハイフォン港、サイゴン港、ビン港、ブンアン港で行うことができる。ラオスとベトナムにおける貨物通過にかかる許認可に関する相互協定が発行されている。

　以前はベトナムを通過するすべての貨物には通貨許可証が必要とされ、許可証の割り当ては政府が管轄していた。1994年以降、通過貨物の割当制は徐々に緩和され、現在では、危険物や武器などの特定の品目を除くと通貨許可証は必要なくなっている。

　また、ベトナム・ラオスの両国間にはトラックの相互乗り入れに関する協定が結ばれており、ベトナムのトラックは、ベトナムの政府機関で発行される許可証を持つベトナムトラックは、ラオス国内に乗り入れることが可能である。逆についても同じ事が言える。そのため、許可証を有するトラックは、国境地帯において荷物を積み替える必要がなく所定の手続きを踏めばそのまま通過することができる。

ラオスとタイの二国間協定

　ラオスのタイの国境における貨物輸送は、両国の相互協定をベースとして、ライセンスを保有する物流業者によってのみ行われている。両国は、一定の条件を満たす物流業者にライセンスを発行することができ、両国ともそれぞれ5社まで選定することができることになっている。ラオスの場合、5つのライセンスのうち4つはタイの物流業者、残る1つはタイとラオスの合弁の物流企業に割り当てている。

　貨物通過に関する新たな相互協定は、1999年に交渉が始まり、既に両国によって補足合意がなされている。新しい相互協定によって、ライセンスを保有する両国のトラックが、相互に乗り入れすることが可能になった。また、ノンカイやムクダハンにおける積み替えをなくすことによって、積み替えに関する書類の発行と実際の積み替えによる1～2時間必要な国境の積み替え時間を短縮することができるようになった他、積み替え時に発生する貨物の損傷や盗難を防ぐことができるようになった。現在は、必要な手続きを踏まえて密閉・シールされた貨物については、検査を簡略化することなどについての協議が行われている。

第Ⅱ部：資料編

3．ASEAN各国の物流環境の比較・評価

3－1：ASEAN各国のハードインフラの評価（空港・鉄道）

調査を通じて収集した情報を元に、ASEAN各国の物流環境について、ハード・ソフトの双方から比較・評価を行った。評価結果は、以下に示すとおり。

	空港	鉄道
ブルネイ	評価：△ 国内の物流拠点の一つであるブルネイ国際空港の、貨物取扱設備は整備されており、需要に対して必要かつ十分である。	評価：－ ブルネイには、鉄道が敷設されていない。
カンボジア	評価：△ 国際空港としては、プノンペン空港とシェムリアップ空港があるが、国際貨物便の取り扱いはプノンペン空港のみでシェムリアップ空港での取り扱いはない。 プノンペン空港およびシェムリアップ空港ともに旅客需要が伸びており、空港施設の拡張が必要となっている。	評価：× プノンペンから北西にタイ国境に向かう北線386kmとプノンペンから南のシアヌークビルを結ぶ南線246kmが軌間1000mmで整備されている。北線、南線とも線路状態が悪く列車は35km/h程度で運転しており、自動車交通と比較し輸送速度が遅くなっている。 北線のタイ国境ポイペットとシソフォン間48kmが未整備で、タイ国との輸出入貨物はシソフォン駅あるいはバッタンバン駅において鉄道と道路との間で積替えが行われている。北線、南線とも全区間の軌道のリハビリが必要。
インドネシア	評価：△ 主要な国際空港は、ジャカルタ、スラバヤ、メダン、セマラン、デンパサール、パレンバンに位置している。 航空貨物の取扱量は、陸路・海路の輸送ルートが不十分であることに加え、航空産業の自由化による料金の低廉化に伴い急速に増加している。	評価：△ インドネシアには、それぞれ独立した4つの鉄道ネットワーク（ジャワ島1、スマトラ島3）が存在している。これらの鉄道は、主に燃料、農薬、セメント、石炭などのバルク貨物の輸送に貢献している。 単線区間が多いことに加え、維持管理面・運行面の問題があるため、定時制が確保できず運行本数も少ない。
ラオス	評価：× 主要な国際空港は、首都に位置するビエンチャン空港とルアンプラバン空港の2カ所。両空港とも国際貨物を取り扱うことができる。 両空港の貨物取扱設備は、不十分であるものの、貨物需要自体が極めて少ないことから、現時点では大きな問題にはなっていない。	評価：× 2006年12月現在、タイ国境の友好橋の中央からタナレーンまでの3.5km区間の鉄道建設が行われており、2009年4月に完成予定。同区間はラオスにとって初めての鉄道となる。その他にも、鉄道の延長に関する種々のフィージビリティ調査が実施されている。
マレーシア	評価：○ マレーシア半島内の国際物流上の主要拠点空港はクアラルンプール国際空港（KLIA）とペナン国際空港（PIA）であるが、EDI化も含めこれら港湾の貨物取り扱い設備は近代的で充実し、規模も現在の需要に対して問題ない。 現在のところ取り扱い需要に対するキャパシティに課題はない。両空港の貨物取り扱い施設の運営も特段の課題はない。	評価：○ 2005年時点で、鉄道による貨物輸送量の国内物流におけるシェアはわずか0.5%に留まっている。貨物鉄道の運行状況は以前より随分と改善されたものの、輸送時間が一定化しない、タイ側の機関車不足（国境で機関車を交換する必要がある）などもあり、タイとの物流において鉄道が重要な役割を果たすまでには活用されていない。クアラルンプール周辺を除く区間が単線・非電化であることも、輸送能力の増加の足枷になっている。ただし、ASEANの他国に比べると整備水準とも運営状況は良好であるといえる。
ミャンマー	評価：× 国際物流上の主要空港としては、ヤンゴン国際空港であるが、今のところ空輸モードの役割は非常に限られている。 貨物取り扱い施設が老朽化しており、キャパシティの拡充も課題である。	評価：△ 営業キロは、約3,955km、全線狭軌(1,000mm)でほとんどの区間が単線、全線非電化である。貨物鉄道の最高運転速度は42km/hである。道路網の未整備もあり、鉄道による貨物輸送量の国内物流におけるシェアは35%に上る。タイと中国国境の結節点が未整備であり、鉄道による国際貨物輸送のボトルネックとなっている。
フィリピン	評価：△ フィリピンの航空ネットワークは、マニラおよびセブの2空港による二極構造を形成しており、ニノイアキノ国際空港（NAIA）の国内、国際を合わせた乗降客数が比国全体の乗降客数の3分の2を占めている。ニノイアキノ国際空港の需要増に合せ、国内ターミナルである第2ターミナル1998年に供用され、現在第3ターミナルが建設を終了し間もなく供用開始する予定である。 国際物流業大手のFedExがアジア太平洋地域のハブをスービックから広州白雲国際空港に移転するなど、域内での相対的地位が低下している。	評価：× 現在営業している路線は、ルソン島内のマニラからレガスピを連絡する南方線のみ。資金不足や自然災害のため、営業キロは30年程前までの1050kmから現在の約500kmに減少しており、車両の故障も多く稼働率が非常に低くなっている。 鉄道による貨物輸送はトラックとの競合により貨物量が減少している。1996年以来、臨時的なもの以外は列車による貨物輸送を行っておらず、貨車が待機状態となっている。国鉄は満席的な赤字体質で、新規投資もままならない状況にある。
シンガポール	評価：○ チャンギ国際空港が唯一の国際空港として国際旅客、国際貨物を取り扱っているが、将来需要に応じた施設拡張事業も進行中であるうえ、貨物取り扱い設備も近代的で充実している。 現在のところ取り扱い需要に対するキャパシティに課題はない。貨物取り扱い施設の運営も特段の課題はない。	評価：－ 鉄道による貨物輸送サービスは行われていない。
タイ	評価：○ タイにおける主要国際空港は、バンコクのスワンナプーム空港、チェンマイ空港、ハジャイ空港、プーケット空港の4カ所。このうち、スワンナプーム空港は、2006年9月に開港したばかりである。 同空港は、アジアのハブ空港としての地位向上を目指して建設されたもので、最新鋭の貨物取り扱い設備を有している。空港へのアクセスは、バンコク～チョンブリ高速道路の他、空港の近くには鉄道路線およびICDが立地している。	評価：△ タイ国内の貨物輸送に占める鉄道の割合はわずか2.1%にすぎない。マレーシアとはパダンベサール、スンガイコロクの2カ所でつながっている。その他、ラオスのビエンチャン近郊につながる鉄道が現在建設中。 レムチャバン港～ラッカバンICD間を連絡する東部臨海線路は、物流に大きな貢献をしているものの、取扱容量が飽和している。将来的な需要増に対応するためには、複線化が不可欠である。
ベトナム	評価：△ ハノイ(Noi Bai)、ホーチミン(Tan Son Nhat)、ダナン空港が、ベトナムの主要国際空港である。航空貨物はNoi Bai、Tan Son Nhatが中心。Noi Baiの貨物ターミナルは、小規模で老朽化している。一方、Tan Son NhatはODA資金で貨物ターミナルを含む設備の改装中。同事業は、2007年4月に完了する見込み。	評価：△ すべての路線が単線・非電化。隣国である中国とは、ドンダン（南寧方面）、ラオカイ（昆明方面）経由で接続されている。鉄道の軌道は、中国の軌道にあわせて、ハノイ～ラオカイは狭軌、ハノイ～ドンダンは複合軌を採用している。そのため、国境における積み替えは必要ない。また、北部のカイラン港、ハイフォン港には引き込み線で直接貨物を輸送することができる。

3－2：ASEAN各国のハードインフラの評価（道路・港湾）

	道　路	港　湾
ブルネイ	評価：○ 高規格道路の総延長は、2,570 km。道路の整備・維持管理状況は良い。	評価：△ ムアラ港は国際物流上、唯一の主要港湾であるが、シンガポールの港湾運営会社に運営を委託し、貨物取り扱い設備・規模も充実している。
カンボジア	評価：× カンボジアでは、道路による輸送が総貨物輸送量の約70%を占めるなど、重要な役割を果たしている。タイ・ベトナムへとつながる主要な国際物流ルートは、国道1号線、5号線、6号線である。これらの路面状況は、概して悪く、国境地帯周辺を中心として未舗装区間も点在している。 プノンペン市街地部のトラック規制により昼間の輸送が制限されているとともに、小型・中型車への積み替え施設もない。	評価：× カンボジアにおける主要国際港は、シアヌークビル港およびプノンペン近郊のメコン川沿いに位置する河川港である。 シアヌークビル港は大型船舶が停泊できる施設を有するとともに、コンテナ埠頭、コンテナ荷役施設およびSEZ（特別経済区）が隣接地に整備されている。シアヌークビル港では、ここ数年10%を越える取扱量の増加がみられ拡張が必要となっている。貨物検査における待ち時間が非常に長い場合がある。プノンペン港では、雨季と乾季の間で水深の変化が大きいため、大型船が航行できない場合がある。
インドネシア	評価：△ 国内の物流は、その96%を道路に依存する体系となっている。道路ネットワークは、過去数十年間でその総交通容量および距離ともに飛躍的に拡大し、主要経済地域へのアクセスが改善されている。 一方で、自動車の急激な普及に伴い慢性的な交通渋滞が発生している。特に、ジャカルタ首都圏と第2の都市スラバヤを結ぶジャワ北幹線道路およびジャカルタから近郊のタンジュンプリオクにつながる道路の渋滞は、物流上の問題となっている。	評価：× インドネシア経済の中核を担う西ジャワ地域では、現在タンジュンプリオク港が唯一の国際貿易港であるが、ASEAN諸国の主要港湾と比較した場合、取扱容量、生産性において劣り、物流・産業インフラとしての機能が麻痺し、海外からの投資魅力を減退させる要因となることが懸念されている。 タンジュンプリオク港では、港湾使役業を1グループが独占していることもあり、荷役料金はASEAN諸国の中でも極めて高い。
ラオス	評価：△ ラオスにおける主要国際物流ルートは、アジアン・ハイウェイに指定されている。近年、ラオス政府は、道路ネットワークの整備に重点を置いており、国際機関の支援を受けながら多くの資金を投入している。 しかし、全国の道路のうち舗装されている区間はわずか15%にすぎない。また、アジアン・ハイウェイの場合も、15%の区間が未舗装道路となっている。 一方、近年整備が進んだ南部の主要道路（タイ、ベトナムへとつながる国道9号線など）の路面状況は良好である。	評価：× ラオスは内陸国であるため、国際的な海上輸送は近隣国に頼るしかない状況にある。
マレーシア	評価：○ 国内道路の総延長は、約78千km、ボルネオ島の舗装率は低いが、半島部の舗装状況は良好。国際物流上の重要区間である半島部の南北縦貫高速道路とその関連道路の整備状況は極めて良好。 タイとの結節点もマレーシア側は国境周辺も含めてよく整備されている。クアラルンプールやジョホール市街地での交通状況も、貨物輸送についてはバイパス道路が整備されており、渋滞や進入規制などの問題は、ボトルネックにはなっていない。	評価：○ マレーシア半島内の国際物流上の主要拠点港湾はクラン港（中央部および半島全体）、ペナン港（北部）、ジョホール港およびタンジュンペレパス港（南部）であるが、各港とも地域のハブ港として機能し、EDI化も含めこれら港湾の貨物取り扱い設備は近代的で充実し、規模も現在の需要に対して問題ない。
ミャンマー	評価：× 国内道路の総延長は、90,173 km。インド、中国、タイへ繋がる7路線のASEANハイウェイが主要国際物流ルートとなっている。ただし、これらASEANハイウェイの7割以上が簡易舗装の狭幅員区間である。 特に、国境周辺の道路整備が進んでおらず、通年通行が不可能な区間、河川による分断区間やミッシングリンクが多数箇所存在する。河川条件により東西方向の結びつきも弱い。	評価：× 国際物流上の主要港としては、ヤンゴン港（補完港であるティラワ港含む）である。また、旧来よりイラワジ川を中心に河川を利用した水運が発達、物流上の役割も大きい。貨物取り扱い施設が老朽化しており、設備拡充も課題である。砂州の影響もあり入港制限が多い。 現在進行中のティラワ港の第2ターミナル建設などによる貨物取り扱いの効率化と取扱量の大幅な増加が期待される。
フィリピン	評価：△ フィリピン国内の道路延長は約202千kmで、舗装済み延長は約21%にとどまっている。また、マニラを中心に北に伸びるノースルソン・エクスプレスウェイとサウスルソン・エクスプレスウェイが整備されているがサウスルソン・エクスプレスウェイはバタンガスまで接続されておらず、途中にミッシングリンクを残している。 マニラ首都圏近郊においては、ナンバープレート規制およびトラック通行規制が行われている。	評価：△ マニラ港では水深が浅い為、大型船の入港が制限されており、雨季には港湾施設が機能しないことも多い。また、通関、検査が職員の都合やコンピュータのダウン等の理由により通常通り行われていないことがある。 マニラ港へのアクセスも、マニラ市街地の交通渋滞や大型車進入規制により制限されており、貨物輸送のネックとなっている。拡張整備の進むスービック港およびバタンガス港に混雑しているマニラ港の補完機能を早急に整備する必要がある。
シンガポール	評価：○ シンガポールの道路整備状況は良く、市内の交通状況はモニターされその混雑状況は適宜ロードプライシングに反映して、交通状況の適正化を行っている。マレーシアとの国境は北のコーズウェイと西のセカンドリンクで結ばれている。 シンガポール国内の貨物自動車の移動については特に問題がないが、マレーシアとの国境であるコーズウェイにおいて通関、検査による待ちが度々生じることがある。これには、マレーシア入国後に有料の高速道路を通過する必要がないことや通関、検査が安価であることも原因している。	評価：○ シンガポール港にはPSAとジュロンポートの二つのコンテナターミナルがある。PSAが取り扱う約8割の貨物がトランシップ貨物でITを活用した効率的な運営を行っている。ジュロン工業地帯に位置し主にバルク貨物を取り扱っている。同港湾も貨物取り扱い設備は近代的で充実している。また、将来需要に応じた施設拡張事業も進行中であり、需給面の問題はない。また、IT(EDI)を活用した通関、物流の効率化システムも高いレベルで機能している。
タイ	評価：○ 道路の整備状況および路面の維持管理状況は概して良好である。ミャンマー、ラオス、マレーシア、カンボジアにつながる主要物流ルートはアジアン・ハイウェイに指定されており、全区間は舗装済みである。これら道路の60%以上の区間は、高規格道路で、車線数も4車線以上となっている。	評価：△ 河港であるバンコク港は、水路水深の問題により大型船が遡上できないため、コンテナ貨物の大部分はシンガポールで積み替えを行う必要があった。しかし、深海港であるレムチャバン港が開港して以来、レムチャバン港に直行する貨物便が増加しており、経済発展にともなう貨物需要の急増に対応している。
ベトナム	評価：△ ベトナムの道路ネットワークは、2004年において221,115 km。国内の旅客・貨物のそれぞれ84%、66%は、道路によって運ばれている。 主要物流ルートは、アジアン・ハイウェイに指定されている。ハノイ、ホーチミン市などの都市圏を除く、ほとんどの区間は2車線道路となっている。	評価：△ 主要港湾は、北部のハイフォン港、南部のサイゴン港、カントー港である。ハイフォン港は、道路・鉄道へのアクセスも良好で、設備も比較的整っている。 一方、ホーチミン市周辺の港湾群は、市街地と隣接しており発展の余地がなく、市内の渋滞も深刻である。また、同地区の既存港湾群は、河川港湾であることから水深が浅く操船上の限界があり船舶の大型化に対応できない状況にある。

3－3：ASEAN各国のソフトインフラの評価

	通関所要時間	EDI導入状況
ブルネイ	評価：－	評価：× 貿易手続き、港湾関連手続きにEDIは未だ導入されていない。現存のCCIS (Customs Control Information System)は内部システムである。インターネットによる輸出入手続き申告システムを開発中。
カンボジア	評価：× 輸出：書類審査で約1週間程度。貨物検査で1～2日程度。 輸入：書類審査から関税確定までに1週間を要することが多い。許可取得に至るには数週間を要するケースも想定。	評価：× 貿易手続き、港湾関連手続きにEDIは未だ導入されていない。2006年、世界銀行は、ASYCUDAとシングル・ウィンドウ・システム調達を含むIDA借款を承認した。
インドネシア	評価：× 輸出：輸出書類チェックは比較的短時間で終了する。 輸入：一般貨物の場合、3～5日程度。保税工場への保税輸入の場合は、1～2日程度。	評価：○ 通関手続きのEDI化は1997年から実施されている。現在、5都市8カ所でEDIシステムを利用した輸出入申告が行われている。
ラオス	評価：△ 輸出：ベトナムとはシングル・ウィンドウ化されており、申告から20分で通関可能。タイとも同様のシングル・ウィンドウ化が実現する予定。 輸入：輸出と同じ。	評価：× 貿易手続きにEDIは未だ導入されていない。 電子政府プロジェクトの一環として実現を目指している。
マレーシア	評価：△ 輸出：1～2日程度 輸入：1～2日程度	評価：○ 完全に電子化(ペーパーレス)されていない。輸入申告登録は、Dagang Net(貿易EDIと港湾EDIの組み合わせ)で処理可能である。 ターミナル・ハンドリング料金は、電子決済が可能である。
ミャンマー	評価：△ 輸出：書類審査は1日で完了。貨物検査も含めて申告から輸出許可まで2日程度。 輸入：書類審査2日程度と貨物検査1日程度を合わせて、申告から輸入許可まで最短で3日程度。	評価：× 貿易手続き、港湾関連手続きにEDIは未だ導入されていない。MICTDC (ミャンマー ICT Development Center)がEDIサービスを提供すべく準備中。
フィリピン	評価：× 輸出：輸出通関には通常2-3日を要する。 輸入：一般貨物の場合、申請から輸入許可まで4日。PEZAメンバーの場合、2-3日。	評価：△ 輸出：2002年6月現在、全業務が手作業である。例外的にニノイ・アキノ空港ではEDIシステムが導入されている。 輸入：輸入申告にEDIが導入されている。
シンガポール	評価：○ 輸出：1日以内。輸出許可発行に要する時間はTrade Netによる申請後約10分程度。 輸入：1日以内。輸入許可発行に要する時間はTrade Netによる申請後約10分程度。	評価：○ 輸出：輸出通関はTradeNetを通じて処理される。 輸入：輸入許可の申請はTradeNetを通じて行われる。輸入業者は、即時許可か否かの情報が入手できる。
タイ	評価：△ 輸出：EDIシステムを通じて輸出申請を行い、半日程度を要する。書類審査から貨物検査終了までも半日から1日を要する。 輸入：EDIシステムを通じて輸入許可を取得するのに1～3時間を要する。書類審査、関税支払い、貨物検査に1-3日を要する。	評価：○ 輸出：貨物の通関手続きのEDI化については99年7月から実施 輸入：貨物の通関手続きのEDI化については99年9月から実施
ベトナム	評価：△ 輸出：1日で書類審査完了。申告から輸入許可まで2日程度。 輸入：即日で許可を取得できることもあるが、税関の事務量に応じて、所要日数はかなり異なる。通常は、半日～2日程度。	評価：△ 現在、ハイフォン港にてEDIが試験的に導入されており、サイゴン港での実施も計画されている。 世銀の融資を受け2010年までに通関システムを構築する予定。

〈照会先〉

お問い合わせは電子メールにてお願いいたします。

●全般について
ジェトロ（日本貿易振興機構）
貿易開発部アジア支援課
　　　　　柴田　哲男
　　　　　吉田　雄
〒107-6006
東京都港区赤坂1-12-32
　電　話：03-3582-5170
　ＦＡＸ：03-3585-1630
　電子メール（代表）：TEB@jetro.go.jp

●第Ⅰ部：本編（ルート調査）について
社団法人日本ロジスティクスシステム協会
　　　　　吉本　隆一
〒105-0014
東京都港区芝2-28-8
　電　話：03-5484-4021
　ＦＡＸ：03-5484-4031
　電子メール（代表）：info@logistics.or.jp

●第Ⅱ部：資料編（データベース）について
株式会社コーエイ総合研究所
　　　　　三島　一夫
〒102-0083
東京都千代田区麹町4-2
　電　話：03-3288-1161
　ＦＡＸ：03-3288-1166
　電子メール（代表）：info.kri@kri-inter.co.jp

ASEAN 物流ネットワーク・マップ

2007年7月31日　初版第1刷発行　　　　　　　　定価は表紙に表示してあります

編集・発行　ジェトロ（日本貿易振興機構）
〒107-6006　東京都港区赤坂1-12-32
TEL：03-3582-3518
FAX：03-3587-2485
http://books.jetro.go.jp/

販売所　官報取扱所

印刷所：㈱丸井工文社
表紙・本扉：デザインスタジオ ドアーズ

Ⓒジェトロ 2007
Printed in Japan
ISBN978-4-8224-1039-1
無断転載を禁じます

MOL 商船三井

Carrying dreams, Carrying the future

子供たちの未来が輝かしいものであって欲しい。そのために私たちは運び続けます。ヒトやモノを運ぶことが、夢を運ぶことにつながると信じて。船だからこそできること。商船三井だからこそ、できることがあります。　www.mol.co.jp

Full Speed Ahead

海外事業のベストパートナー

アジアにおける長年の経験と実績、充実した中国・東南アジアネットワークでお客様の海外事業を強力にバックアップいたします。

国際物流サービス

陸・海・空、3つの輸送手段を組み合わせ、お客様にとって最適の輸送システムで対応致します。
従来のPort to Portの荷物受け渡しではなくお客様の戸口から戸口まで、貨物をピックアップ⇒梱包⇒通関⇒貨物保険付保⇒輸送⇒現地での配送⇒POD（PROOF OF DELIVERY＝配達証明書）取得まで、輸出・輸入双方で一貫した責任において貨物をお運び致します。

SANCS サンクス
山九ウィークリー混載サービス

SANCSは、小口の貨物を安全、確実、低コストでしかもスピーディにデリバリーできる海上輸送サービスです。経済活動のボーダーレス化、グローバル化を支え、販売・生産のJust in Timeを実現するため、山九グループ25年の海外経験を組み込みました。

Consulting — 計画のお手伝い
永年の経験と緻密な調査による確かな現地情報を提供し、事業計画をカタチにします。

Setting — 事業のお手伝い
物流・機工・建設の総合的なサービスで、より効率的な海外移転を実現します。

Operation — 操業のお手伝い
現地生産開始後の物流・設備メンテナンスを全て引き受け、生産活動をサポートします。

SANKYU ASIA NETWORK

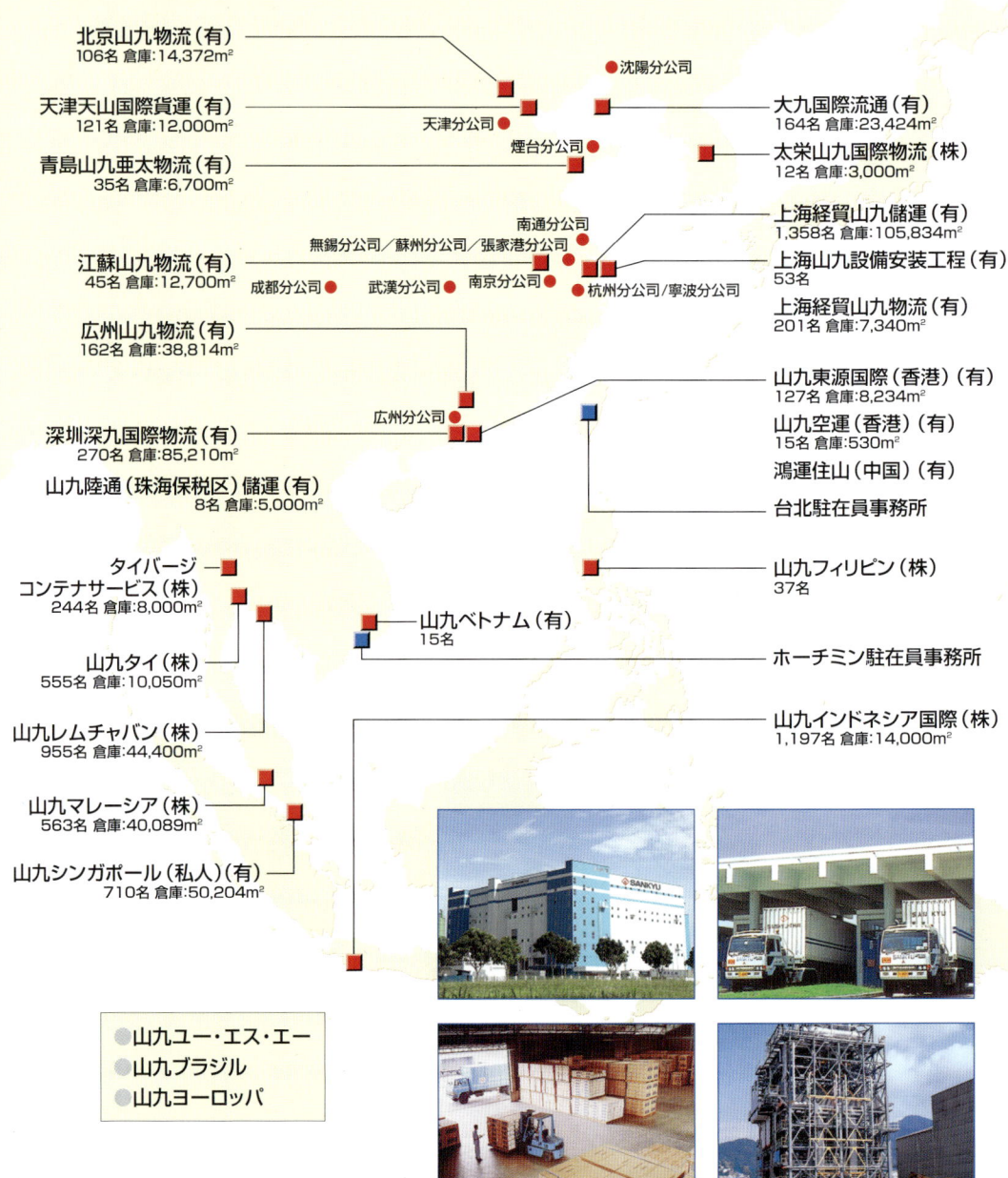

- 北京山九物流（有） 106名 倉庫:14,372m²
  - 沈陽分公司
- 天津天山国際貨運（有） 121名 倉庫:12,000m²
  - 天津分公司
  - 煙台分公司
- 青島山九亜太物流（有） 35名 倉庫:6,700m²
- 大九国際流通（有） 164名 倉庫:23,424m²
- 太栄山九国際物流（株） 12名 倉庫:3,000m²
- 江蘇山九物流（有） 45名 倉庫:12,700m²
  - 南通分公司
  - 無錫分公司／蘇州分公司／張家港分公司
  - 成都分公司 武漢分公司 南京分公司
  - 杭州分公司／寧波分公司
- 上海経貿山九儲運（有） 1,358名 倉庫:105,834m²
- 上海山九設備安装工程（有） 53名
- 上海経貿山九物流（有） 201名 倉庫:7,340m²
- 広州山九物流（有） 162名 倉庫:38,814m²
  - 広州分公司
- 深圳深九国際物流（有） 270名 倉庫:85,210m²
- 山九陸通（珠海保税区）儲運（有） 8名 倉庫:5,000m²
- 山九東源国際（香港）（有） 127名 倉庫:8,234m²
- 山九空運（香港）（有） 15名 倉庫:530m²
- 鴻運住山（中国）（有）
- 台北駐在員事務所
- タイバージコンテナサービス（株） 244名 倉庫:8,000m²
- 山九タイ（株） 555名 倉庫:10,050m²
- 山九レムチャバン（株） 955名 倉庫:44,400m²
- 山九マレーシア（株） 563名 倉庫:40,089m²
- 山九シンガポール（私人）（有） 710名 倉庫:50,204m²
- 山九ベトナム（有） 15名
- ホーチミン駐在員事務所
- 山九フィリピン（株） 37名
- 山九インドネシア国際（株） 1,197名 倉庫:14,000m²

- 山九ユー・エス・エー
- 山九ブラジル
- 山九ヨーロッパ

山九株式会社 ― サン キュウ ― SINCE 1918.

〈本社〉〒104-0054 東京都中央区勝どき6-5-23　TEL.（03）3536-3939（代表）　http://www.sankyu.co.jp